JN323896

LA PHILOSOPHIE FRANÇAISE
LE JAPON
LES ÉTATS-UNIS

フランスの哲学

そのボン・サンスの伝統と日本、アメリカ

紺田 千登史
Chitoshi Konda

関西学院大学出版会

フランスの哲学

——そのボン・サンスの伝統と日本、アメリカ

はじめに

前著『フランス哲学と現実感覚―そのボン・サンスの系譜をたどる―』（関西学院大学出版会、二〇〇二）ではデカルト、ルソー、ベルクソン、メルロ＝ポンティの順に人間固有の判断力とされるボン・サンスが各時代ごとにどのように捉えられてきたかを概観した。今回は少し目先を変え、第一部の「日本近代化とフランス哲学」では、一方で西洋近代化の一翼を担った思想家としてデカルトやルソーを見直すとともに、他方、かれらと日本近代化の初期の激動期を必死に生き抜こうとした二人の思想家、夏目漱石や中江兆民との共通点ならびに相違点を多少なりとも明らかにしようとこころがけた。

いうまでもなく、日本の近代化は漱石が指摘しているように、西欧のそれが内発的であったのにたいし、列強の圧力によってにわかに鎖港を解かれ、充分な準備もないままに乗り出さざるをえなかった外発的のものであった。したがって日本の伝統的なものと西欧列強がもたらしたものとの間の大きな乖離は覆うべくもなく、西洋思想の受容にさいしても、わが国の伝統的なものと西欧のものとが、真の意味での対決を経る時間的な余裕もないまま、西洋のものは西洋のものとして丸呑みにされるとともに、伝統的なものは西洋的な形を装いながらも実質的にはなんらの変化も受けないまま存続するという状態が続いた。かつて第二次大戦中の一時期、東北大学に身を寄せていたドイツの哲学者K・レーヴィットは日本人は「二階建ての家に住んでいるようなもので、階下では日本的に考えたり感じたりするし、二階にはプラトンからハイデッガーに至るまでのヨーロッパの学問が紐《ひも》を通したように並べてある。そして、ヨーロッパ人の教師は、これで二階と階下を往き来する梯子《はしご》はどこにあるのだろうかと、疑問におもう」(1)、と述べて日本の思想界の状況にたいして痛烈な批判を加えたことがあったが、歴史的な状況からしてやむをえない点があったにせよ、このような新生日本のはしりを経験したのが漱石や兆民であり、漱石はやがてその問題をみずからの問題としてきわめて深刻に受けとめるようになっていったことは周知の通りである。

第二部の「フランス哲学とアメリカ」では、ベルクソン、サルトル、メルロ゠ポンティといった一九世紀末から二〇世紀のフランスで活躍した哲学者たちや、発達心理学のスイス人J・ピアジェ、ならびにアメリカの日系二世の一般意味論者、S・I・ハヤカワらの主として言語をめぐる考え方の検討をはじめ、ベルクソンとW・ジェイムズの言語観の比較、ベルクソンのいわゆる「ボン・サンスの人」とアメリカの心理学者C・ロジャーズやA・H・マスローらが描く理想的な人間像との意外な類似点の解明、さらにはその端緒を与えることになったと考えられるベルクソンのボン・サンスとW・ジェイムズのプラグマティズムの考え方との間のきわめて密接な関係など、一連の比較研究を中心にをまとめてみた。ところでこうした課題と取り組むようになった切っ掛けは、実を言えば右のハヤカワの書き残した一冊の書物との出会いにあった。すなわちその書物とはハヤカワの主著とも言うべき『思考と行動における言語』(2)である。ハヤカワはこの書のなかで「地図」は「現地」ではないように、「ことば」は決して「もの」ではないにもかかわらず、実際には両者がしばしば混同されている現状にたいしてつぶさに検討を加えている。そしてわれわれがこうした「ことば」と「もの」の同一視に気づき、それをあらためるようになれば世界をどれほど平和で住みやすいものに変えていくことができるかについて繰り返し論じている。それは第二次大戦中、アメリカ中部の砂漠地帯に、日系人を隔離するために設けられた強制収容所の鉄条網が、まさに当時日系人を表すことばに込められていた意味を具現するものである、との認識がハヤカワにはあったからである。しかしハヤカワのものを読んで敬服させられるのは、そうした言語使用における問題点の指摘に止まらず、それらの問題点がすべて解消されたあと、いったいどのような人間性が新たに誕生してくるのか、ということについても一定の見通しを得ようと努めている点ではなかろうか。むろん、そのためにはたんに言語学の領域に止まっているだけでは知見の拡大は期待できない。後述するようなかれの他の書物のなかで、一般意味論と並べてロジャーズやマスローなどのいわゆる「人間性の心理学」を積極的に取りあげ、理想的な人生のあり方にまで言及していくハヤカワの歩みにはおもはず感動を覚えないわけにはいかなかった。わたしのベルクソンを中心とする研究の過程においてアメリカの心理学との接点を課題として取りあげるようになったのもその頃のことである。

補遺はベルクソン論ではあるが、お読みいただければ分かるようにカントを強く意識しながら書いたものなので標題は「ベルクソンとカント」とした。

【註】

（1）K・レーヴィット著『ヨーロッパのニヒリズム』（柴田訳、筑摩書房）一一八頁。

（2）S. I. Hayakawa, *Language in thought and action*, Harcourt Brace Jovanovich, Inc. 邦訳『思考と行動における言語』（大久保訳、岩波書店）。

目　次

第 I 部

日本近代化とフランス哲学

第一章

二人の近代人　——ルネ・デカルトと夏目漱石

ふつう、二人の思想家の比較が試みられる場合、両者が同時代か、時代を異にしているかはともかく、たいていは一方が他方の思想を継承発展させているか、もしくは逆に批判、否定のうえに自説を展開している、といったケースをとりあげているのがほとんどであろう。また、それがわが国の明治以降にみとめられたようにたとえば、中江兆民によるルソーの、西田幾多郎によるベルクソン、W・ジェイムズの、和辻哲郎によるハイデッガーのというように元来、異文化圏において成立した思想の受容というようなひじょうに特殊な事例をあつかう場合であっても、それぞれの組み合わせのあいだにおける内的な連関を明確にし、浮き彫りにしてゆくというような作業は十分に可能であろう。しかし私がこれから行おうとしているデカルトと夏目漱石の比較のような場合はどうであろうか。両者のあいだにはうえに述べたような意味ではいかなる関連も通常はみとめることはできないであろう。西洋と日本という地理的な違いとか、一七世紀という時代と一九世紀後半から二〇世紀初頭にかけての時代との差ということはいうまでもないにしても、そもそも両者のあいだには直接間接の影響らしいものがまったくみとめることができないのである。『吾輩は猫である』のなかで銭湯の男達の裸姿に驚いたのをきっかけに猫に人間の衣装について語らせている場面があるが、

そのなかでふざけ半分に

デカルトは「余は思考す、故に余は存在す」という三つ子にでも分かるような真理を考え出すのに十何年か懸かったそうだ。凡て考え出す時には骨の折れるものであるから猿股の發明に一〇年を費やしたって(1)

というくだりや、東大での講義録『文学評論』のなかでJ・ロックの徹底した経験論がいかにデカルトの生得観念の考えの否定のうえになるものであるかを哲学史の常識にのっとって記述している個所をわづかにみとめうる程度にすぎない(2)。しかし東西における近代化を比較したり、それぞれにおいてきわだった仕事を残している思想家たちを批判的に検討していくうちにこのデカルトと漱石という組み合わせが次第にわたしのなかである特別な意味を持つ組み合わせとして強く意識されるようになってきたのである。その理由は正直言ってわたし自身にもまだ十分によく理解できているとはいいがたいのであるが、これまでの時点でこれだけはたしかにいえると考えている点をあげるとすれば、それはまず第一に、両者の幼少年期から青年期にかけての異常とも思えるほどの人生にたいする不信と不安であり、それをなんとしても克服することがかれらに共通して最大の課題となったということ、そしてその脱却のきっかけとなったものがこれまた共通にかれらにとってそれぞれ天職とみとめることのできるような仕事との劇的な出会いであったという点である。むろん、たとえそうした類似点を両者においてはっきりと認めうるとしても、両者がそれぞれまったく独立した状況のなかで育っている以上、そうした問題意識がそれぞれにおいて生まれることとなった理由をまず個別の事象として明らかにしていく必要がある。しかし幸いにしてこの両者はそれぞれの生い立ちについてみずから自身の手で書き記したものを残してくれているのでこれをまず最初の手がかりとしたいと思うのである。

第一節　ルネ・デカルト（一五九六―一六五〇）

一　デカルトとその時代

現存するデカルトの書物のなかでみずからの人生について書き残しているものはなにか、と問われたとき、かれの『方法序説』（以下『序説』と略す）以外のものをあげる人はまずいないであろう。ところでこの書物においてデカルトがその時代にもっともはっきりとふれているくだりを求めるとすればそれはどの個所になるであろうか。わたしはこれには躊躇することなく第二部の冒頭のつぎの文章をあげたい。

そのころわたしはドイツにいた。かの地ではいまだ戦闘は終結を見ていないのであるが、そうした戦闘の機会にわたしはこころをひかれたのであった(3)

戦闘に興味を持ったなどという、すでに青年デカルトのものごとにたいする特別な関心のありようをかなりにじませた文章であるが、これはいうまでもなく二三歳のデカルトが神聖ローマ帝国領内を中心に展開されはじめた新旧の両教義を大義名分とする三〇年戦争の戦場に、ドイツの旧教派に属するバイエルン大公マクシミリアン一世の軍隊の一員として参加するため西南ドイツにおもむいたことにふれたものである。オランダにおける『序説』執筆時の一六三六年にはすでに四〇歳の分別盛りを迎えていたデカルトではあったが、はからずもこの文章を書くことによってすでに一八年が経過していたにもかかわらず、この戦争がまだいっこうにその終結の気配さえみせていない様子を同時につたえることともなった。ちなみにこの戦争は一六四八年のウェストファリア条約の締結の結果、ようやくその終幕を迎えることができたのであった。また、ここでとくにわれわれの関心を引くのは、当時の戦争が新旧両教の教義上の対立を大義名分としていたにもかかわらず、デカルトはこれにはあまりこだわっている様子を見せていない点であろう。ちなみにこの戦場に赴く前年の一六一八年（三〇年戦争勃発の年）には、かれはオランダのブレダで一志願兵として築城術や兵器製造の技術などを学んでいるのであるが、この軍隊というのはじつはカルヴァン派の新教を旗印とするナッサウ伯モウリッツの指揮下にあったのである。旧教でも新教でもかまわない、自分をさまざまなところへ連れていってくれ、さまざまな人や出来事に出会わせてくれ、ときには命がけの判断を迫るような機会とも巡り合わせてくれさえすればそれでよい、というあたりにどうやらデカルトの本心があったようである。もっとも、当時の歴史的な状況からいって宗教上の問題が内政外交上の処理にあたってのたんなる口実としてかかげられた場合もけっしてすくなくはなかった。デカルトが生まれるすこしまえの一五九三年、かつてなかば強制的に改宗させられていたカトリックからもとのカルヴァン派の信仰へとたち戻っていたフランス国王アンリ四世が、内政上の理由から再度カトリックへの改宗を余儀なくされているし、うえのナッサウ伯モウリッツの場合、かれの父オラニエ公ウィレム一世は、はじめは熱心なルター派の両親のもとで育てられていたが、やがて神聖ローマ皇帝カール五世の要請でオランダのブレダの居城にうつり住むとともに、ブリュッセルの宮廷の執政マルガレータの後見のもとにカトリックの貴族として成長し、さらにそのあとオランダのスペインからの独立戦争を機会として、最終的には、子のマウリッツもそれを引き継ぐこととなったカルヴィニズムへと改宗しているのである。個人それぞれにおける内面がどうであったかはともかくとして、政治的社会的な場面で表明される宗教はかならずしも人々の本心を表明するものであったかどうか、はなはだ疑わしいといわねばならないのである。

わたしたちの道徳が崩れつつあるなかにあって、自分たちが信じていることをすべて話そうとする人はほとんどいない（4）

とデカルトは書いているが、内政外交上の問題が例外なく宗教上の問題にからむとともに、宗教上の問題が逆に内政外交上の問題と密接にからんでくるというような状況のもとにあって、ことばでもって信念が表明されることはほぼ皆無であったということであろう。デカルトが外国の軍隊に一兵士として参加するさい、その軍隊が新旧いづれの立場を標榜していようとそれにいっこう拘泥する様子が見られないもう一つの理由に、うえのような事情をつけくわえてもよいのではなかろうか。また、デカルトはおなじところで普段の行動においてはいちばん穏健な意見のみにしたがうこととし、極端なものはすべてしりぞける、としたうえ、「とくにわたしたちの自由を制限するような約束事はことごとく極端なもののなかに数えていた」、とわざわざ付け加えているのであるが、これは前後の文脈からしてなにか特定の宗教団体、もしくは政治団体への参加に言及した文章であると理解できるであろう。なぜならデカルトはその第一の理由として、

この世でつねに同じ状態にとどまるものはなにもみとめられなかったからだ

としたうえ

もしもそのときなにかを承認したがために、それが将来、おそらくよいことでなくなってしまったり、わたしがよいものであると考えることをやめてしまったときにも、なお、よきものと見なさざるをえないというようなことになれば、わたしは良識にたいして大きなまちがいをおかしてしまった、と考えることになったであろうから（5）

などとしているからである。デカルトの時代はすべての価値観がめまぐるしく変化を遂げていく時代、新旧の角逐隆替変転きわまりない時代である。その影響はどの社会階層に属するものにとっても例外なく及んでいたはずであるが、デカルトが属していた階層の者にとっては特にどのようなことが指摘できるであろうか。

二　デカルトの出身階層

デカルトは『序説』第一部で学校で学んだかれのいわゆる「書物の学問」を一つひとつ批判的に検討をくわえていくなかで、かれがポワチエの大学で最後に学んだ法律と医学にも言及している個所があるが、デカルト家の主だった人々はなんらかの形で当時の地方の高等法院に重要な役職をえていたか、ないしは医師であったというような事実と考え合わせてみるとき、そこにあらためてわれわれの感慨をよびさますものをみとめることができるのではなかろうか。

つぎに［法律学や医学といった］（［　］内は紺田、以下同様）他の学問に関しては、それらが原理を哲学から借りてきている以上、そのように不確かな基礎のうえになにか堅固なものが構築されえたなどということはありえない、と考えていた。また、それらの学問が約束している名誉も収入もわたしにそれらを勉強しようという気を起こさせるには十分でなかった。なぜならわたしは神様のおかげで、財産を減らさないようにするために学問を職業としなければならないような境遇にあるとは感じていなかったからである。それにまた、キュニコス派の人のように自分は名声を軽蔑するなどと公言してはばからなかったわけではないが、それでも内実をともなわない称号でしかえられないような名声は余り重んじてはいなかったのである⑹

この文章においてデカルトはまず学問としての当時の法律や医学のあり方を強く批判する一方、それらを職業とするとき富や名誉をもたらすという現実にもふれ、かれ自身はさいわいにも生活のためになんらかの職業に就かなければならないような境遇にはなかったとしているのである。E・ジルソンはこの最後の点にふれて「デカルトの個人的な資産は相当な額に達するとまではいかなくとも、質素ではあるが人に頼らず、国から年金をもらったり、報酬があたえられるどんな職業にも就くことなく、じっさい、十分に暮らしていけるだけのものであった」、との註をつけている(7)。しかしいずれにせよここで踏まえておくべきは、デカルトのこうした文章を通して暗に示されているかれの生活の拠りどころとしての社会的、経済的な基盤が当時もっていた心理的意味についてではなかろうか。

デカルトの家系は代々フランスのポワトゥ州を主とする地域にかなりな土地を所有する貴族であったようだが、うえにふれたかれの姻戚関係からも推測されるようにこの家系は中世にまでさかのぼることができるいわゆる「剣の貴族」ではなく、おそらくモンテーニュの家系がそうであったように、最初はなにか商業上の成功の結果、地方の高等法院に一定の地位を得ることで貴族の身分をあらたに獲得することとなった「法服の貴族」、したがって経済史的には新興のブルジョアジーに属する家系であったと考えられる。それゆえデカルトについても近年さかんに論じられるようになっている宗教改革期以降のヨーロッパ近代化の過程でとくに中産階級の人びとにおいて顕著にみとめられる、とされてきた意識の特徴的なあり方について論じることができるであろう。すなわちそれは、たったひとりでこの広大な世界にたち向かわなければならない、という意識、一言でいえばそれはかれら中産階級の人びとにおいて典型的な形で現れた近代人の孤独ということである。F・アルキエはこれをデカルト哲学に即しながらつぎのように解説する。「デカルトは自分自身の内部で探究しようとこころにきめ、哲学は自己認識と不可分である、と言い放った。神との関係において社会的あるいは宗教的な階層秩序による媒介を喪失してしまったために自分が働きかけていかなければならない一つの自然［＝世界］を前にたったひとりになってしまった近代人をデカルトほどただしく認識し、記述したものはいなかった」(8)と。

三　デカルトの哲学

a　日常的世界に生きる「わたし」との訣別としての懐疑から「考えるわたし」の発見へ

いうまでもなくデカルト哲学の出発点は積極的な懐疑である。デカルトはここでまず実際生活と学問的探求の二つの場面においてかれがとった態度の根本的な違いを明確にして、前者においてはときとしてまったく疑わしいと思われる考え方にもあたかもそれらが疑いえないものであるかのようにしたがわざるをえないことがあるのとは反対に、後者にあってはすこしでも疑わしい点をもつものについてはそれを絶対的に誤ったものとしてしりぞけるべきだと考えたとしている。そして感覚はわれわれをときとして欺くことがあるので、それらがわれわれに思い浮かべさせているようなものはほんとうはなにも存在しないと考えようとしたこと、幾何学の単純な問題に関しても勘違いをしたり、誤った推理をする人がいるが、自分もけっしてその例外ではないので知性的認識といわれているものもすべて誤りとして捨て去ったということ、最後にわれわれが目覚めているときと同じ考えがすべて幻想にすぎない睡眠時の想像のなかにも浮かびうるものであるところから、過去の経験としての記憶の事実も想像と同様な幻想であるとあえてみなそうとしたことが述べられる。ところでわれわれがこの世界とのかかわりのなかでもつありとあらゆる知識はいうにおよばず、数学的な真理までもがいづれも信頼性の疑わしい認識能力を通して獲得されるものであるとすれば、そもそもわたしがみずからのなかに有しているいっさいの想念が疑がわしいものとなってこざるをえない。しかし突如一つの光が明るく輝きはじめるのはまさにこの懐疑のきわまった暗黒のなかにおいてなのだ。そしてそれこそあの有名なコギト、すなわちかれのいわゆる哲学の第一原理としての

わたしは考える、ゆえにわたしは存在する(9)

のひらめき、明確な自覚の事実にほかならない。むろん、コギトが最終的な解決なのではない。なぜならたとえすべてを疑うわたしが、したがってすべてについて疑わしいと考えるわたしの存在が確かだとしても、わたしがみづからのなかに有しているありとあらゆる想念がはたして外部世界に存在するものとなんらかの対応関係にあるのかどうか、その答えがまだいっさい与えられないままだからだ。この段階ではわたしは自己自身の存在には確信をもちえても独我論の閉塞状態からは一歩も踏み出すことができないでいるのである。

b 「考えるわたし」は明晰判明に知られるということ

しかし方法的懐疑の困難を乗り越えてきたデカルトの思索ははがねのように強靱である。デカルトはコギトの発見のあと『序説』ではつぎのようにつづけている。

ついでわたしとはなんであるかを注意深く検討し、わたしはいかなる身体ももたず、またいかなる世界も、わたしがいるいかなる場所もないとみなすことはできるが、しかしそれだからといって、わたしが存在しないとはいえず、むしろ反対にわたしがほかのものごとに関する真理について疑っていると考えている、というまさにそのことから、わたしが存在する、ということがひじょうに明白に、また、ひじょうに確実なこととして帰結してくるということ、これに反して、わたしがただ考えることをやめるだけで、よしんばわたしがかつて思い浮かべたことのある残りのことがすべて真実であったとしても、わたしが存在したということを信じなければならないいかなる理由もわたしにはない、ということを理解したので、そこからわたしとはひとつの実体であり、その本質ないし本性はもっぱら考えるということだけであり、それが存在するためにはいかなる場所も必要とせず、またいかなる物質的なものにも依存してはいない、ということを認識したのである(10)

と。そして以上のことをさらに一般化するべくつぎのように付け加える。

これにひきつづいてわたしは一般にひとつの命題が真実であり、確実であるためにはなにが必要であるかを考察した。なぜならついいましがたわたしは真実で確実だと知ったひとつの命題を発見したばかりなのだから、そのような確実性がいったいなににもとづいているのかということもまた知らなければならない、と考えたからである。そして「わたしは考える、ゆえにわたしは存在する」においてわたしが真実を語っているとわたしに保証してくれるものは、考えるためには存在しなければならない、ということをひじょうに明晰にみとめるということのほかにはまったくなにもない、ということに気づいたので、わたしたちがひじょうに明晰に、ひじょうに判明に理解するものはすべて真実である、ということを一般的な規則とみなすことができる、と判断したのである(11)

と。ここにかつてデカルトが学校で習ったかずかずの学問のなかでそれらが例外的に有している知識の普遍妥当性のゆえに数学と論理学をモデルとして構築することになったとされる方法の四つの規則のうち冒頭の、明証的なるもの、すなわち明晰、かつ判明に精神にあらわれるもののみをもっぱら真理とみなす、とした第一の規則をこんどは数学や論理学の明証性をも凌駕する自覚のいわば絶対的なレヴェル(なぜなら方法の段階では数学的な思考の真理性はまだ懐疑の対象とはなっていなかったから)においてあらためて確認しているということができる。

c　この「考えるわたし」を支えているのは神であるということ

しかしそれにしてもわれわれはこうした考える自己の発見に引き続いてつぎの一歩をいったいどの方向に向けて踏み出すことができるのであろうか。思索の必然的な順序からすればわたしのなかでまだまったく手つかずの状態のまま放置されているさまざまな想念の検討を措いてはないということになるが、そんな場合でもデカルトはどこまでもこれまでの思索の経過に忠実にまず懐疑の事実にたち返ったうえでつぎの段階へと議論をすすめていく。

つぎに、わたしが疑っていたということ、したがってわたしの存在がまったく完全であったわけではないということ——なぜなら疑うことよりも知ることのほうがより大きな完全性であるということをはっきりとわたしはみとめていたから——を反省して、わたしよりもより完全なある者のことをどこから考えることを学んだのかを探求しようと思い立った。そしてわたしはそれはじっさいにより完全なある本性からでなければならないということをはっきりと認識したのだ(12)

というように。むろん、わたしはこうした完全なる者の観念のほかにも、わたしの外部に存在している数多くのものについての観念をもってはいる。そうした観念に関してはデカルトはつぎのように論じている。

わたしはそれらの観念がどこからやってきたのかを知るのにたいして苦労はなかった。なぜならそれらの観念においてはわたしよりも上位にあるものとわたしに思わせるようなものはなにもみとめなかったので、もしもそれらが真実のものであるのならば、わたしの本性がなんらかの完全性をもつかぎりにおいてこれに依存するものであり、また、それらが真実でないとすれば、わたしは無から、すなわちわたしが欠陥を有するがゆえにわたしのなかに存在しているのである、と考えることができた(13)

と。ここで論じられているのはいうまでもなく感覚に由来する観念ならびに想像力によって作り上げられた観念のことであるが、

しかしわたしの存在よりも完全な者の観念については同じようにはいかなかった(14)

とデカルトはいう。そしてその理由として

なぜならそれを無から得てくるということはあきらかに不可能なことであったし、また、より完全な方がより完全でないものの結果であるというようなことには、無からなにかが生じるという場合におとらず矛盾がふくまれているので、わたしはそれをわたし自身から得てくるということも同様にありえないことであったから(15)

と述べ、そして最終的に

わたしがそれらについて一定の観念をもつことができたありとあらゆる完全性をそれ自身のうちにもっているようなある本性、すなわち一言でいえば神であるような本性によってわたしのなかに置かれたということが結果として残ることとなった(16)

と結論づけている。わたしのうちなる完全なる者の観念の原因として神が存在しなければならない、としているのでこれがつうじょうデカルトにおける三つの神存在の証明のなかの「完全なる存在者の観念からなされる証明」と呼ばれているものにほかならない。

しかしデカルトにおいて孤独な独我論の厚い壁をほんとうにうち破ってくれるのはわたしの全存在の原因がほかならぬこの完全なる存在者としての神であったとする神存在の第二の証明ではないだろうか。デカルトは以上にひきつづいてさらにつぎのように述べる。

わたしはこれにつぎのことをつけくわえた。わたしは自分がもっていないいくつかの完全性を認識している以上、わたしが存在している唯一の者ではなく、……必然的にわたしがそれに依存し、そこからわたしがもっているすべてのものを得てきたにちがいないほかのもうひとりのより完全な者がいなくてはならない、と。なぜならもしもわたしがたった独りでほかのいっさいのものから独立していたとすれば、したがってまた、わたしが完全なる存在者の性質に関して分かちもっているあのほんのわずかなもの［＝完全なる者の観念］を独力で手に入れたとすれば、同じ理由で自分に欠けていると認識していたそれ以外のすべてのものを自分で手に入れることができたであろうし、したがってまた、わたし自身無限で、永遠、不変にして全知全能、要するにわたしが神において認めることができたすべての完全性を手に入れることができたであろうから。なぜなら、わたしの本性がなしうるかぎりにおいて神の本性を知るためにわたしがたったいまおこなった推論にしたがって、わたしが自分のなかにそれに関するなんらかの観念をもっているすべてのものごとについて、それらを所有していることが完全性であるか否かを考察するだけでよかったからであるし、また、神においてはなんらかの不完全性を際だたせるいかなるものもなく、ほかのいっさいのものが神において存在している、ということを確信していたからである。たとえば、疑いや無常、悲しみ等々といったものは、わたし自身それらのものを免れていたならばたいへんうれしいことであったであろうから、それらが神においてはありえない、ということだ(17)

などと。

ところで以上のようにしてデカルトが出会った神が、かれにとってはそれなりにたいへん身近に意識される存在でもあったらしいことを示すのは、つぎのくだりではなかろうか。これは神は身体をもたずとも存在しうる「わたし」と同様、純粋に精神的な存在であることを主張する文章として述べられている。

つぎにこれにくわえてわたしは感覚的で物体的な数多くのものに関する観念をもっていた。なぜならわたしが夢見ており、わたしが見たり想像したりするすべてが誤りだとしても、そうしたものについての観念がわたしの考えのなかにほんとうにあるということはどうしても否定することができなかったからである。しかし合成というものはすべて依存を示す、ということを考えて、わたしはわたし自身のなかではっきりと、知的な本性は、物体的な本性とは区別されるものだ、ということを認識していたし、また、依存はあきらかにひとつの欠陥であるので、そこからこうした二つの本性から合成されているということは神における完全性ではありえないし、また、それゆえに神はそのような者ではない、と考えていた。しかしまた、この世界になんらかの物体や、知性（＝天使）、あるいはそのほかの本性（＝人間）といったすっかり完全であるとは言えないようなものがあるとすれば、そうしたものの存在は神の力に依存しているにちがいなく、したがってまた、それらは神なしには一瞬たりとも存続することができないとも考えていたのである［（ ）内は前掲のテキストの E. Gilson の註による］(18)

この文章の最後の部分はとくにデカルト哲学における「神の連続創造説」としても知られているものであるが、わたしの存在と神の存在の関係を論じているうえの議論などとも合わせて読みなおすとき、わたしたちの存在を刻々に支えている神にたいするデカルトの感謝の気持ちを端的に表す文章としてうけとめなおすことができるのではないだろうか。いな、それどころかこのあたりの議論はのちにデカルトが神学の専門家たちを対象にした著作『省察』のなかでは、うえのわたしと神との関係にもういちど立ち返り、あくまでもそれに沿うかたちでさらに厳密につぎのように展開されることになるのだ。

わたしの生涯の全時間は無数の部分に分割することができるし、各部分はいかなる仕方においてもほかの部分に依存することはない。したがってすこしまえにわたしが存在したということから、もしもこの瞬間になんらかの原因がわたしを生み、いわば再創造するというのでなければ、すなわちわたしの存在を保ってくれるというのでなければ、わたしがいま存在しなければならないということは帰結しない、ということなのである。

じっさい（時間の本性を注意深く考察するすべての人びとにとって）、ある実体がそれが持続するありとあらゆる瞬間において存在が保たれているためには、それがまだ存在しないとき、それを生んだり、まったくあらたに創造したりするのに要するであろうのと同じ能力と働きとが必要だということはたいへんあきらかで、はっきりとしたことなのである。つまり、保存と創造とは、もっぱらわたしたちのものの考え方に関してのみ違っているにすぎず、事実はそうでないということを自然の光はわたしたちに明瞭に示してくれている、ということだ。それゆえいまあるわたしを将来においても存在させることができるような能力や力をわたしがもっているかどうかを知るためには、ここでただ自分自身に問いかけなければならないだけである。なぜならわたしはたんに考えるものでしかない以上、（あるいはすくなくともこれまでのところまさしくわたし自身のそうした部分しかまだ問題とはなっていない以上）もしもそのような能力がわたしのうちにあるのなら、きっとわたしはそのことをすくなくとも考えたり、気づいたりするはずだろうからである。しかしわたしはそのようなものはなにも自分のなかにみとめないし、また、そのことからわたしはわたしとは異なるある存在［＝神］に依存しているということを明白にみとめるのである[19]。

と。そしてこれにひきつづいてうえの「完全なる者の観念からする神の存在証明」とこの第二の証明とを綜合する形でつぎのように述べる。

この完全なる者の観念はわたし自身の観念と同じくわたしが創造されたときにわたしとともに生まれ作り出されたもの［すなわち生得の観念］である。

じっさい、神がわたしを創造するにさいして、工匠の刻印と同じくその作品に印をのこすべくそのような観念をわたしのなかに設定しておいたということをあやしんではならない。また、その印がその作品そのものとはなにか異なったものである必要もない。それどころか神がわたしを創造したというそのことだけからでも、神がわたしをいわばその似姿にもとづいて作り出したということ、ならびにわたしはこの類似（この類似に神の観念が含まれているのだが）をそれによってわたしが自分自身を知るのと同じ能力によって知るということはかなり信じてもよいことなのである[20]

と。そしてデカルトの神存在の第三の証明ともふかい関連をもついわゆる有名な「神の誠実さ」にふれるつぎの文章をさらにつけくわえることになる。

わたしがここで神の存在を論証するのにもちいた議論の力はすべてわたしの本性が現にあるとおりのものであるということ、すなわちわたしがある神の観念をわたしのうちにもっているということは、神がほんとうに存在しなければ不可能であろうとわたしがみとめることにもとづいているということ、また、ここでわたしがいう神とはその観念がわたしのうちにあり、わたしの精神がそれについて一定の観念をもつことはできるが、しかしそのすべてを理解することはないあの高い完全性のすべてをそなえ、いかなる欠陥からもまぬかれ、なんらかの不完全性の印となるようないかなるものももたない神のことなのである。

このことから神は欺く者ではないということがひじょうにはっきりとしてくる。というのも欺くということは必然的になんらかの欠陥にもとづくということを自然の光はわたしたちに教えているからである[21]

と。なお、いうまでもないことかもしれないがここで念のために補足しておけば、『序説』になかった神が欺く者なのかどうかというこうした議論が『省察』であたらしく顔を出してくるのは、懐疑の過程で知性を疑わしいとする理由が『序説』ではたんに幾何学におけるわれわれのおかしがちな誤りに求められたにすぎなかったのにたいし、『省察』ではわれわれの創造主が万能の天の邪鬼、すなわちデカルトのいわゆる「悪しき霊」だと仮定して、われわれがきわめて単純な算術の計算、たとえば二プラス三が五であることを正しいと判断するたびに誤りに陥るようにわれわれを作っているとすればどうなるのか、といったきわめて大げさな仮定をかかげているのと対応する議論となっているためである。

d　「考えるわたし」としてふたたび世界へと帰りゆくこと

さてつぎにデカルトがおこなう三つ目の神存在証明はカント以後「存在論的証明」と呼ばれるようになったものである。ここでまず完全な存在者としての神の観念には三角形の観念のなかに内角の和が二直角であることが、また球の観念には中心からの距離の等しいことがそれぞれ明証的に含まれているように、あるいはそれ以上に明証的に存在が含まれているがゆえに神は存在すると主張される。ところでここで幾何学の論証がなぜ神の存在証明の比較の対象となることができるかといえば、それはデカルトによると両者がともに感覚からは独立な知性の対象としてもっぱらとらえられるものだからである。そしてその点からすると、右で「考えるもの」としてわたしの存在があらためて検討の対象としてとらえなおされたとき、働いていたのもじつはこの同じ知性であったということができるのである。デカルトは言っている。

しかし神を認識するときや、また、かれらの魂がいかなるものなのかを認識するときでさえ困難があると思いこんでいる人びとが大勢いるわけは、かれらがみずからの精神をけっして感覚的なものごとをこえてまでひきあげようとはしないからであり、また、なにごともっぱらこころに「イメージとして」思い浮かべることによってしか考えない、という物質的なものごとについて考えるさいに固有なやり方に人びとがあまりにも慣れすぎているために、かれらのこころに思い浮かべられないことはすべて理解できないことのように思えるからなのである。このことは学校では哲学者たちでさえ最初、感覚のなかになかったようなものは知性にはなにも存在しない、ということをかれらの格率としていることからもかなり明らかになっているのであるが、神や魂の観念が感覚のなかなどにいちども存在したためしがないというのは、じつは当然のことなのだ(22)

と。いな、それどころか事態はまさに逆であって

わたしたちの表象能力も、感覚も、わたしたちの知性の介入がなくてはなにごとについてもわたしたちにけっして確信をもたらしてくれそうもない(23)

というのがじつはほんとうのところなのである。このことを明確にするために、デカルトはここでふたたび夢と現実の区別のつけがたさの議論にたちもどって、

わたしたちは睡眠中も［目覚めているときと］同じように、ありもしないべつの身体をもっているとか、別の天体や地球を見ているとか想像することがあるということに気づいた経験がある、というだけで十分である(24)

とし、さらにつぎのように問うている。

というのは夢のなかに出現する思考がもう一方の思考におとらずしばしば生き生きとしていて鮮明だとすると、わ

れわれは前者が後者よりもむしろ誤りだなどとどこから知るというのか[25]と。極端な言い方をあえてすれば、こと真理認識に関するかぎり（言いかえれば生活の観点をいったんはなれるかぎり）、わたしたちが目覚めていようと眠っていようと感覚や想像力にもっぱらたよっているあいだは、どちらの状態においてもあてにならない点では変わりがない、ということであり、逆に知性の介入があればたとえ睡眠中であろうと真理認識は可能だということである。たとえば

ひとりの幾何学者が睡眠中になにかあらたな証明を思いついたとしても、かれの眠りがその真理性をさまたげることはない[26]のである。

要するに幾何学者がおこなう証明の大いなる確かさは、それらがもっぱら知性によって明証的に、すなわち明晰判明に理解されることにもとづいているように、神の観念やわたしの観念には存在が含まれていることが同じ知性によって明証的に理解される、ということが以上の議論の要点をなしているわけであるが、しかしここからいったい、どのようなことが結論として帰結してくるであろうか。しかしそこにいくまえにこの神の存在論的証明と呼ばれる議論がそもそもわたしがもっている自分自身や神以外の観念の真理性を探求しようとして、デカルトが幾何学者らが自分たちの研究対象としているもの、すなわち

ある連続的な物体、いいかえれば長さや幅、そして高さないし深さにおいて果てしなく広がりをもついっぽう、さまざまな形や大きさをもつことができ、どんなやり方によっても動かしたり、置き直したりすることができるさま

ざまな部分へと分割することができるある空間(27)を検討課題としてみずからに課したさいに、いわば思いがけないかたちで着想されたものであった、ということを思い出しておこう。しかも『省察』ではこの点に関してはもっとはっきりと、さきの懐疑の状態から最終的に抜け出すためには神の属性やわたし自身の本性の探求にひきつづいて物質的な事物についてなにか確実なものを手に入れることができるかどうかを調べてみなければならないが、その予備的段階として、幾何学的空間の検討がまず必要となった事情をあきらかにしているのである。すなわち、

わたしの外部にそうした物質的な事物が存在しているのかどうかを検討するにさきだって、わたしはそれらのものについての観念がわたしの思考のなかにあるかぎりにおいて考察し、どの観念が判明な観念であり、どの観念が混雑した観念であるのかを見なければならない(28)

として幾何学的延長の検討に入っていくということである。そしてこれとの関連でいうと、神の存在論的証明はまさに、かような世界についての考察が正しくおこなわれるためのいわば前提ないし保証として必要なものであったという言い方もできるということだ。じじつデカルトはつぎのような言い方もするからである。

わたしたちがひじょうに明晰にそしてひじょうに判明に考えるものごとがすべて真理であるということももっぱら神がある、ないしは存在するがゆえに、神は完全な存在者であるがゆえに、わたしたちのうちなるいっさいが神に由来するがゆえに保証をえているにすぎない。このことから実在性をもち、神に由来するわたしたちの観念ないし概念は、それらが明晰、判明であるいっさいのことがらにおいて真理以外のものではありえない、ということが帰

結してくる(29)

と。また、逆に

もしもわたしたちがわたしたちのうちにある実在的で真実なものがすべて完全で無限なある存在に由来することを知らないならば、わたしたちの観念がいかに明晰であり、判明であろうとも、それらの観念に真実であるという完全性のあることをわたしたちに保証してくれるようないかなる根拠ももたないことになるであろう(30)

とも。だがそうすると反対に、わたしたちの陥りがちな誤謬というものはいったいなににもとづくことになるのであろうか。デカルトの議論はこうだ、

したがってもしもわたしたちがしばしば誤謬を含んだ観念をいだくことがあるとしても、それは誤っているという点で虚無を分有するために混雑し、曖昧なところをもつにいたった観念にかぎることができるということ、すなわち、それらがそのようにわたしたちのうちにあって混雑しているのは、もっぱらわたしたちがすっかり完全であるわけではない、ということにもとづくにすぎないということである。それに誤謬ないし不完全性がそのようなものとして神に由来するということには、真理あるいは完全性が虚無に由来するということにおとらず矛盾があるのは明白である(31)

と。そして『省察』ではこの点についていっそう明確に、

これらの無数の誤謬の原因を仔細に検討してみてわたしは以下のことに気づいた。すなわち、わたしの考えのなかにはたんに神あるいはこのうえなく完全な存在の実在的で積極的な観念がみとめられるだけでなく、虚無すなわちそもそも完全性というものからは無限に隔たったものについてのある種の否定的な観念もみとめられるということ、わたしは神と虚無とのあいだにある中間者として存在しているということ、すなわち至高なる存在と非存在とのあいだにおかれているために前者がわたしを作ったかぎりではわたしを誤謬へと導いていくことができるようないかなるものも真実わたしのうちにはなにも存在しないのであるが、しかしわたしがみずからのことをなんらかの仕方で虚無ないし非存在を分有するものとみなす場合、すなわちわたし自身が至高なる存在者ではないかぎりにおいては、無数の欠陥にさらされているということ、したがってわたしが誤ることがあるとしても驚いてはならない、ということである(32)

と表現したうえ、誤謬が発生する根拠を、わたしたちに与えられている判断の能力が、神と同じに与えられている無限な意志と被造物としての有限な知性の組み合わせからなるところに求め、じつはこの知性の有限性を踏まえないことにわたしたちの誤謬のすべての原因があることをあきらかにしていくのである。換言すれば、わたしたちのおかす誤謬は、もっぱら、意志が知性の有限性を無視して働くときに生じるということ、したがって正しい判断は逆に、意志がみずからに制限をくわえ、ひたすら有限な知性に合わせていこうとつとめることによってはじめて可能になるということだ。デカルトが方法にしたがうことの重要性を説くほんとうの意味はまさにここにあったというべきであろう。

いずれにしてもデカルトの哲学は人間の有限性の立場を強調しはするものの、いな、有限性の強い自覚があればこそ逆にどこまでも一歩一歩をしっかりと踏みしめながら着実に前進していこうとするたくましい哲学となっているということができる。しかしながらじつをいえばこれはデカルトの青春の苦しい戦いをとおしてようやくにしてえられた境地であって、幾多の失望や挫折の経験が、しばしばかれをおそった無力感がこれには先行していたのである。ふつうフランス哲学史においてはデカルトとパスカル（一六二三—一六六二）は対照的な思想家としてとりあげることがならわしとなっているが、それは両者の到達点を比較してのはなしであって、それぞれのたどったプロセスにおいては驚くほどの類似の体験もあったようなのである。すくなくともデカルトにかぎっていえば、かれが終始強靱な自制心を体現する哲学者として生きぬいたなどとはとても考えることはできない。かつて社会心理学者のＥ・フロムは成長しつつある近代的な自由の弁証法的な性格としてつぎのように指摘したことがある。「近代社会の構造は同時に二つの仕方で人間に影響をおよぼした。すなわちかれはいっそう独立し、自立し、批判的になるとともにいっそう孤立を深め、孤独で、恐怖心をいだくようになった、ということである」(33)と。この言い方にならうならデカルトは自由の前者の側面を、そしてパスカルは後者の側面を強調していることはたしかではあるが、しかしデカルト的自由にもそれが成立するにいたるまでにじつはパスカル的な自由の否定的な体験が存在したのである。

四　パスカルの哲学とデカルトにおけるパスカル的な側面

デカルトを論じるさいに、パスカルをひきあいに出しうる大きな理由としては、両者がともにほぼ同時代に生き、かつ出身階層もおなじ「法服の貴族」、すなわち新興のブルジョアジーであった点を指摘することができるであろう(34)。しかしパスカルが記述する人間は、不安と恐怖でこころを一杯にし、きわめて無力で頼りのない存在だ。かつて詩人のＰ・ヴァレリーを当惑させた断章

この無限な空間の永遠の沈黙はわたしを恐れさせる(35)

をはじめ

前後の永遠の時間のなかへと――ただ一日しかとどまらない客の思い出のように――消えていくわたしの人生の短さに思いをいたすとき、また、わたしがそこを満たし、わたしが目にしさえしているこのささやかな空間が、わたしの知らない、そしてわたしのことを知らない無限に広大なひろがりをもつ空間のなかへと沈み込んでいくことに思いをいたすとき、わたしがあちらでなくここにいることを恐ろしいことと、いぶかしいことにおもう。なぜなら、どうしてあちらでなくここなのか、どうしてあの時でなくいまなのかの理由がまったくないからである。だれがわたしをここにおいたのか。だれの命令とみちびきによってこの場所とこの時とがわたしのために予定されることになったというのか(36)

はたいへん有名だし、

自分が所有するいっさいのものが崩れさっていくのを感じるのはおそろしいことだ(37)

というのもある。また長くなりすぎるので引用はひかえるが、わたしたち人間を無限と虚無のあいだにおかれた中間者と規定する点ではデカルトと同じであるが、しかしわたしたちはそのいずれの極にも手足をとどかすことができずにそのあいだをただあてもなく漂いつづけているだけのきわめて不安定な中間者と規定する断章、「二つの無限　中間」(38)および「人間の不均衡」(39)のこともぜひ思いだしておかなければならない。そして人間のこうした不安定さ、無力さを心底から自覚することこそじつはパスカル的意味でのコギトであり、また逆説的にそれが神への通路となっていくのである。パスカルのことばのなかでだれひとり知らない人はないと思われるほど有名なつぎにかかげる断章が語っているのも、まさに、このことにほかならない。

人間は自然のなかではもっとも弱い一本の葦にすぎない。しかしそれは考える葦である。この葦を押しつぶすのに宇宙全体が武装するにはおよばない。ひとつの蒸気、ひとしずくの水があればかれを殺すのに十分である。しかし宇宙がかれを押しつぶそうとするようなときでも、人間はかれを殺すものよりもなおいっそう高貴であろう。なんとなれば人間は自分が死ぬことを、宇宙が人間に勝っていることをかれは知っているからである。宇宙はそのことをなにも知らない。

それゆえわたしたちの尊厳のすべては考えるということにある。わたしたちが出発しなければならないのはまさにそこのところからであって、わたしたちが満たすことができない空間や時間からではないのだ。それゆえただしく考えるようにつとめよう。そこにこそ道徳の原理が存在しているのだから[40]

あくまでも無力な者としてのみずからの自覚を徹底すること、パスカルにおいてはこれだけが神への唯一の通路なのだ。

神を感じとるのは心情であって理性ではない。そこにこそ信仰のなんたるかのゆえんがある。心情に感じとられる神であって、理性に感じとられる神ではない[41]

と断言したうえ、さきに見たデカルトの哲学をもふくむほかのいっさいの主知主義的な神学の立場に反論する

信仰は神のたまものである。わたしたちがそれを推論がもたらしてくれるもの、などと言っているとはとらない

でいただきたい。ほかの宗教はみずからの信仰についてそのようには言わない。そうした宗教は信仰にいたるために推論しか与えなかったが、しかし推論は信仰に導きはしないのである[42]

のような文章も書き残すことになる。

しかしデカルトがパスカルとも共有したらしい体験を論じるためだけならさしあたり、以上のことだけで十分だ。つぎにデカルトにおける幼少年期から青年期にかけてかれに終始とりついて離れなかったらしい人生にたいする深刻な不安を窺わせる個所を『序説』のなかから拾いだしておこう。ただしここでその検討にはいるまえにすこし考えておくべき重要な点が一つある。それはアルキエが強調するようにこの書が四〇歳の分別盛りに到達したデカルトがもっぱら哲学者としてみずからの来し方をふり返ったものだということである。「かれは子どものころの自分にみずからのかずかずの思いこみや誤りの根源を探ろうとするのであり、それは自分のことを懐かしむより以上のことである。かれはみずからを説明するのであって、語るのではない。デカルトがかれ自身の過去のなかで興味をもつのはみずからの精神の歴史であり、かような歴史が可能にしてくれる真と偽の区別なのである」[43]とアルキエは述べている。しかしこれを別な言い方でいえばデカルトは気がついてみると自分は哲学者となっていたが、この到達点からそこにいたるまでの経過をいわばこの到達点を目指す動きであったかのようにふり返ってみるとどのように見えるか、を語っているにすぎない、ということもできるのではなかろうか。キルケゴール、あるいはもしかしたらプルーストもそうなのかもしれないが、デカルトはけっしてここでかれらのようにかつて生きた過去をもういちど生き直すこと、すなわちキルケゴールのいわゆる「反復」を試みているのではなく、あくまでも過去の現時点の関心からする見直しを試みているにすぎない、といってもよいであろう。いいかえれば過去のなまなましい体験ももっぱら現在の視点からとらえなおされ、現在を説明するのに必要な側面だけが光をあてられているにすぎないともいえる。デカルトが哲学者となるより以前のかれをとらえなおそうとすれば、テキストとしてそのような制限のあることを十分ふまえながら『序説』のことばを理解しなければならないということである。
さて、こうした制限をこえてじっさいのデカルトのありようがどうであったかをまず推察しなければならないのは、かれがはじめて入学した学校のラ・フレーシ学院における学習に寄せたかれの大いなる期待と失望をあらわす文章として記されているつぎのことばによってではなかろうか。

わたしは子どものころから書物で育てられてきた。そしてそれらを通して人生に役だってくれるすべてのことについての明晰で確かな知識が得られると聞かされていたので、なんとしてもそれを学びとりたいという思いにかられるのだった。しかしこうした勉学の全課程――これが修了する時点でつうじょうは学者の仲間に加えてもらえるのだが――が終わるとまもなくわたしの考えはすっかり変わってしまった。なぜならわたしは気がついてみるとおおくの疑問や誤りに悩まされるようになっていたので、勉学につとめはしたが、ここでの課程はだんだんとみずからの無知を発見させてくれたということをのぞくと、ほかになんの利益ももたらしてはくれなかったように思われたからである[44]

貴族の子弟の教育を引き受けるべく開設されたばかりの学校であったラ・フレーシ学院の教師たちが人生に役立つ明晰で確かな知識をその教育目標としてかかげていたということは、かれらが転換期の不透明な時代を生きていかなければならない青少年の要求を先どりしていたことをあらわすとともに、それをデカルトもまた額面通りに受けとめ、学院での学問に懸命に打ちこんだというのであるから、かれもそうした時代にめぐりあわせた者として不確かな人生を生き抜くための手だてをまず求めざるをえない不安な子どもであったということであろう。しかしデカルトのそうした期待もむなしく結局のところ不首尾に終わることとなった。一〇歳から一六歳までこのラ・フレーシ学院ですごし、そのあと、右にも述べたようにさらに二年間をポワチエの大学で法律と医学の勉強をしているのであるが、学校

での学問はすべてかれの期待を裏切っていったのである。そこでデカルトは言うのだ、

それゆえ教師への服従から脱してもよい年齢に達するとすぐにわたしは書物の学問をすっかりやめた。そしてわたし自身のなかか、それとも世間という大きな書物のなかにしか見いだすことのできないような知識のほかはもう求めまい、と決心して残りの青年時代を旅をしたり、宮廷や軍隊を見たり、さまざまな性格や階層の人びとと交際したり、さまざまな経験を積んだり、運命がさしだす出会いのなかで自分自身を試したり、そしてそのつど出現してくるものごとについてそこからなにか自分のためになってくれるものを引きだすことができそうな反省をおこなったりすることにもちいた。なぜならひとりの学者が自分の書斎のなかでおこなう推論においてよりも、各人が自分にとって重要な意味をもち、もしも判断を誤ったならば、ただちにその結果がかれを罰することとなるようなものごとについてなす推論においてのほうが、はるかに多くの真理に出会えるようにおもえたからだ(45)

と。とはいえこうした「世間という大きな書物」にデカルトが求めたのもかつて「書物の学問」に求めたのと基本的にはなんら変わるところがなかった。

そしてわたしはあいかわらず、わたしのいちいちの行動にさいしてものごとを明断にみとめ、この人生を自信をもって歩んでいくために、正しいものと間違ったものとを区別する仕方をなんとしても学びとりたい、という思いにかられつづけるのであった(46)

と述べて、旅にあってもかれの人生にたいする不安の解消を必死な思いで求めつづけていたことを窺わせる文章を書き残しているからである。しかしこんども勉学の場合と同様、結果はあまり変わらなかった。なぜなら旅をとお

して世間の人びとはどこでもそれぞれの地域で行われてきた実例と慣習にしたがってもっぱら行動するものである、ということはよく認識できたが（またそれゆえみずからの出身地における常識をけっして絶対視してはいけない、ということは学んだが）、だからといって自分が求めてやまなかったみずからに本当の自信をえさせるものとめぐり会えたわけではなかった[47]、というのが「世間という大きな書物」を読み切ったときのかれの結論であったからである。

ようするにデカルトが「書物の学問」に専念したのも、また「世間という大きな書物」に期待をかけたのも、いつにかかってかれにつきまとって離れない不安からいちにちもはやく脱却して、人生にたいする心底からの自信と安心を獲得したい、という思いに発するものであったということである。しかしかような試みはことごとく失敗に帰してしまった。最後に残されているのはかれ自身のなかにそれを探ることだけだ。そして一六一九年一一月一〇日滞在先のドナウ河畔の町ウルム近傍の、とある村の農家の炉部屋で来し方行く末を考えて瞑想に耽っていた二三歳のデカルトにようやくにしてそのときがおとずれたのである。しかしながらデカルトのこのあらたな人生の出発点となった出来事をあらためて見なおしていくまえに、うえに指摘したようなデカルトの不安に関してはもうひとつの、けっして無視することのできないデカルト固有の要因をも同時に見ておかなければならない。それはかれの個人的な生い立ちと深く関わるものである。

五　デカルトの生い立ちとそれがかれの人生におよぼしたと考えられる影響について

a　デカルトの生い立ち

『序説』では残念ながらデカルトの生い立ちにまでふれた個所を見いだすことは困難である。それゆえこの点については今日残されているデカルトの手紙その他の資料やほぼ同時代人のA・バイエの証言『デカルト氏の生涯』などに頼るほかはないわけであるが、そんな中にあってもとりわけ注目しなければならないのは、家族とともにオランダに亡命中であったボヘミヤの若き王女エリザベートのために、後年デカルトがしたためた慰めに満ちた一通の手紙のなかで、かれが自分自身のことにも言及しているつぎのくだりではなかろうか。

母はわたしが生まれてわずか数日後にいくつかのつらい出来事が原因でかかった胸の病のために亡くなっておりますが、わたしはこの母から空咳と青白い顔色を受け継ぎ、二〇歳をすぎるころまでつづきました。そしてそのためそれまでにわたしを診てくれたどの医者もわたしの夭折を宣告していたのです。しかし立ち現れてくるものごとをそれらがわたしにとってもっとも快適なものに映じてくれそうな角度からながめるとともに、わたしの主要な満足をもっぱらわたし自身に依存させようとするわたしがつねづねもちつづけてまいりました傾向性のおかげで、わたしにとりましては生来的のものとなっておりましたこうした体調の悪さも徐々にではありましたがすっかり消え去ったのです(48)

ところでこの文章に関してはあらかじめつぎの点をまず指摘しておかなければならない。すなわちその第一は、デカルトの母が亡くなったのは本当はかれの誕生後一年余りたった一五九七年五月一三日のことであって（ちなみにデカルトが生まれたのは一五九六年三月三一日）それもかれの後に生まれた弟（この弟も誕生後まもなく亡くなっている）の出産が直接のきっかけとなってのことであったということである。第二はデカルトがみずからの病弱をいかに克服したかというこの手紙の主旨とも関係するが、かれのいわゆる母から受け継いだ病とはおそらく二〇世紀の中葉頃まではほとんど不治の病とされていた結核であったと考えられ、したがってこれは実際にはなによりもまずこの病のもたらす死の恐怖に立ち向かおうとしたかれの対応そのものに言及する文章と見なしうる点である。

ところでこの病に起因する死の恐怖ということがデカルト個人における幼少年期から青年期へかけての不安の直接的な原因をなしていたであろうことは容易に想像できる点であるが、第一のかれの母の死およびそれにまつわるデカルトの誤解がいったいなににもとづくものであったのかはすこし考えておく必要があるのではなかろうか。結論からいえば、おそらくそれはかれの母がそうした病に冒されることとなったそもそもの原因をも含めてデカルト自身の誕生と密接に関係するものであったからではないか、ということである。すくなくともデカルトの母がかれの懐妊もしくは出産を機にその病をにわかに重くしたことだけは間違いがない。デカルトはかれの母の死がみずからの誕生と深く結びついていると教えられ、それゆえ母なきがゆえの淋しさに加え、みずからの存在そのものにまつわる罪の意識にも悩まなければならなかった、というのが本当のところではなかったであろうか。しかし充分な資料が残されているわけでもないので母親の死とそれがデカルトに及ぼしたと考えられる影響についてこれ以上詳しく論じていくことはできない。むしろこのあたりでひとまず視点を変え、幼少年期に母親の愛情を知らないまま成長しなければならなかった子どもたちが一般的に抱え込まざるを得ないと考えられる心理上の問題について現代の学者たちがどのように考えているかをしばらくみておくことにしたい。それは次に見ようとしている漱石の生い立ちとも大いに関連してくる事柄だからである。

b　幼少年期の不幸な境遇が子どもたちに及ぼす影響についての現代心理学の見解

——不幸な境遇は子どもの発達上具体的にはいかなる意味でその阻害要因となるのか

（ｉ）この問いに答えるためにはその前提としてまず人間の行動を「適応」と「表現」の二種のものに分けて考えておかなければならない、ということ

Ａ・マスロー（一九〇八—一九七〇）などの二〇世紀のアメリカの心理学者によると人間がそれぞれにおいて目指すべき目的は単にかれらの生物としての環境的世界への適応につきるものではなく、さらにその上に各自の性格や能

力に見合った自分らしい仕事を実現するところにこそ求められなければならない、とされる。かれは主著『動機づけとパーソナリティ』のなかで適応行動の主要な四つの要求の段階（これはあとでもう一度詳しく述べる）を論じたあとで次のように述べている。「こうした要求がすべて満足させられたとしても、もしも個人が自分に適したことをしていない場合には、われわれには（たとえいつもそうなるとはかぎらないにしても）しばしばさらに新しい不満や落ち着かない気分がやがて芽生えてくると予想することができる。最終的に自分自身を受け容れようとすれば、音楽家は作曲し、画家は絵を描き、詩人は詩を作らなければならないのである。人はみずからがなりうる者にならなければならない、ということだ。人は自らの本性に忠実でなければならない。こうした要求をわれわれは自己実現の要求と呼ぶことができる。

K・ゴールドシュタインによって最初に作られた（一九三九）この用語はこの書［＝『動機づけとパーソナリティ』］においてははるかに特殊な限定された意味で用いられている。すなわちこの語は人々の自己実現の願望、すなわちかれらが潜在的にそうである者になろうとする傾向のことである。こうした傾向はひとが特異的にそうであるところの者にますますなろうとすること、人がなりうるものであれば何にでもなろうとする願望として言いあらわすことができるであろう」[49]と。われわれ人間における要求はたんに適応のそれにとどまらず、本来の自己自身を実現ないし表現していこうとする要求がさらにそれを越えたところに実はもう一つ存在している、とするのがマスローの立場なのである。

（ⅱ）子どもの心理的成長から見た適応段階における最重要な要素

ところでデカルトにせよこのあとで見る漱石にせよ、かれらがともにマスローのいわゆる自己実現ないし自己表現の段階にまで到達した人たちであったことは、それぞれが書き残しているものを通して見ても非常にはっきりしていると思う。すなわち前者はA・バイエがその一部を伝えているデカルトの青年時代の小冊子『オリンピカ』やかれの自伝的著作『序説』において自己発見の感激について語っているし、後者はあとでも見るようにその講演の記録『私の個人主義』において前者と同様な感激の体験についてふれているからである。ただここでわれわれの大きな疑問点となって浮かび上がってくるのは、マスローの理論によれば、適応の段階から表現の段階への移行のためには適応の諸段階があくまでも充分に満足のいく形で経過されていなければならない、とされている点である。

マスローは適応の段階をより細かく見るとそれはさらに1「生理的要求」(Physiological needs)、2「安全の要求」(Safety needs)、3「所属と愛情の要求」(Belongingness and love needs)、4「評価の要求」(Esteem needs)の四つの段階に分かたれるとし、「自己実現の要求」(Self-actualization need)というものは実はこれらの諸要求が順次確実に満たされたあと、それらに続く最終段階としてようやくにして自覚されてくる段階であるとしている(50)。そしてマスローのこうした記述のなかでもデカルトや漱石との関連でわれわれがとりわけ注目したいのは2の「安全の要求」に関してである。しかし話の順序があるのでこの点に入る前にその前段階をなすとされる生理的要求の段階をまず一通り見ておきたい。

1の「生理的な要求」の段階の存在が痛切に意識されるのは天災や戦争といったきわめて例外的な事態にかぎられ、平穏な暮らしが続く限りこうした要求が意識されることはほとんどない。しかしわれわれが生きている限り不幸にしてそうした境遇に陥ることはけっして皆無とはいえず、もしもこうした事態に立ち至った場合には他のいかなる要求をおいてもまず食欲や睡眠などを中心とした要求を満足させることにわれわれは全精力を傾けざるをえないことになる。またマスローは人間の体がある種の欲求の支配を受けるとき、将来に関する思考の全体もまたその欲求の圧倒的な支配を受けるという一般的な事実を指摘したうえ、食欲に関してはとくに次のように述べている。「慢性的に極端な飢餓状態におちいっている人にとってユートピアとはたんに豊富な食物のある場所としてのみ規定される可能性がある。そういう人は残された人生のためにもっぱら食物が保障されさえするならば自分は申し分なく幸せになるだろうし、それ以上はけっしてなにも望むことはないだろう、などと考えがちである。人生そのものが食べることに関したことばで規定されやすいということだ。他のものは何でも重要でないものとされてしまうであろう。自由や愛、社会感覚、尊敬、哲学などはすべて役立たずの虚飾として斥けられてしまうことであろう。というのもそれらは胃袋を満たしてくれるものではないからである。こうした人間はまさしくパンのみにて生きる、といわれてよいであろう」と(51)。

しかしわれわれのこうしたもっとも基本的な要求である「生理的な要求」がひとたび満たされると次にあらたにそうした要求をかなえてくれるものをできるだけ安全に手に入れたいとする要求が目覚めてくる。これが実は2の「安全の要求」に他ならない。もっともこの要求に関してもマスローはまずつぎのように述べる。「われわれの文化圏における健康で裕福な大人たちは大部分かれらの安全性の要求においては満足をえている。平和で、順調に推移している安定したよい社会というものは、通常、その構成員にたいして猛獣や、極端な気温、犯罪、殺人、混乱、圧政、などからは充分安全に守られていると感じさせているものである。したがって非常に現実的な意味ではかれらはもはやじっさいの動機としてはなんらの『安全の要求』ももってはいない。充分に満腹した人が空腹をもはや感じることがないのと同様に安全な人はもはや脅かされていると感じることはないのだ」(52)と。しかしそうすると例外的にせよいったいどのような場合にこうした要求が顕著になると考えられるであろうか。マスローはいう「こうした要求を直接にはっきりと見たいと望むならば神経症ないし神経症的な人たちや、経済的社会的な弱者、ないし社会的な混乱、革命、権威の失墜などに立ち戻って考えてみなければならない」(53)と。いま社会的な混乱のさなかに身をおくことを余儀なくさせられたり、社会的に弱い立場に追い込まれてしまっているような人びとがその安全を脅かされていることに異論をはさむ余地はもとよりないが、マスローがこれらの場合と同時に神経症に悩んでいる人びとや神経症的な性格の人びとのおかれている立場もそれと同列のものと見ようとしている点にはとくに注目しておきたい。というのもこの点こそじつはわれわれがデカルトや漱石の生い立ち考えるうえで非常に重要な意味をもってくると考えるからである。以下この点に関するマスローのことばを続けて引用しておく。

「われわれの社会における神経症の大人は多くの点で『安全の要求』をもつ安全でない子どもたちに似ている。かれらの反応は敵意にみち、かれらを圧倒し、脅かすものとして捉えられた一つの世界のなかにおいてみとめられるある未知の心理的な危険にたいしてしばしば向けられる。こうした人びとはあたかも大きな破局がほとんどいつも差し迫っているかのようにふるまうということ、すなわちかれらはつねに一定の危機に立ち向かっているかのような対応をするということだ。かれらの『安全の要求』はしばしば頼りにできる一人の庇護者、ないしより強い人物、もしくは組織の探求のなかにその表現を見いだしている。それはあたかも危険に満ちた世界にたいする恐れや脅えの反応の子どもっぽい構えがいったん地下に潜り、成長や学習の過程によって影響されることなく、いまでも一人の子どもに危険を感じさせそうないかなる刺激によっても呼び出されることを待っているかのようなのである。ホーナイはとくにこの『基本的不安』(basic anxiety)についてすぐれた描写をおこなっている(一九三七)」[54]。

マスローにおけるこのくだりはK・ホーナイ(一八八五―一九五二)がその著『現代の神経症的人格』[55]のなかで主として性格神経症(character neurosis)と呼ばれる一群の人びとにおいて顕著なものとなって現れる症状、ならびにかれらがその苦しさをまぎらわすために取るいくつかの代償行動について論じている個所に言及したものであるが、このあたりのことをつぎにホーナイ自身の主張に立ち戻ってもうすこし詳しく見ておきたい。

(iii) ホーナイの神経症についての考え方

ホーナイはこの書において主として神経症に悩む人たちの現在におけるこころのありように関心をおいていたため、かの女自身も言うように他のフロイトの流れをくむ心理学者たちほど患者の幼児期に言及することはないようだ[56]。しかしそのようななかにあっても唯一比較的くわしく論じているところが一個所だけ見いだすことができる。それはこの書の第五章である。ホーナイは述べている、「多くの神経症的な人間の幼児期における記録を調べて、わたしにはこれら患者すべてに共通する公分母が以下のような特徴をさまざまな組み合わせでもっている環境であることが分かった。

基本的な不幸はつねに本当の暖かさと愛情の欠如である。子どもは心のなかで自分が望まれ愛されていると感じているかぎり、突然の離乳とか、ときおり打たれるとか、性に関係する経験などしばしば心の傷となる（traumatic）とみなされているような数多くのものにも耐えるものである。いうまでもなく子どもは愛情が本物かどうかを鋭敏に感じ取るものであるし、わざとらしい演技に欺かれることはありえない。子どもが充分な暖かさや愛情を受けとることができない主な理由は両親自身が神経症であるためにかれらがそれを与えることができないからである。わたしの経験ではたいていの場合、暖かさの実質的な欠如は偽装されていて、両親はこころのなかでは子どもの一番ためになることを願っていると主張する。いわゆる理想的な母親の教育理論や心配のしすぎ、自己犠牲的な態度などがなににもまして将来の激しい不安定感のもととなる雰囲気作りの基本的なファクターをなしているのである」(57)。また上記のような親は「通常、みずからの人生に満足しておらず、満足できる愛情関係や性的な関係を持たず、そのために、子どもたちをみずからの愛情の対象としがちである。かれらは愛情の要求を子どものうえになげかけているのだ」(58)とか、さらに「わたしの経験では、子どもが異性の親にたいして激しい情熱的な愛着を持ち、フロイトが記述したとおりの独占欲や、嫉妬を示した事例においては、いずれの場合にも、原因は親の方にあって、親が神経症的で、おどかしたりすかしたりして、子どもに病的な愛着を抱かせている」(59)などとして、いわゆるエディプスコンプレックスなどは神経症的な親によって誘発されるもっぱら病的な反応と解されるべきことを強調している。ところでこれらの文章からもすでに明らかなように、ここでホーナイが主として論じようとしているのはデカルトやあとで見る漱石のような幼少年期において実の親（とくに母親）の庇護をえることができなかった子どもたちのことではなく、むしろもっと一般的に実の親に育てられていてもその親たち自身が抱え込んでいるさまざまな問題のために本来の望ましい愛情や暖かさがえられない子どもたちのケースについて語っているといえる。しかし実の親の庇護を受けられない幼少年期のデカルトや漱石のような子どもの場合、愛情や暖かさといったかれらにとって望ましい環境が準備されることは右のような子どもたちの場合にもまして困難となることはほぼ疑いようがないことなので、しばらくは多少の迂回は承知のうえでホーナイの議論をこのまましばらく続けて見ておきたいと思う。

さてホーナイはこうした環境で育った子どもの対人関係における特徴的なあり方について次のように指摘している。「右に述べたような雰囲気のなかで育った子どもは、他の子どもたちほど冒険心がなく、喧嘩もできない。他の子どもたちと違って、自分は大切にされているのだ、という幸福な確信がないので本来は害のないからかいでも、残虐な拒否として受け止めてしまう。他の子どもたちよりも心が傷つきやすく、自分を守ることも下手である」(60)と。またこれらの要因は「自分は敵意にみちた世界のなかでひとりぼっちで無力であるという、ひそかに強さを増し、すべてのものを覆いつくすにいたるような感情」(61)を生み、助長することにもなる。ホーナイはある女性患者が夢のなかで「人に踏みつぶされるのを避けて穴のなかに身を隠さなければならない小さな鼠」(62)になっている自分自身の姿を見たという報告もしている。そしてこうした感情や夢が表しているものこそまさにホーナイのいわゆる「基本的不安」に他ならないのである。ホーナイはいう、「基本的不安はおおまかには、自分を虐待し、欺き、襲いかかり、辱め、裏切り、嫉妬する外界に、小さく、意味もなく、無力で、独りぼっちで、危険にさらされているという感情として記述できるかもしれない」(63)と。またこの「基本的不安」が対人関係におよぼす影響に言及しながらさらにつぎのようにも述べている。「基本的不安は、自分と他人とにたいする個人の態度に重要な意味をもつ。基本的不安は情動的な孤立を意味し、それは自己の本質に根ざした弱さの感情と同時におきるだけにより耐え難いものとなる。また基本的不安は、自信の基盤そのものの弱体化を意味する。基本的不安は、他人に依存したい［(土居健郎氏にならって言えば）甘えたい］という欲求と、他人にたいする根深い不信感と反感ゆえの依存不能［(同じく土居氏流に言えば）甘えられない］とのあいだの潜在的な葛藤の芽をうちに含みもっている。基本的不安は、個人がその本来的な弱さのゆえに、いっさいの責任を他人に負わせ、保護され、面倒をみてもらいたいという欲求を抱きながら、他方で、その基本的反感のゆえに、他人不信があまりにも強すぎ、こうした欲望を満たすことができないということを意味している。そして結果はいつも個人は安心感をうることにかれのエネルギーの大半をつぎこまなければならない、ということになる」(64)。

ところでホーナイによればこのような基本的不安に悩む個人がみずからの身を守るために試みる方法はおおきく分けて四つあるとして以下のような項目をあげている。すなわち、(1)愛情(affection)、(2)屈従(submissiveness)、(3)権力(power)、(4)引きこもり(withdrawal)である(65)。

(1)の愛情に関してまず注意しなければならない点はそれがおだやかな余裕のある関係を指すものでは決してないということである。なぜならここで追求されるのはもっぱら、不安をまぎらわすものとしてのそれでしかないからである。ホーナイはいう、「どのような形においてであるにせよ愛情を確保することは不安にたいする強力な防御になる。そのモットーは『あなたがわたしを愛するなら、わたしを傷つけることはしまい』である」(66)と。またこのことをさらに敷衍する形でつぎのようにも述べている。「愛情への神経症的要求に認められる特徴の第一は、強迫性である。個人が強い不安に駆りたてられる場合には、自発性と融通性がかならず失われる。簡単にいえば、これは神経症的な人間にとって、愛情の獲得が、贅沢でもなければ、新たな力や喜びの源泉でもなく、生きるための必須条件なのだということである。この違いは、『わたしは愛されることを望み、愛されることを楽しむ』というのと、『どんなことをしてでもわたしは愛されねばならない』というのとの違いである」(67)と。

(2)の屈従についてはそれが特定の人物もしくはいくつかの制度に関わるものとして表れるか、あるいはもっと一般的な態度として表れるかによって二つに分けて考えられている。例えば前者の場合では、基準となっている伝統的な考え方とか、なんらかの宗教の儀式、あるいは力を持った一定の人物の要求に従順であることであって、ここでは人物や制度にはっきりと焦点が合わされている。そしてこれらの規則に従ったり、これらの要求に応じることがすべての行動の決定的な動機となるのである(68)。逆に屈従の態度が、制度や人物と結びつかずに、あらゆる人間の要請に従いかれらの怒りを買うようなことはいっさい避けようとするいわゆる八方美人の態度となって表れるような場合もある。そしてこのような場合には個人は自分自身の要求はすべて抑圧してしまい、他人についての批判はひかえ、自己を守ることなく他人の言うがままとなり、誰にでも合わせていこうとする、という(69)。そしてこれら屈従のいずれの場合においてもそのモットーとなっているのは「わたしが従えばわたしは傷つけられることはないだろう」(70)なのである。そしてホーナイは(1)とのからみでつぎのようにも付言している。すなわち、「こうした屈従的な態度は、愛情による安心感の獲得という目的にも役立つ。個人にとって愛情がきわめて重要で、人生における安全感が愛情に依存している場合、個人は愛情獲得のためにどんな犠牲も喜んで払う。そしてこれは主として他人の要求に従うことを意味する」(71)と。

さて「基本的不安」にたいする防御のための試みとされる(3)の権力については、ホーナイはつぎのように述べている。「それは現実の権力や成功、あるいは財産、賞賛、知的な優越を獲得することによって安全を達成しようとするものである。そしてこの防御を目指す試みにおけるモットーは『わたしに力があれば、誰もわたしを傷つけることはありえない』である」(72)と。そしてここでとくに注目される点はその異常なほどの競争心である。むろん、正常な場合でも個人は競争心をもつがその違いはつぎの三点にあるという。すなわちその第一は、「基本的不安」に悩む個人はその必要がまったくない事柄においても、たえず自分を他人と比較するということ。すなわちこのさい個人の活動の内容はもはや問題ではなくなり、その活動にどのくらい成功し、どのくらい他人を感心させ、威信がえられるかがもっぱらの関心事となるということである。また第二点目は個人は自分と他人を比較するが、その目的はかれらより相対的にすぐれるためではなく、むしろあらゆる人間よりすぐれること、何においても最上、最高の地位に立とうとすることにある。それゆえ結局のところこうした個人は自分が成功することよりも、相手を負かすことの方により重要性をみとめていることが明らかになる。これがホーナイの指摘する第三目の特色である(73)。

ところでうえに見たような不安にたいする防御手段はいずれも何らかの意味で外界と取り組み、そのことによって不安に対応しようとしている点で共通している。しかしホーナイによれば保護は外界から身を引くことによっても獲得できるとする。そしてそれこそ(4)の引きこもりに他ならない。むろんそれは砂漠におもむくとか、完全な隠遁生活に入るなどという意味ではない。それはむしろみずからの物質的な要求や精神的な要求に関して他人から独立することである[74]。ホーナイはいう、「例えば、物にたいする要求からの独立は、財産を貯えることで獲得できる。この種の所有欲は、権力や影響力への手段としての所有欲(例えば政治家の金銭欲)とはまったく別の物であり、所有物の使い方の点でも異なっている。独立のために所有物が蓄積される場合には、不安が強すぎるので所有物の使用を楽しむことができないのが普通である。所有物蓄積の唯一の目的が万一の場合に備えての保障であるから、所有物は吝嗇な態度によって守られる」[75]と。また「精神的な要求に関しての他人からの独立は、例えば、情動的に他人にたいして無関心になり、他人によって傷つけられたり、失望させられたりしないように試みることによってもえられる。すなわちそれはみずからの情動的要求を枯渇させることである。こうした無関心の一つの現れは、自分自身も含めてなにごとも本気には受けとらないという態度である」[76]なども。

さて以上簡単にマスローのいわゆる安全にたいする要求が充分に満たされない場合のいくつかの典型的な逃避の型をホーナイの分類に従って見てきたわけであるが、ここでマスローが提起した要求五段階の仮説との関連で奇妙な対応関係を見いだすことができないであろうか。なぜならマスローによれば2の「安全の要求」を充分に満たされたとき、われわれのなかでつぎに目覚めてくる要求は3の「所属と愛情の要求」であり、これはホーナイの逃避としての愛情の要求やまた他人への従属の要求とまったく無関係のものとは思えないし、また、4の「評価の要求」は権力や財力など力によって安心感を獲得しようとする行動ときわめて類似した要素を含んでいるように思えるからである。また、ホーナイの指摘するような(4)の引きこもりについてもまことに逆説的ではあるがマスローのいわゆる5の自己実現の段階に到達した人において顕著になるとされる独立性や自立的な態度とのあいだになんらかの類縁関係を予想させるものがないであろうか。これらの疑問点を明らかにするためにつぎにもう一度マスローの要求五段階説(すなわち「適応」の四段階と「表現」すなわち自己実現の最終段階)の議論に立ち戻って考えておくことにしたい。

(iv)　ホーナイとマスロー

ホーナイにおいて「基本的不安」から逃れるための第一の手段は愛情であったが、マスローの健康な個人の発達段階の第三番目に現れる要求としての愛情の要求との違いはなんであろうか。結論から先にいえば、それは前者における愛情の要求がもっぱらそれを相手からもたらされることのみを期待するという一面的な態度となって現れるのにたいし、マスローにおける愛情の要求とはどこまでも「愛情を与えたり、受けたり」(77)という相互性があくまでもその前提になっているという点であろう。むろんこうした健全な愛情もさまざまな事情によってそれを体験することが困難なあいだは個人はつらい孤独に耐えていかなければならない。マスローはいう、「そうした要求が満足させられていない場合には、ひとは友人や仲間や子どもたちがいない淋しさを強く感じることになる。こうした人は一般に人びととの関係を――グループや家族における一つの場所を求める思いを強くし、この目標に到達するために懸命な努力を払うことになる。そうした場所を得ることが他の何にもまして重要な意味を持ち、かつて空腹が第一位を占めていたときには愛情など問題にもならず、不必要で、いっこうに重要さをもたないように思われたことなど忘れてしまいかねないほどである」(78)と。しかしいずれにせよホーナイのいわゆる性格神経症に悩む人の場合との決定的な違いは、いったんこうした要求を満足させることができる相手や環境を見つけることができるとそこに生まれてくるのはあくまでも相互の信頼にもとづいた健全な愛情関係であるということであろう。

ところでマスローにおいて、所属の要求はこうした愛情の要求とならべて論じられているのであるが、それは個人が所属することとなる社会において成立するはずの人間関係が基本的には愛情におけると同様な相互性を前提とするものだからではなかろうか。むろん愛情を取り交わす相手が見つからない場合がそうであるように、個人が所属できる社会を見つけることができるまではかれは前者におけると同じく深刻な孤独に悩みつづけなければならない。マスローはとくにそうしたことが子どもにおよぼす影響に注目しながらつぎのように述べている。「われわれは一般に移動がしばしばであること、将来の方向が定まらないこと、工業化の進展にともなって余儀なくさせられる一般的な過剰な動き、先祖がわからないこと、自分の先祖や素性、所属する集団が尊敬できないこと、自分の家庭や家族、友人や近隣の人びとから引き離されていること、土地の人間ではなく短期の滞在者ないしは新入りであること、などが子どもたちに破壊的な影響をおよぼすことを知っている。われわれはいまなお隣近所の人たち、自分の友人、仲間、気の合う者、階層、遊び友達、親しい仕事仲間のもっている重要性について低い評価しか与えていない。また、われわれの群れたり、寄り集まったり、仲間に加わったり、メンバーの一員になりたいといった深い動物的な要求のことを多分に忘れてしまっている」(79)と。しかしこうした悩みを越えて獲得されていく新たな人間関係があくまでも相互の信頼関係のうえにのみ成り立つものであること、それがマスローが理解するような愛情と同じく、ルソーがかつて人間関係の理想として掲げたような友情にも類するものである点でホーナイが論じているような病理的なケースとは決定的な違いを示すものとなることは充分に予想できることではなかろうか。

「所属と愛の要求」が満たされた段階でつぎにわれわれのなかに目覚めてくる要求としてマスローが掲げるのはかれのいわゆる「評価の要求」であるが、それは「われわれの社会においては(若干の病理的な例外を除けば)どんな人でもみずからについての一定の安定した、しっかりとした根拠にもとづいたつねに変わらぬ高い評価を、自己尊敬ないし自己尊重への、そしてまた他人による評価への欲求ないし要求をいだく」(80)ものだからである。そしてみずからの能力にたいするみずからによる評価が可能な場合には、人は自信を獲得し、独立と自由を享受することになる。「自分は価値や力、能力や適性をもった存在であるという自覚が、この世界において役に立つ必要な存在であるという自覚が生まれてくる」(81)からである。また、他人による評価を獲得できる場合には人はみずからの自信のうえに名誉欲をも満足させることになる。むろん、われわれは自己評価を仕事にたいする本当の能力や力量、適性にではなくもっぱら他人の意見にもとづけることの危険性については多くの人びとが指摘してきている通りである。だからマスローはいうのだ、「もっとも安定した、したがってまたもっとも健全な自己評価は外面的な名声ないし知名度や根拠のない賞賛によりもむしろ他人による応分の尊敬に根拠をおくものである」[82]と。

もっとも、こうした「評価の要求」もマスローのいう適応行動の最後の段階をなすものであるかぎりにおいてはそれらはすべて個人における「純然たる意志力や決意、責任感に基礎をおいた能力や仕事」[83]にたいしてもっぱら期待されるものであって、適応行動をすっかり越え出たところにおいて成立するつぎの表現行動、ないし自己実現的行動とははっきりと区別されなければならない。なぜなら後者においては個人の能力や仕事はもはや環境から要求されるものとしてではなく個人自身に本来備わった「内的な本性や気質から、かれの生物学的な必然性もしくは運命から」[84]おのずからに生まれ出てくると考えられる性質のものであるからである。しかしいずれにせよこの段階における人びとの行動を性格神経症の人びとが現実の権力や成功、財力や賞賛、知的な優越性などを獲得することによって「基本的な不安」から逃れ出ようとする行動と外見からだけで区別しようとするとわれわれは実際にははなはだ困難な問題にぶつかることになってしまうのではなかろうか。

「生理的な要求」に始まって「評価の要求」にいたるまでの四段階はすでに述べたようにマスローが人間における環境への適応行動として一括するものを具体的に逐一分析して見せたものにほかならないが、それでは次にかれのいわゆる表現行動、すなわち「自己実現の要求」の段階に到達した人間において顕著に認められるとされる行動の特徴とは具体的にどのようなものとなって現れるのであろうか。マスローは自己本来の可能性を実現しているとみとめられる有名無名の数十人の事例にもとづいてそれを以下のような十数目の項目に分けて論じているのであるが、つぎにその要点だけをかいつまんで挙げておくことにしたい。

自己実現的人間の特徴

1　現実を的確に知覚し、それと快適な関係を保つ能力においてすぐれているということ、すなわち他人のパースナリティにおけるごまかしや作り事、不正直を見抜く能力においてずば抜けており、人びとを正しく、正確に判断するということ。また、ほかの多くの人たちと比べて、新鮮で具体的、個別事例的なことと一般的抽象的で類型化されたこととを識別する能力においてひじょうにすぐれており、曖昧な事柄にぶつかっても急いで答えを見つけようとはせずそれに平然と耐えていく能力を持ちあわせていること(85)。

2　自己自身や他人をありのままに受け入れ、けっしてそうあって欲しいという形でみようとはしないということ(86)。

3　行動にさいしてかれらはつねに自発的であり、単純かつ自然で、わざとらしさがないこと。言い換えればかれらの行動は社会通念にはかならずしも左右されないということ。むろん、かれらといえどもたいていの場合結果的には社会通念にしたがった行動をする場合の方が多いとはいえる。しかしそれはかれらにとって社会通念が自分を守ってくれる唯一の防衛装置だからではなく必要とあらばかれらはいつでも自立的で個人的とも呼べるような独自な倫理基準にしたがった思い切った行動にでることができるということを意味している(87)。

4　かれらはすでに適応行動の域を越え出ているので、もはや自己中心的ではなくつねにそのときどきの課題を中心においてものごとを考えることができる。したがってこうした人たちは通常、人生において何らかの使命や達成すべき任務、自分たち自身の問題ではない課題をもっていて、多くのエネルギーをそれに注いでいる(88)。

5　かれらは一人でいても不安になることはない。むしろ通常の人びとよりもはるかに積極的に孤独や私生活を大切にしようとするとさえいえる。また争いごとなどにも超然としていられるというのもかれらの特徴の一つである(89)。

6　かれらは適応行動を通してえられるものはすでに充分すぎるほどえているので他の人びとにおいては危機的な状況となるような出来事にもかなりな程度耐えることができる。社会通念や時代環境からそれだけ独立しているということである(90)。

7 認識がつねに新鮮なこと、C・ロジャーズの言い方にならえばかれらの心はいつも経験にたいして開かれているということだ。かれらにとってはどんな夕陽も最初に見た夕陽と同じ美しさをもちつづけているし、百万本の花を見たあとでもどんな花も思わず息をのんでしまうほどの愛らしさを持っている(91)。

8 かれらはみずからの内なる完成を表すものとしての至高経験――内なる歓びの経験をしばしばもつ。ただしマスローによればこれはヨーロッパの伝統のなかで続いてきた宗教的な意味合いの神秘主義的な体験と結びつけて考える必要などはまったくないという(92)。

9 これらの人びとは人類一般にたいする一体感、共感、愛といった深い感情を持っていることも共通点としてあげることができる(93)。

10 階級や教育程度、政治的信条、人種、皮膚の色に関係なく、かれらにふさわしい性格の人とならば誰とでも親しくできるという民主的な態度を身につけている(94)。

11 かれらは他の人たちと比べてより深い人間同士の交わりをもつことができる。かれらは他の人たちよりも一層容易に他人の立場に身を置いてものごとを感じ取ることができるからである。ただしかれらがもつこうした深い人間関係は比較的少ない個人とのあいだに限られるのが普通である(95)。

12 かれらは多くの人たちが手段としか考えないようなことでもしばしばそれ自身目的であるかのようにみなしてそれを楽しむことができるといういわば遊び心の持ち主である(96)。

13 かれらは哲学的で悪意のないユーモアのセンスの持ち主たちである。すなわち誰かを傷つけることによって人を笑わせようとしたり、誰か他の人たちより劣っている人を笑いの対象とするのでなく、人間として本来おかれている場所を忘れてふるまっている者たちをからかいの対象とする(97)。

14 最後にかれらの創造性という点では例外がないということである。社会通念から自由なかれらはその結果としてもって生まれた可能性を充分に発揮し、創造的な生を実現できているということだ(98)。

さて、以上受け止めようによってはあるいはホーナイやマスローの心理学に大分深入りしすぎているとの感を与えることになったかもしれないが、デカルトの生い立ちやこれから取り上げようとしている漱石の生い立ちを考えるうえで大変参考になるものを含んでいると考えているのであえて読者にも若干の遠回りの議論におつきあい願うことになってしまった。もっとも、デカルトや漱石の生い立ちがかれらのその後の成長に及ぼしたと考えられる否定的な影響についてはうえの心理学者らの諸説からも充分推測が可能であるように思えるのであるが、そうだとすると問題はむしろ逆にそのようなハンディキャップにもかかわらずどうしてかれらが最終的に自分たち自身の本来の人生と呼びうるような段階にまで到達できることとなったのか、という点ではないであろうか。なぜならデカルトや漱石はマスローが自己実現の段階に最終的に到達できるための前提としてその必要性を指摘しているような第三、第四の段階を決して順当なやり方で通過していったとは考えられないからである。むしろホーナイが指摘するように第二段階においてて不満足なままに放置された「安全の要求」、すなわち「基本的不安」をまぎらわすためのもっぱら代償行為としてそうした段階が経過されていっただけではなかったか、ということである。しかしここでわたし自身の仮説めいたことを一言のべてこうした問題の解答にならないかどうか、読者のご判断を仰ぎたいと思う。それはかれらが自己に目覚めるまではなるほど「所属と愛の要求」や「評価の要求」が第二段階の充分には満たされなかった「安全の要求」にたいする代償の役割を果たしていたに過ぎなかったにせよ、ひとたびみずからの進路に目覚め新しく将来の展望が開けてきた段階ですべてが一斉に本来の健全な要求にたいする回答へと変貌をとげていった、とするものである。言い換えればみずからの所属する集団のメンバーたちにたいする関係、愛する人たちとの関係、みずからの力にたいする自他の評価についての意識がもはや逃避としての意味を失い、本来の積極的な関係へと再転換がなされていったのではないか、ということである。むろん、ながいあいだの生活態度がにわかにあらたまるなどとは考えにくく、いわゆる自己実現の段階に到達した場合でも、それまでの人間関係のありようがいわば習性のようなものとして残りつづけたであろうことは充分に考えられることである。しかしいったんみずからの生存の理由に目覚めた人間というものはそのもっとも深い部分においては根本的な転換を遂げるものであって、みずからの従来の習性自体にたいしてもいわば客観的な、冷静な態度で見るだけの余裕を手にするものではなかろうか。あとで見るような漱石においてもその作品のなかにそうした事情をかなりはっきりと読みとることができるような気がして仕方がないのである。しかしこれはまったく見当違いな素人考えにすぎないかもしれない。それゆえつぎにとりあげる日本の近代を代表する思想家としての夏目漱石についてもまずだれが見ても明確に確認できる点から見ていくこととしたい。

八　一六一九年一一月一〇日とはどういう日であったか

しかしここでただちに漱石に移っていく前にもう一つだけデカルトに関して重要な問題があいかわらず残されたまとなっていることを思い出しておきたいと思う。それはいうまでもなくかれの人生にとって決定的な転機となった日として伝えられている一六一九年一一月一〇日当日にかれの内面深くにおいて起きたとされる出来事のことである。しかし実をいうとこの問題に関してはわたくしがデカルトと漱石の比較研究を手がけるようになってしばらくした時点で、もう一つ別な論文(99)の中でどうしてもかれの青年期におけるこの転機に触れざるを得ない事情が生じたため、そこですでに割合に詳しく論じているのでこの際はそこから特に上記の見出しに関係する部分に特定して再録することをお許し願いたいと思う。そこではわたくしも他のデカルト研究者にならってA・バイエがその一部を書き写してくれておいてくれたお陰でわれわれもその枢要と考えられる部分に今日でもなお触れることができるデカルトの小冊子『オリンピカ』を中心に取り上げることになった。以下はこの拙論からの引用である。

バイエはまず、「一六一九年一一月一〇日のこと、「デカルトは」（［　］内は紺田、以下同様）みずからの霊感（感激）でまったく心が一杯になるとともに、その当日、驚くべき学問の基礎を見いだした、という思いにすっかり占領されて床についたかれは、天よりやってきたとしか考えることができない三つの夢を、たった一夜のうちに相次いで見たのである」、と述べた後、その三つの夢について詳細に伝えてくれているのであるが、それを簡単にまとめると、(1)「悪しき霊によって教会の方に押しやられた」夢。(2)落雷のような大きな音を耳にするとともにたくさんの火花を部屋のなかに見たという、夢というよりもむしろ幻影のようなもの。(3)上の二つとくらべるとひじょうに心地のよいもので一冊の「辞書」（Dictionnaire）、「詩人集成」（Corpus Poëtarum）と題されたさまざまな詩人たちの作品集、なかでも「人生いかなる道にかしたがわん」（Quod vitae sectabor iter?）が表題の、「然りと否」（Est et Non）で始まるアウソニウスの田園詩などが印象深く現れる夢、の三つということになるであろう。

ところでバイエはこうした夢に対してデカルトみずからが行った解釈を紹介して次のように述べている。「たいへん穏やかで、また、たいへん快適なものしか含んでいない最後の夢は、かれによれば未来を指し示していて、かれの今後の人生に起こるにちがいないものともっぱら関わるものであった。一方、最初の二つの夢は、ひょっとしたら神の前でも、また、人びとの前でも罪なき者でなかったかもしれないかれの過去の人生に関わる気になる警告として受け止めた。そしてそれがこれら二つの夢にともなっていた恐怖や怯えの理由である、と考えたのである」と。しかしみずからの過去に関わるものとしてデカルトが理解した最初の二つはいちおう措くとしても、第三のかれの将来を展望するものとして捉えた夢に関しては、もう少しその解釈の内容を詳しく見ておく必要があるであろう。バイエはそれをさらに次のように伝えてくれている。すなわちまず、「『辞書』は、あらゆる知識の寄せ集め以外のものを意味しないのに対し、『詩人集成』と題された詩集のほうは特に、そしてよりいっそう明確に、『哲学』と『知恵』とが結合したものを指し示していた。なぜならデカルトは、詩人という者は、つまらないことしか言わない者でさえ、哲学者の書いたものにおいて見られるものより堂々とした、また、より分別のある、そしてより巧みに表現されたことばにあふれているのを見ても、それほど驚かなければならないことだ、とは思っていなかったからである。デカルトはこの奇跡を霊感の神聖さと哲学者における理性がなしうるよりもはるかに容易に、また、はるかに華麗に知恵の種子を引きださせる想像力の働きに帰するのであった（知恵の種子というものは火打ち石のなかにある火花のようにありとあらゆる人間の精神のなかに存在しているのだ）」、また、「詩集に集められた詩人たちによってデカルトは自分もそれに恵まれることを諦めてはいなかった『啓示』ならびに『霊感』とを理解した」としている。一方、「『人生いかなる道にか従わん』に始まる選ぶべき生の種類についての不確かさに関わる詩は、ある賢明な人物のよき助言を、道徳神学をさえ指し示していた」とし、「ピタゴラスの『然り』と『否』である Est et Non の詩によってデカルトは人間の知識や世俗の学問における『真』と『偽』とを理解した」などとも伝えている。ところで以上のようなデカルトの見た夢のデカルト自身による解釈を、デカルト研究の同じく第一人者であるE・ジルソンはさらに簡潔に次のように要約する。すなわち第一は「学問全体の統一」の要請である。第二は「哲学と知恵との和解、および両者の基礎的な統一」の要請である。第三は「デカルトがそうした学問全体を構築し、したがってまた、真の知恵を基礎づけるという使命を神より授かったというかれ自身の自覚」である。

デカルトは学校生活のすべてを終えたあと、ヨーロッパの各地をあるときは兵士として、またあるときは一私人として旅を続けていたさなか、かれにとって記念すべき日となったこのような一日をドイツはドナウ河畔の町ウルムの近傍の村里で迎えることになったのであるが、実に、この日を境として、デカルトの青春につきまとって離れることのなかった不安がすっかり取り払われ、かれはそれまでとはまったく違った新たな人生を、自信と安心の人生を歩み始めることができるようになったのである。むろん、この日をもって「人生に役立つような明晰で確実な知識」が最終的に獲得されたというわけではないし、また、「行動にさいして明らかにものごとが見えるように、この人生を安心して歩んでいくことができるように」つね日頃からかれのつよい願望となっていた真偽を判別する決定的な仕方がついに見つかったというわけでもない。まだそこまでは行かない。しかしたとえそこまで行かないにしても、少なくともそうした知識の獲得と、その獲得に向けての確実な展望の開かれた日、「驚くべき学問の基礎を見いだした」日となったということだけは確かなのだ。不安が確信にみちた希望へと決定的に転換することとなった日こそ一六一九年一一月一〇日であった、とわたしは考えたいのである。

なお、デカルトがこうした転機を迎えるきっかけとなったその前年のオランダの学者I・ベークマンとの出会いやこの人物からデカルトが学びとった自然学に数学を適用するという新しい手法、ならびにそれを援用するかたちで始められたデカルト自身による幾何学や自然学の研究、またこの日の直後から手がけられるようになったと考えられるボン・サンスの解明とそれを正しく導くための方法の探求、形而上学の構想、またこれらと『序説』における記述との関係などについても上記の論文のなかではやや詳しく論じてあるので参照いただければ幸いである。

【註】

（1）漱石全集第一巻、岩波書店、二七二—二七三頁。

（2）同全集第十巻、六六頁、七一頁、七七頁、一七三頁。

（3）*Discours de la méthode*, 2ème partie. AT, VI, p. 11.

（4）Ibid., 3ème partie. AT, VI, p.23.

（5）Ibid. AT, VI, pp. 24–25.

（6）Ibid., 1ère partie. AT, VI, pp. 8–9.

（7）René Descartes, *Discours de la méthode* avec introduction et notes par Etienne Gilson, p. 50. Vrin 1961.

（8）F. Alquié, *La découverte métaphysique de l'homme chez Descartes*, P.U.F., p. 203.

（9）*Discours de la méthode*, 4ème partie. AT, VI, p. 32.

（10）Ibid. AT, VI, pp. 32–33.

（11）Ibid. AT, VI, p. 33.

（12）Ibid. AT, VI, pp. 33–34.

（13）Ibid. AT, VI, p. 34.

（14）Ibid. AT, VI, p. 34.

（15）Ibid. AT, VI, p. 34.

（16）Ibid. AT, VI, p. 34.

（17）Ibid. AT, VI, pp. 34–35.

（18）Ibid. AT, VI, pp. 35–36.

（19）*MEDITATIONES*. MEDITATIO III, AT, VII, pp.48–49, *Méditations*. Méditation 3ème. AT, IX–1, p. 39.（訳文は後

者による。以下同じ）

（20）Ibid. AT, VII, p. 51,　AT, IX, p. 41.

（21）Ibid. AT, VII, pp. 51–52,　AT, IX, p. 41.

（22）*Discours de la méthodode*, 4ème partie. AT, VI, p. 37.

（23）Ibid. AT, VI, p. 37.

（24）Ibid. AT, VI, p. 38.

（25）Ibid. AT, VI, p. 38.

（26）Ibid. AT, VI, p. 39.

（27）Ibid. AT, VI, p. 36.

（28）*MEDITATIONES*. MEDITATIO V. AT, VII, p. 63, *Méditations*. Méditation 5ème. AT, IX–1, p. 50.

（29）*Discours de la méthode*, 4ème partie. AT, VI, p. 38.

（30）Ibid. AT, VI, p. 39.

（31）Ibid. AT, VI, p. 38.

（32）*MEDITATIONES*. MEDITATIO IV. AT, VII, p. 54, *Méditations*. Méditation 4ème. AT, IX–1, p. 43.

（33）E. Fromm. *Escape from freedom*, Avon Books. p. 124.

（34）デカルトとパスカルの対比については拙論「ベルクソンと『方法序説』のデカルト」社会学部紀要第七〇号も参照せられたい。

（35）B=206, Pléiade, P. Valéry, Oeuvres I, *Variation*, pp. 458–473.

（36）B=205.

（37）B=212.

(38) B=205.
(39) B=72.
(40) B=347.
(41) B=278.
(42) B=279.
(43) F. Alquié, *Descartes*, p. 16, Hatier.
(44) *Discours de la méthode*, 1ère partie. AT, VI, p. 4.
(45) Ibid. AT, VI, pp. 9–10.
(46) Ibid. AT, VI, p. 10.
(47) Cf. ibid. AT, VI, p. 10.
(48) *Lettre à Elisabeth*. mai ou juin 1645.
(49) A. Maslow, *Motivation and Personality*, Harper & Row, Third edition, p. 22, 以下傍点の個所はすべてテキストのイタリックの部分に対応する。
(50) Ibid., pp. 15–22.
(51) Ibid., p. 17.
(52) Ibid., p. 18.
(53) Ibid., p. 18.
(54) Ibid., pp. 19–20.
(55) K. Horney, *The Neurotic Personality of Our Time*, Routledge & Kegan Paul Ltd, 1937, 邦訳、我妻洋訳『現代の神経症的人格』「ホーナイ全集第二巻」所収、誠信書房。

(56) Cf. ibid., p. 79, 前掲書六六頁。
(57) Ibid., pp. 79–80, 前掲書、六六—六七頁、なお訳文はおおむねこの邦訳にならうこととする。
(58) Ibid., p. 87, 前掲書、七〇頁。
(59) Ibid., p. 84, 前掲書、七〇頁。
(60) Ibid., p. 89, 前掲書、七五頁。
(61) Ibid., p. 89, 前掲書、七五頁。
(62) Ibid., p. 93, 前掲書、七八頁。
(63) Ibid., p. 92, 前掲書、七八頁。
(64) カッコ内は紺田、Ibid., p.96, 前掲書、八一頁。
(65) Cf. ibid., p. 96, 前掲書、八二頁。
(66) Ibid., p. 96, 前掲書、八二頁。
(67) Ibid., pp. 115–116, 前掲書、一〇二—一〇三頁。
(68) Cf. ibid., pp. 96–97, 前掲書、八二頁。
(69) Cf. ibid., p. 97, 前掲書、八二頁。
(70) Ibid., p. 97, 前掲書、八二頁。
(71) Ibid., p. 97, 前掲書、八三頁。
(72) Ibid., p. 98, 前掲書、八三頁。
(73) Cf. ibid., pp. 188–193, 前掲書、一七四—一七九頁。
(74) Cf. ibid., p. 98, 前掲書、八三頁。
(75) Ibid., p. 98, 前掲書、八三—八四頁。

(76) Ibid., p. 99, 前掲書、八四頁。
(77) *Motivation and Personality*, p. 20, cf. p. 21.
(78) Ibid., p. 20.
(79) Ibid., p. 20.
(80) Ibid., p. 21.
(81) Ibid., p. 21.
(82) Ibid., p. 22.
(83) Ibid., p. 22.
(84) Ibid., p. 22.
(85) Cf. ibid., pp. 128–130, Perception of Reality.
(86) Cf. ibid., pp. 130–131, Acceptance.
(87) Cf. ibid., pp. 132–133, Spontaneity.
(87) Cf. ibid., p. 133–134, Problem Centering.
(89) Cf. ibid., pp. 134–135, Solitude.
(90) Cf. ibid., pp. 135–136, Autonomy.
(91) Cf. pp. 136–137, Fresh Appreciation.
(92) Cf. pp. 137–138, Peak Experiences.
(93) Cf. pp. 138–139, Human Kinship.
(94) Cf. p. 139, Humility and Respect.
(95) Cf. pp. 139–140, Interpersonal Relationships.

(96) Cf. p. 141, Means and Ends.
(97) Cf. pp. 141–142, Humor.
(98) Cf. pp. 142–143, Creativity.
(99) 拙著『フランス哲学と現実感覚―そのボン・サンスの系譜をたどる―』関西学院大学出版会、二〇〇二に所収。

第二節　夏目　漱石（一八六七―一九一六）

一　漱石と明治という時代

漱石はその主要な作品においてはかならずといってよいほどみずからがその生を受けた明治という時代の特異性に言及しており、漱石と明治という時代を論じるにあたってはたいていの研究者もそうした一つ一つの作品に即しながらそこに表現されている漱石の時代観を見ていこうとするのが一般である。しかしここではあまりきめ細かな作業をしている余裕はないので、すこし安易にすぎるきらいがないとはいえないが、漱石が朝日新聞に入社してのち和歌山で明治四四（一九一一）年八月におこなった有名な講演『現代日本の開化』(1)にもっぱら焦点を当てて見ておきたいと思う。

周知のようにこの講演は大きくは二つの部分に分けることができる。すなわちその最初の部分は文明開化のもたらす一般的な側面とその問題点についてであり、後半は二五〇年以上の長きにわたる鎖国のあとその軍事的な圧力に屈する形でふたたび交流を再開することとなった欧米の各国が、文明の水準において我が国をはるかにしのぐものとなっていた現実、ならびにそれに驚いた明治の人たちがかれらに速やかに追いつこうとして無理をした結果、我が国があらたに抱え込むことになった深刻な状況に関してである。

まず始めの点に関して漱石は

開化は人間活力の發現の經路である(2)

と要約したあと、それをさらに二種類の方向相反する活動に分けて考えている。すなわち

一つは積極的のもので、一つは消極的のものである(3)

とし、人間活力の発現上積極的という言葉を用いると、勢力の消耗を意味することになり、またもう一つの方はこれとは反対に勢力の消耗をできるだけ防ごうとする活動なり工夫なりを意味することになるので消極的と呼ぶのだ、とする(4)。ところで漱石は開化の後者の側面から検討に入っていくのであるが、それは具体的にはどのような場合かといえば

現代の吾々が普通用ひる義務といふ言葉を冠して形容すべき刺戟に對して起る(5)

としている。そしてわれわれは

出來るだけ勞働を少なくして可成《なるべく》僅かな時間に多くの働きをしやうしやうと工夫する(6)

ものであって自転車、自動車、汽車、電車、汽船飛行機、電信、電話等の発明はすべて開化のこのような側面の具体化したものにほかならない、とする。漱石はかれらしい口調でつぎのようにものべている、

人間生存上の必要上何か仕事をしなければならないのを、ならうことならしないで用を足してさうして滿足に生きてゐたいといふ我儘な了簡、……馬鹿にするない冗談ぢやねえという發憤の結果が怪物の様に辣腕な器械力と豹變したのだと見れば差支ないでせう(7)

と。さて、この怪物のような力のお陰で

距離が縮まる、時間が縮まる、手段が省ける、凡て義務的の勞力が最少低額に切詰められた上にまた切詰められて何處迄押していくか分からないうちに、彼の反對の活力消耗と名附けて置いた道樂根性の方も亦自由我儘の出來る限りを盡くして是亦瞬時の絶間なく天然自然と發達しつゝ、留め度《ど》もなく前進するのである(8)

ただし漱石はこれにつづいて念のために付け加えている説明をわれわれとしても軽く読みすごすことはできないであろう。

尤も好いた刺戟に反應して自由に活力を消耗すると云つたって何も悪いことをするとは限らない。道樂だって何も女を相手にする許が道樂ぢやない。好きな眞似をするとは開化の許す限りのあらゆる方面に亙《わた》つての話であります。自分が畫がかきたいと思えば出來るだけ丈畫ばかりかゝうとする。本が讀みたければ差支ない以上本ばかり讀まうとする。あるいは學問が好きだと云つて、親の心も知らないで、書齋へ入って青くなつて居る子息《むすこ》がある。傍から見れば何のことか分からない。親父が無理算段の學資を工面して卒業の上は月給でも取らせて早く隠居でもしたいと思つているのに、子供の方では活計《くらし》の方はまるで無頓着で、ただ天地の眞理を發見したい杯と太平樂を竝べて机に靠れて苦り切ってゐるものもある。親は生計のための修行と考へているのに子供は道樂の爲の學問とのみ合點してゐる。斯う云ふような譯で道樂の活力は如何なる道學者も杜絶する譯にいかない。現にその發現は世の中にどんな形になつて、どんなに現れて居るかと云ふことは、この競爭劇甚の世に道樂なんどとてんで斯存在の權利を承認しない程家業に励精な人でも少し注意されゝれば肯定しない譯には行かなくなるでせう(9)

そして以上のことを漱石は

要するに……出來るだけ勞力を節約したいという願望から出て來る種々の發明とか器械力とか云ふ方面と、出來るだけ氣儘に勢力を費やしたいと云ふ娯樂の方面、これが經となり緯となり千變萬化錯綜して現今の様に混乱した開化と云ふ不思議な現象が出來るのであります(10)

とまとめたうえ、以下のように開化にたいして評価を下す。すなわち

古來何千年の勞力と歳月を擧げてやうやくの事現代の位置まで進んで來たのであるからして、苟もこの二種類の活力が上代から今に至る長い時間に工夫し得た結果として昔よりも生活が樂になつてゐなければならない筈でありま す。けれども實際はどうか？　打明けて申せば御互の生活は甚だ苦しい。昔の人に對して一歩も譲らざる苦痛の下に生活してゐるのだという自覺が御互にある。否開化が進めば進む程競爭が益劇しくなつて生活は愈困難になるやうな氣がする。成程以上二種の活力の猛烈な奮闘で開化は贏ち得たに相違ない。然しこの開化は一般に生活の程度が高くなったといふ意味で、生存の苦痛が比較的柔げられたといふ譯ではありません。丁度小學校の生徒が學問の競爭で苦しいのと、大學の學生が學問の競爭で苦しいのと、其の程度は違ふが、比例に至つては同じことである如く、昔の人間と今の人間がどの位幸福の程度に於て違つて居るかと云へば——或は不幸の程度に於て違つて居るか

と云へば――活力消耗活力節約の兩工夫に於て大差はあるかも知れないが、生存競争から生ずる不安や努力に至つては決して昔より樂になつてゐない。否昔より却つて苦しくなつてゐるかも知れない(11)

ここに表明されている漱石の文明観がかつてルソーが『学問芸術論』のなかで展開した文明観とそれほど大差のない大変悲観的なものであることは明らかであろう。

とはいえこの講演の中心的なテーマとなっているのはあくまでもそうした開化が開港間もない日本の人びとにたいしてもつこととなった特別な意義についてである。それは我が国が外国にたいして門戸を閉ざしている間、とくに欧米諸国の産業革命に起因する文明の発達には日本人の心を動転させるほどのものがあり、我が国が独力で発達させてきたそれをはるかにしのぐものとなっていたからである。そのようにわれわれよりもはるか先を走りつづけているものにいったいどうすれば追いつくことができるというのか。明治において我が国の開化が直面したこうした特殊な事情と一般の開化との違いを明確にしようとして漱石は有名なつぎのような指摘をおこなっている。

若し一言にしてこの問題を決しやうとするならば私はかう斷じたい、西洋の開化(即ち一般の開化)は内發的であつて、日本の現代の開化は外發的である。ここに内發的と云ふのは内から自然に出て發展すると云ふ意味で丁度花が開くやうにおのづから蕾が破れて花瓣が外に向ふのを云ひ、又外發的とは外からおつかぶさった他の力で已むを得ず一種の形式を取るのを指した積なのです。

……勿論どこの國だって隣づき合いがある以上は其影響を受けるのは勿論の事だから吾日本と雖も昔からさう超然としてただ自分だけの活力で發展した譯ではない。ある時は三韓また或時は支那といふ風に大分外國の文化にかぶれた時代もあるでせうが、長い月日を前後ぶつ通しに計算して大體の上から一瞥して見るとまあ比較的内發的の開化で進んで來たと云へませう。少なくとも鎖港排外の空氣で二百年も麻酔した揚句突然西洋文化の刺戟に跳ね上がった位強烈な影響は有史以來まだ受けてゐなかったと云ふのが適當でせう。……之を前の言葉で表現しますと、今まで内發的に展開して來たのが、急に自己本位の能力を失って外から無理押しに押されて否應なしに其云ふ通りにしなければ立ち行かないといふ有様になつたのであります。それが一時ではない。四五十年前に一押し押されたなりじつと持ち應へてゐるなんて樂な刺戟ではない。時時に押されて刻刻に押されて今日に至つた許りでなく向後何年の間か、又は恐らく永久に今日の如く押されて行かなければ日本が日本として存在出來ないのだから外發的といふより外に仕方がない。……詰り我々が内發的に展開して十の複雜の程度に開化を漕ぎつけた折も折、圖らざる天の一方から急に二十三十の複雜の程度に進んだ開化が現はれて俄然として我らに打つて懸かったのである。此壓迫によって吾人は已を得ず不自然な發展を餘儀なくされるのであるから、今の日本の開化は地道にのそりのそりと歩くのでなくつて、やッと氣合を懸けてはぴょいぴょいと飛んで行くのである。開化のあらゆる階段を順々に踏んで通る餘裕を有《も》たないから、出來る丈大きな針でぼつぼつ縫って過ぎるのである。足の地面に觸れる所は十尺を通過するうちに僅か一尺位なもので、他の九尺は通らないのと一般である(12)

しかしいまとくに注目しなければならないのはこうした外発的な開化が当時の日本人に対してどのような具体的な影響を心理的におよぼしていたかという点ではなかろうか。これについて漱石はさらにつづけてのべている。

［日本の開化が］先程も申した通り活力節約活力消耗の二大方面に於て丁度複雜の程度二十を有して居つた所へ、俄然外部の壓迫で三十代迄飛び付かなければならなくなったのですから、恰も天狗にさらわれた男のやうに無我夢中で飛び付いて行くのです。……元々開化が甲の波から乙の波へ移るのは既に甲は飽いて居たたまれないから内部欲求の必要上ずるりと新しい一波を開展するので甲の波の好所も悪所も酸いも甘いも嘗め盡くした上にやうやく一

生面を開いたと云つて宜しい。従って従来経験し盡くした甲の波には衣を脱いだ蛇と同様未練もなければ殘り惜しい心持ちもしない。のみならず新たに移つた乙の波に揉まれながら毫も借り着をして世間體を繕つてゐるという感が起こらない。所が日本の現代の開化を支配している波は西洋の潮流で其波を渡る日本人は西洋人でないのだから、新しい波が寄せる度に自分が其中で食客《いそうろう》をして氣兼ねをしてゐるやうな氣持ちになる。新しい波は兎に角、今しがた漸くの思で脱却した舊い波の特質やら真相やらも辨へるひまのないうちにもう棄てなければならなくなって仕舞つた。食膳に向かって皿の數を味ひ盡くす所か元來どんなご馳走が出たかハッキリと目に映じない前にもう膳を引いて新しいものを竝べられたと同じ事であります。斯う云ふ開化の影響を受ける國民はどこかに空虚の感がなければなりません。又どこかに不滿と不安の念を懷かなければなりません(13)

また以上のようなことは学問を例に取ればいっそう理解しやすいのではないかとしてつぎのようにものべる。

西洋の新しい説などを生齧《なまかじ》りにして法螺を吹くのは論外として、本當に自分が研究を積んで甲の説から乙の説に移り又乙から丙に進んで、毫も流行を追ふの陋態なく、またことさらに新奇を衒ふ虚榮心なく、全く自然の順序階級を内發的に經て、しかも彼ら西洋人が百年も掛かって漸く到着し得た分化の極端に、我々が維新後四五十年の教育の力で達したと仮定する。體力腦力共に吾らよりも旺盛な西洋人が百年の歳月を費したものを、如何に先驅の困難を勘定に入れないにした所で僅かその半ばに足らぬ歳月で明々地に通過し了るとしたならば吾人はこの驚くべき知識の収穫を誇り得ると同時に、一敗また起つ能わざる神經衰弱に罹つて、氣息奄々として今や路傍に呻吟しつつあるは必然の結果として正に起るべき現象でありませう。現に少し落ち付いて考へて見ると、大學の教授を十年間一生懸命にやつたら、大抵の者は神經衰弱に罹りがちぢゃないでせうか。ピンピンしているのは、皆嘘の學者だと申しては語弊があるが、まあ何方かと云へば神經衰弱に罹る方が當り前の様に思はれます(14)

以上『現代日本の開化』のなかに表明された日本史上においてもまれな一大転換期としての明治について漱石のおこなった分析の大略を見てきたわけであるが、その視点が開化ないし文明ということにおかれているため、ややもすると議論が技術革新の方面に偏りすぎているようにも見える。それは一つには漱石が話を一般の聴衆にもできるだけ分かりやすいものにしようとして例をあえて身近なもののなかから選んだということにもよるであろうが、他方、幕藩体制の崩壊から明治憲法発布にいたるまでの新体制の樹立をはじめとする政治、経済、社会の各分野における大変革はもとより、諸外国との交渉、日清日露の戦争等々、数を上げればきりがないくらいの多方面にわたるめまぐるしい変化のよって来るところも結局は東西の文明の水準の格差に根ざしているとする漱石の基本的な考え方があったからではないであろうか。

二　漱石の出身階層

先にデカルトを同様な視点からとりあげているので漱石についても同じ表題を掲げることとなったが、しかし漱石が生まれたのは維新前年の慶応三年（一八六七）という大変革期、すなわち我が国が幕藩体制というどの身分にある者もある意味ではすべてそれぞれが生まれながらに付与された役割を演ずることを運命づけられるとともに、大多数の者がそれに甘んじてもいた時代、E・フロムのいわゆる第一次的絆によってどの人間も例外なくそれぞれが所属する集団と直接に結びついていた時代が突然のように終焉を迎えることとなった時代であった。したがって漱石の父夏目小兵衛直克が周知のように江戸牛込馬場下を管轄する名主であったといってもそれは西洋近世史の枠組みを借用することによってはけっして捉えることのできるものではなく、あえて借用するとすればまずは西洋中世の範疇によって見当をつけるべきものであったろう。江藤淳はこの夏目家の家柄についてつぎのようにのべている。「この馬場下は、古くから浄泉寺谷といわれていたことからも分かるように、寺の多いところで、金之助［すなわちのちの漱石］の父小兵衛直克は、牛込馬場下横町・同榎町・同天神町・同中里町・同中里村町の五カ町の名主を勤めるかたわら、牛込来迎寺門前・同西方寺門前・同浄泉寺門前・同長久寺門前・同妙泉寺門前・同誓閑寺門前の六カ所の門前名主を兼ね、同時に高田の馬場を支配下においていた。もともと夏目家は二一番組まであった江戸名主のなかで、代々二〇番組の肝煎《きもいり》を勤めた家柄である。名主は町奉行所に直属して、幕府の地方行政組織の末端をになうのが役目である。したがって身分は町人でありながら苗字帯刀《みょうじたいとう》を許され、奉行所にはいるときだけ丸腰になればよかった。その威勢は相当なもので、小兵衛直克が目附から一歩牛込に足を踏み入れると、

『それ、名主様のお通りだ』

と『泣く子も黙る』ほどだったという」[15]。またこのあと江藤は夏目家には突棒《つくぼう》や刺股《さつまた》などの罪人を捕縛するための道具などもそろえてあったが、それは当時、名主が警察権を持っていたためであるとし、「威勢は収入に比例していたので、概してこの役目をつとめる者は富裕であった。ことに小兵衛直克は、道楽者で一代で家産を蕩尽してしまった父小兵衛直基のあとをうけて蓄財につとめ、見事に身上を建て直したというから、よほど収入が多かったにちがいない。表向きは支配地から徴収する給料がその主なものであるが、役徳もあり、特に客商売の出会い茶屋、料理屋、芝居小屋などには顔がきいた」[16]などとも付け加えている。

とはいえ漱石が生まれた慶応三年の頃になると直克のこうした暮らしを可能にしていた秩序は彼の目の前でも急速にその影を薄くし始めていた。「町方名主の権力と収入の源泉であり、彼に吉原の馴染みの女に積夜具を贈るような生活を許していた政治体制が、根本からゆらいでいたからである。そのころ彼は、いつの間にか蝙蝠傘《こうもりがさ》という名のついていた西洋の傘を、得意気にさして歩く武士の姿をあちこちで見かけたにちがいない。また彼は、築地船松町二丁目の鉄砲洲海岸にあった御軍艦操練所のあとに、『ホテル』という耳なれぬ名の異国人の旅館が建ちかけていたのを見たかも知れない。だがおそらく彼は、町人がまだ用いるのを遠慮していたこの蝙蝠傘や、『ホテル』という異人

館の背後にあるものが、彼がそのなかで生きて来た秩序を崩壊させようとしている力であり、間もなく四谷の古道具屋(一説には八百屋ともいう)に里子に出してしまった末っ子の金之助が、生涯をかけてとり組むべき相手となることには気づかなかったであろう。それこそ『西洋』、あるいは『近代』という力であった」(17)。これが江戸から明治への時代の転換期における夏目家のありようについての江藤淳の多少ともかれ自身の想像をも交えた結論である。

三　漱石の生い立ち

デカルトを右で取り上げた際にはデカルトが生きた時代に言及したあとそれを色濃く反映するものとしてのかれの哲学の検討に直ちに入ったが、実際にはその個人的な境遇もこの哲学が成立をみるにいたるまでの過程でひじょうに深い関わりをもっていることが明らかなので、そのあとかれの生い立ちにもふれ、その問題点を明確にするために現代の心理学の知見についてやや詳しく検討することになった。ところで漱石についてもその生い立ちのかれの人生の歩みにおよぼした影響には決して等閑視できないものがみとめられるので今度はまずこの点からみておきたいと思う。そしてそのためにはなにはおいても漱石自身がみずからの幼少年期に言及した『硝子戸の中』のつぎの文章の引用から始めなければならない。

　私は兩親の晩年になって出來た所謂《いわゆる》末ツ子である。私を生んだ時、母はこんな年歯《とし》をし懐妊するのは面目ないと云ったという話が、今でも折々は繰り返されてゐる。

單に其爲ばかりでもあるまいが、私の兩親は私が生まれ落ちると間もなく、私を里に遣つてしまった。其里といふのは、無論私の記憶に殘つてゐる筈がないけれども、成人の後聞いてみると、何でも古道具の賣買を渡世にしてゐた貧しい夫婦ものであつたらしい。

私は其道具屋の我楽多《がらくた》と一所に、小さい笊《ざる》の中に入れられて、毎晩四谷の大通りの夜店《よみせ》に曝《さら》されてゐたのである。それを或晩私の姉が何かの序に其處を通り掛つた時見付けて、可哀想とでも思つたのだらう、懷へ入れて宅《うち》へ連れて來たが、私は其夜どうしても寐付かずに、とうとう一晩中泣き續けに泣いたとかいふので、姉は大いに父から叱られたそうである。

私は何時頃其里から取り戻されたか知らない。しかしぢき又ある家へ養子に遣られた。それは慥《たしか》私の四つの歳であったやうに思ふ。私は物心のつく八九歳迄其處で成長したが、やがて養家に妙なごたごたが起こつたため、再び實家へ戻る様な仕儀となつた。

淺草から牛込へ遷《うつ》された私は、生まれた家へ歸つたとは氣が付かずに、自分の兩親をもと通り祖父母とのみ思ってゐた。そうして相變らず彼等を御爺さん、御婆さんと呼んで毫も怪しまなかった。向でも急に今迄の習慣を改めるのが變だと考へたものか、私にそう呼ばれながら澄ました顔をしてゐた。

私は普通の末ツ子のように決して兩親から可愛がられなかった。是は私の性質が素直でなかった爲だの、久しく兩親に遠ざかつていた爲だの、色々の原因から來てゐた。とくに父からは寧《むし》ろ過酷に取扱われたという記憶がまだ私の頭に殘つてゐる。それだのに淺草から牛込へ移された當時の私は、何故か非常に嬉しかつた。さうして其嬉しさが誰の目にも付く位に著しく外へ現れた[18]

右の里子に出されたというのはむろん無論漱石の乳児期の話でそれがかれにどのような影響をおよぼしたかは専門家に聞かなければなんともコメントのしようがないが、そのあと養子にやられてからのことは漱石自身の記憶にもかなり鮮明に残っていたようでかれの作品の中にあって唯一の自伝的な作品とされている『道草』のなかでは割合詳しく語られている。なかでも養父母と少年漱石との間で交わされたとされる異様な会話が印象的である。

然し夫婦の心の奥には健三［漱石］に対する一種の不安が常に潜んでいた。彼等が長火鉢の前で差向かひに坐り合う夜寒《よさむ》の宵などには、健三によく斯《こ》んな質問を掛けた。

「御前の御父《おとっ》ッさんは誰だい」

健三は島田の方を向いて彼を指《ゆびさ》した。

「じゃ御前の御母《おっか》さんは」

健三はまた御常の顔を見て彼女を指さした。

是で自分達の要求を一應満足させると、今度は同じような事を他の形で訊《き》いた。

「じゃ御前の本當の御父《おとっ》ッさんと御母《おっか》さんは」

健三は厭々《いやいや》ながら同じ答えを繰り返すより外に仕方がなかった。然しそれが何故《なぜ》だか彼等を喜ばした。彼等は顔を見合わせて笑つた。

或時はこんな光景が殆《ほと》んど毎日のやうに三人の間に起こった。或時は單に是丈の問答では濟まなかった。ことに御常は執濃《しつこ》かつた。

「御前は何處《どこ》で生まれたの」

斯う聞かれるたびに健三は、彼の記憶のうちに見える赤い門——高藪《たかやぶ》で蔽《おお》われた小さな赤い門の家《うち》を擧げて答えなければならなかった。御常は何時《いつ》此質問を掛けても、健三が差支《さしつかえ》なく同じ返事の出來るように、彼を仕込んだのである。彼の返事は無論器械的であつた。けれども彼女はそんな事には一向頓着《とんじゃく》しなかった。

「健坊、御前は本當は誰の子なの、隠さずそう御云ひ」

彼は苦しめられるような心持ちがした。時には苦しいより腹が立った。向ふの聞きたがる返事を與へずに、わざと默つてゐたくなつた。

「御前誰が一番好きだい。御父《おとっ》ッさん？　御母《おっか》さん？」

健三は彼女の意を迎えるために、向ふの望むような返事をするのが厭で堪《たま》らなかつた。彼は無言のまま棒のように立ッていた。それを只年歯《ただとしは》の行かないためとのみ解釋した御常の観察は、寧《むし》ろ簡單に過ぎた。彼は心のうちで彼女の斯うした態度を忌み悪《にく》んだのである。

夫婦は全力を盡くして健三を彼等の専有物にしやうと力《つと》めた。また事實上健三は彼等の専有物に相違なかつた。従って彼等から大事にされるのは、つまり彼等のために彼の自由を奪われるのと同じ結果に陷つた。彼には既に身體《からだ》の束縛があった。從《しか》しそれより猶恐ろしい心の束縛が、何も解らない彼の胸に、ぼんやりとした不滿足の影を投げた。

夫婦は何かに付けて彼等の恩恵を健三に意識させやうとした。それで或時は「御父《おとっ》ッさんが」という聲を大きくした。或時はまた「御母《おっか》さんが」という言葉に力を入れた。御父ッさんと御母さんを離れたただの菓子を食つたり、ただの着物を着たりする事は、自然健三には禁じられていた。

自分達の親切を、無理にも子供の胸に外部から叩《たた》き込もうとする彼等の努力は、却つて反對の結果をその子供の上に引き起こした。健三は蒼蠅《うるさ》がつた。

「なんでそんなに世話を焼くのだろう」

「御父ッさんが」とか「御母さんが」とかが出るたびに、健三は已《おの》れ獨《ひと》りの自由を欲しがつた。自分の買つて貰ふ玩具《おもちゃ》を喜んだり、錦繪《にしきえ》を飽かずに眺《なが》めたりする彼は、却つてそれらを買つてくれる人を嬉しがらなくなつた。少なくとも兩つのものを綺麗《きれい》に切り離して、純粋な樂しみに耽《ふけ》りたかつた。

夫婦は健三を可愛《かあい》がつてゐた。けれども其愛情のうちには變な報酬が豫期されてゐた。金の力で美しい女を圍つてゐる人が、その女の好きなものを云ふがままに買ってくれるのと同じ様に、彼等は自分達の愛情そのものの發現を目的として行動することが出來ずに、ただ健三の歓心を得《う》るために親切を見せなければならなかつた。さうして彼等は自然のためにに彼等の不純を罰せられた。しかも自から知らなかつた(19)

K・ホーナイの心理学を借りるまでもなく養父母の漱石にたいする愛情がいかに見せかけだけのものであり、じっさいには打算を裏に隠しもったはなはだ不純な性格のものであるかをすでに少年金之助は敏感に感じ取っていたし、作家漱石となったかれがあらためてこれをじつに見事に分析してみせた文章というべきであろう。

四　漱石の青春

好むと好まざるに関わらず人びとの社会的経済的な基盤をなし、また、精神的なより所ともなっていた封建秩序の急激な崩壊とともに夏目家の人びとも各自それぞれの進むべき新しい道を模索することを余儀なくされることとなったが（漱石の両親はともかく、その兄や姉たちが新しい時代に適応することができずに次第に逼塞していった事情は『道草』からもその一端を窺うことができるが、前掲の江藤淳『漱石とその時代』ではかなり詳しく描かれている）、年端もいかないうちから養子に出された漱石はまず人間不信という重荷を背負い込むとともに実家にもどされたあとはあらためてみずからの進路について思い悩むこととなる。人間不信と進路についての不安というこのふたつのものからくる無力感からどのようにすれば脱却することが出来るのか、これが青年金之助最大の課題となったのである。

ある時は二松学舎に入学して漢籍の知識を深めようとしたり、またある時は建築家になることを考えたりした挙げ句、最終的には東京大学で英文学を専攻することになるのであるが、しかし実際はこの英文学にもなかなか馴染むことができず、卒業後英語の教師として教壇に立っても英語を教えること自体が大変苦痛であったというような告白を後におこなうのである。

私はそんなあやふやな態度で世の中へ出てとうとう教師になつたといふより教師にされて仕舞つたのです。幸いに語學の方は怪しいにせよ、どうか斯うかお茶を濁して行かれるから、其日々々はまあ無事に濟んでゐましたが、腹の中は常に空虚でした。空虚なら一そ思い切りが好かつたかも知れませんが、何だか不愉快な煮えきらない漠然たるものが、至る所に潛んでゐるようで堪らないのです。しかも一方では自分の職業としてゐる教師といふものに少しの興味も有ち得ないのです。教育者であるという素因の私に欠乏してゐる事は始めから知ってゐましたが、ただ教場で英語を教へることが既に面倒なのだから仕方がありません。私は始終中腰で隙があったら、自分の本領へ飛び移らう飛び移らうとのみ思つてゐたのですが、さてその本領といふのがあるようで、無いようで、どこを向いても、思い切つてやつと飛び移れないのです[20]

漱石は右に続いてさらに当時のみずからの焦燥感についてつぎのように語っている。

私はこの世に生まれた以上何かしなければならん、と云つて何をして好いか少しも見當が付かない。私は丁度霧の中に閉じ込められた孤獨の人間のように立ち竦んでしまつたのです。さうして何處からか一筋の日光が射して來ないか知らんという希望よりも、此方《こっち》から探照燈を用ひてたつた一條《ひとすじ》で好いから先迄明らかに見たいという氣がしました。所が不幸にして、何方《どちら》の方角を眺めてもぼんやりしてゐるのです。ぼうつとしてゐるのです。あたかも嚢《ふくろ》の中に詰められて出ることの出來ない人のやうな氣持ちがするのです。私は私の手にただ一本の錐さえあれば何處か一カ所突き破つて見せるのだがと、焦り抜いたのですが、生憎その錐は人から與へられる事もなく、又自分で発見する譯にも行かず、ただ腹の底ではこの先自分はどうなるだろうと思つて、人知れず陰鬱な日を送つたのであります。

私は斯うした不安を抱いて大學を卒業し、同じ不安を連れて松山から熊本へ引越し、又同様の不安を胸の底に疊んでついに外國迄渡つたのであります。しかし一旦外國へ留學する以上は多少の責任を新たに自覺させられるには極つています。それで私は出來るだけ骨を折つて何かしようと努力しました。然しどんな本を讀んでも依然として自分は嚢の中から出る譯に參りません。この嚢を突き破る錐は倫敦中探し歩いても見付かりさうになかつたのです。私は下宿の一間の中で考へました。詰まらないと思ひました。いくら書物を讀んでも腹の足しにはならないのだと諦めました。同時に何のために書物を讀むのか自分でもその意味が解らなくなつて來ました[21]

しかしこのように漱石が進退窮まった折もおりかれによればまさに一大転機が訪れることになったのだという。もっともこの漱石のいわゆる転機をめぐっては例えば江藤淳はこれにはっきりと疑問を呈するのにたいし[22]、漱石の研究家として同じく著名な吉田六郎は額面通り、いな、むしろそこに書かれてあるよりもさらに深いレヴェルにおいて受けとめなければならないとする立場に立つのであるが[23]、わたしとしては後者の立場を支持したいと考えている。しかしそれはともかくこれら二人の漱石研究家の間の解釈の違いとはうえの暗い調子の文章に引き続いて突然それを転調するかのように展開されている文章、ある意味ではこの講演のもっとも要をなしているとも考えられる以下の文章をめぐってなのである。

此時私は始めて文學とはどんなものであるか、その概念を根本的に自力で作り上げるより外に、私を救ふ途はないのだと悟つたのです。今迄は全く他人本位で、根のない萍《うきぐさ》のやうに、其處いらをでたらめに漂よつてゐたから、駄目であつたといふ事に漸く氣が付いたのです。私のこゝに他人本位といふのは、自分の酒を人に飲んで貰って、後から其品評を聽いて、それを理が非でもさうだとして仕舞う所謂人眞似を指すのです。一口に斯う云ってしまえば馬鹿らしく聞こえるから、誰もそんな人眞似をする譯がないと不審がられるかも知れませんが、事實は決してさうではないのです。近頃流行るベルグソンでもオイケンでもみんな向ふの人が兎や角いふので日本人も其尻馬に乘って騷ぐのです。まして其頃は西洋人のいふ事だと云へば何でも蚊でも盲從して威張ったものです。だから無暗に片假名を竝べて人に吹聽して得意がつた男が比々皆是なりと云ひたい位ごろごろしてゐました。他《ひと》の惡口ではありません。斯ういふ私が現にそれだつたのです。譬へばある西洋人が甲といふ同じ西洋人の作物を評したのを讀んだとすると、其評の當否は丸で考へずに、自分の腑に落ちやうが落ちまいが、無暗に其評を觸れ散らかすのです。つまり鵜呑と云つてもよし、又機械的の知識と云つてもよし、到底わが所有とも血とも肉とも云はれない、餘所々々しいものを我物顔に喋舌つて歩くのです。然るに時代が時代だから、又みんながそれを賞めるのです。

けれどもいくら人に賞められたつて、元々人の借着をして威張つてゐるのだから、内心は不安です。手もなく孔雀の羽を身につけて威張つてゐるやうなものですから。それでもう少し浮華を去つて摯實に就かなければ、自分の腹の中は何時迄經つたつて安心はできないといふ事に氣が付き出したのです。

たとへば西洋人が是は立派な詩だとか、口調が大變好いとか云つても、それは其西洋人の見る所で、私の參考にならん事はないにしても、私にそう思へなければ、到底受け賣りをすべき筈のものではないのです。私が獨立した一個の日本人であって、決して英國人の奴婢でない以上はこれ位の見識は國民の一員として具へてゐなければならない上に、世界に共通な正直といふ徳義を重んずる點から見ても、私は私の意見を曲げてはならないのです。

然し私は英文學を專攻する。其本場の批評家のいふ所と私の考と矛盾しては何うも普通の場合氣が引ける事になる。そこで斯うした矛盾が果たして何處から出るかといふ事を考へなければならなくなる。風俗、人情、習慣、溯つては國民の性格皆此矛盾の原因になつてゐるに相違ない。それを普通の學者は單に文學と科學とを混同して、甲の國民に氣に入るものは屹度乙の國民の賞讃を得るに極つてゐる、そうした必然性が含まれてゐると誤認してかゝる。其所が間違つてゐると云はなければならない。たとひ此矛盾を融和することが不可能にしても、それを説明する事は出來る筈だ。そうして單に其説明丈でも日本の文壇には一道の光明を投げ與へる事が出來る。——斯う私は其時始めて悟つたのでした。甚だ遲蒔きの話で慚愧の至でありますけれども、事實だから僞らない所を申し上げるのです。

私はそれから文藝に對する自己の立脚地を堅めるため、堅めるといふより新しく建設する爲に、文藝とは全く縁のない書物を讀み始めました。一口でいふと、自己本位といふ四字を漸く考へて、その自己本位を立證する爲に、科學的な研究やら哲學的の思索に耽り出したのであります。今は時勢が違ひますから、此邊の事は多少頭のある人には能く解せられてゐる筈ですが、其頃は私が幼稚な上に、世間がまだそれ程進んでゐなかつたので、私の遣り方は實際已を得なかつたのです。

私は此自己本位といふ言葉を自分の手に握つてから大變強くなりました。彼等何者ぞやと氣慨が出ました。今迄茫然と自失してゐた私に、此所に立つて、この道から斯う行かなければならないと指圖をして呉れたものは實に此自我本位の四字なのであります。

自白すれば私は此四字から新たに出立したのであります。さうして今の様にたゞ人の尻馬にばかり乘つて空《から》騒ぎをしてゐるやうでは甚だ心元ない事だから、さう西洋人振らないでも好いといふ動かすべからざる理由を立派に彼等の前に投げ出して見たら、自分も嘸愉快だらう、人も嘸喜ぶだらうと思つて、著書その他の手段によって、それを成就するのを私の生涯の事業としやうと考へたのです。其時私の不安は全く消えました。私は軽快な心をもつて陰鬱な倫敦を眺めたのです。比喩で申すと、私は多年の間懊惱した結果漸く自分の鶴嘴をがちりと鑛脈に掘り當てたやうな氣がしたのです。猶、繰り返していふと、今迄霧の中に閉じ込まれたものが、ある角度の方向で、明らかに自分の進んでいくべき道を教へられた事になるのです[24]

いうまでもなく右に引用した文章は漱石が留学先のロンドンにおいてようやく本当に自分自身のものといえるよう

な文芸批評の方法論、すなわちのちの『文学論』として一応結実するに至る著作の準備にとりかかる決意を固めるに至った経緯をのべたものであり、またこのあとこの決意を切っ掛けとしてそれまで進路が一向に定まらず不安きわまりなかったみずからの人生が一転して自信と安心のそれへと変貌を遂げ始めるにいたったいきさつがのべられていく。しかし『文学論』の序文などを見ると、この決意というのは漱石がロンドン到着直後から一年をかけて日本では生活の必要などからじっくり目を通すことができなかった英文学の主要な書物を手当たり次第に読むことに一旦没頭しようとしたものの、みずからの消化能力の貧弱さに驚いて途中で投げ出さざるをえなかった直後になされたものであり、江藤淳などによればそれは実際には「意志的生活の破産をさらに意志と知性で乗り越えようと」した不毛な努力にすぎないものではなかったのか、むしろ当時ロンドン在住の日本人留学生のあいだに広まったとされる「夏目狂せり」の噂のほうが実は漱石の本当の状態を正直に伝えるものではなかったか、とされるのである(25)。たしかに漱石帰国後三年目にして不満足な点が多々あったものの、かれがあえて出版に踏み切った『文学論』にその序論として付した留学期間を通してのみずからの生活についての回想や、またかれも自覚していた留学中から帰国直後に掛けての時期における、かれのいわゆる「神經衰弱」の事実はこうした主張に有力な根拠をあたえるものであろう。そして漱石自身も「一切の文學書を行李の底に収め」たあと、「心理的に文學は如何なる必要あって、此世に生れ、發達し、退癈する」ものなのか、「社會的に文學は如何なる必要あって、存在し、隆興し、衰滅する」ものであるかをきわめようとして、文学書以外の「あらゆる方面の材料を蒐集するに力め」自分の出しうる費用を割いて参考書を買い集め、かつその方面の研究をみずからの意志と知力を奮い立たせながら持続しておこなった、とのべているのである(26)。

とはいえここで見落とせないのは心理学や社会学、あるいは哲学なども含めてともかく文学とはまったく別な領域にかれの関心を向けさせることとなったその動機であろう。うえの『文学論』の序においても、

翻つて思ふに余は漢籍に於て左程根底ある學力あるにあらず、しかも余は充分之を味ひ得るものと自信す。余が英

語に於ける知識は無論深しと云ふ可からざるも、漢籍に於けるそれに劣れりとは思はず。學力は同程度として好悪のかく迄に岐かるゝは兩者の性質のそれ程に異なるが爲ならずんばあらず、換言すれば漢學に所謂文學と英語に所謂文學とは到底同定義の下に一括し得べからざる異種類のものたらざる可からず。

大學を卒業して數年の後、遠き倫敦の孤燈の下に、余が思想は始めて此局所に出會せり。人は余を目して幼稚なりと云ふやも計りがたし。余自身も幼稚なりと思ふ。斯程見易き事を遙々倫敦の果に行きて考え得たりと云ふは留學生の恥辱なるやも知れず。去れど事實は事實なり。余が此時始めて、こゝに氣が付きたるは恥辱ながら事實なり。余はこゝに於て根本的に文學とは如何なるものぞと云へる問題を解釋せんと決心したり。同時に餘る一年を擧て此問題の研究の第一期に利用せんとの念を生じたり(27)

という言い方で漱石がこのとき東西の伝統の根本的な違いということにいまさらのように気がついたことを告白しているのであるが、ここで漱石が自身のなかで経験しているのはこれ以後ますます明瞭になっていったように、こうした東西の違いを違いとしてはっきりとみとめたうえであらためて東洋人としての目で西洋のものを受け入れていけばよいのだ、とするまさにすぐれて漱石的な仕方で表現されるようになる批判的精神の覚醒とでも呼んでもよい事態ではなかったであろうか。

ところで漱石の「神経衰弱」はたしかに英国留学中から帰国直後の数年はとくに深刻な様相を呈していたことはあらそわれない事実であったようであるが、しかしもうすこし時間の幅を広げて考えてみると吉田六郎も指摘しているように、この病はすくなくとも漱石の青年期から晩年の死にいたるまである意味ではかれの性格のように終始つきまとって離れたことのなかったものであって、むしろ漱石の著作活動はこの「神経衰弱」とかれの批判的精神や創作意欲とのダイナミズムのなかでこそ捉えられなければならないものではないかと思われるのである(28)。しかも「神経衰弱」が漱石の幼児期から少年期においてすでにかれのなかに形成せられていたと考えられるK・ホーナイのいわゆる「神経症的人格」と直結するものであるとすると、右に漱石における批判的精神の覚醒とわれわれが呼んだものや以後の創作活動はたしかに漱石が長年求めてえられなかったこころの支えをようやくにしてもたらす切っ掛けとなったものの、それがかれのパースナリティの奥深くにまで浸透するまでにはさらなる時間といくたびもの闘いが必要となったと考えられるであろう。いずれにせよ『私の個人主義』は『文学論』を漱石自身にとってはきわめて不満な仕上がりであったにせよともかく帰国後数年にして公刊し終えていただけでなく、それ以前よりすでに『吾輩は猫である』を皮切りに執筆活動を始めていた漱石が当代一流の作家としてその地位を十分に確立し、主要な作品としてはあと『道草』と未完に終わった最後の作品『明暗』を残すだけの大正三（一九一四）年におこなわれた講演であったという事実は十分に押さえておかなければならないことであると思われる。そしてこの点に関してはたとえばもう一人の漱石研究家の桶谷秀昭などもはっきりとつぎのように断言するのである。「いうまでもないことだが、この講演は大正四［三］年であり、英国留学体験は漱石にとって過去の問題となっている。体験はすでに彼の中にうずいていない。『私は自己本位という言葉を自分の手に握ってから大変強くなりました』とか、『其時私の不安は全く消えました。私は軽快な心をもって陰鬱な倫敦を眺めたのです』という言葉などは、大正四［三］年の漱石の心境を語っているにすぎないので、漱石はロンドンで『自己本位』の自覚を得たなどというのは信ずるに足らない」[29]と。ここにわれわれとしてはH・グイエやF・アルキエがデカルトの『序説』とかれの実際の青春とのズレについて指摘したのとほぼ同じ様な事態をみとめることができるかもしれない。すなわちグイエやアルキエによれば『序説』は方法論の確立や形而上学を始めとして、数学や自然諸科学の領域においてもかなりな成果を挙げたあとの四〇歳という時点でデカルトがあらためてそこにいたるまでの経路を批判的分析的にあたかも必然的な因果の連鎖をたどるかのように合理的に捉え返したものにほかならないとされるのであるが[30]、漱石の『私の個人主義』において語られるロンドンでの「他人本位」から「自己本位」への大転換についても四七歳になった漱石がその時点から今ある自分の出発点となった時期をあらためて遡及的に見直した結果、とくにクローズアップされてきたものではなかったか、ということである。

しかし事態が実際にそのようであったとしても、漱石における批評家的精神の自覚やそれに続く創作活動とかれのいわゆる「神經衰弱」との間に吉田六郎がみとめるようなダイナミズムを具体的にどのように捉えていけばよいのか、という問題がなお残ることになる。つぎにこれについて考えていくこととしたい。

五　漱石の哲学――漱石のW・ジェイムズ受容と仏教的死生観

この項に右のような見出しや小見出しをつけるに際して当初は多少のためらいがあった。それはデカルトの哲学についてはその中身が文句なしのテキストの形で残されているのにたいし、漱石の場合業績の中心はあくまでもその文学作品にあり、けっして哲学や思想にあったわけではないからである。しかしそれにもかかわらず最終的にこうしたタイトルを選んだのにはもちろん理由があった。簡単にいえばそれはある意味で漱石の全作品を貫く態度といってもよいようなものであるが、これは私の観点からすれば十分に漱石の哲学と言い直しても実態からそれほど乖離しているようには思えなかったからである。それは明治四〇（一九〇七）年一月に出版刊行された作品『野分』(31)にも出てくるし、またその一半を敷衍したものとしては同じ年の四月東京美術学校で行われた講演の記録『文芸の哲学的基礎』やその翌年の東京青年会館で行われた講演『創作家の態度』にも表明されている考え方であるが、そのもっとも端的かつ簡明な形で表明されているものとしてはまず『日記及断片』として全集に収録されている明治三九年のつぎの文章ではなかろうか。

主客論。　主客は一なり。但便宜の爲に之を分かつ。物に於テ色ト形ヲ分ツガ如ク。文ニ於テ想ト形トヲ分ツガ如ク。物ト心ヲ分ツガ如シ。

物ト心トハ本來分ツベキ物ニアラズ。何人モ之ヲ分チ得ルナシ。天地日月山川星辰悉ク是自己なり。但コノ自己ノ存在ヲ明瞭ナラシムル爲メ、又自己ノ存在ヲ容易ナラシメン爲メニ之ヲ主客ノ二ツニ分ツニ過ギズ。分チタル後ハ自己ヲ離レテ萬物存在スルニ至ル。

天地ノ事ハ皆夢幻ノ如シ只一事ノ炳乎トシテ争フベカラザル者アリ、自己ノ存在是ナリ。萬物ハ影ノ如シ、影ノ消エル時、影ノ死スルトキ猶儼然トシテ實在スルモノハ自己ナリ。自己程慥カナル者ナシ。故ニ自己程貴キ者ナシ(32)。

a　常識の逆転から「自己」へ——漱石とW・ジェイムズ

この文章を一読すれば分かるようにここで表明されているのは漱石のいわば「自己の哲学」と呼んでもよいような立場であるが、この前半部分を詳細に展開しているといえるのがうえの『文芸の哲学的基礎』（以下『哲学的基礎』と略す）や『創作家の態度』（以下『態度』と略す）であり、後半部分は漱石の思想のもっとも深いところに生涯を通じ一貫して存在し続けたと考えられる一つの人生観であって、それは人間をある意味で生死を越えた観点に立たせる仏教的な境地を現すものである。つぎにまず前半部分を具体的に論じている『哲学的基礎』を中心に見ていきたいと思う。

しかしそれに入る前にこれらの講演とその前後の事情との関連について一言しておくと、漱石自身にとってははなはだ多くの不満を残こしつつも出版に踏み切らざるをえなかった著作『文学論』（明治四〇年五月刊）を補足する意図がまず大きく働いていたことは否定できない事実であったようである(33)。しかし漱石の愛弟子の一人であった小宮豊隆も早くから指摘していたように(34)この明治四〇年という年までに漱石はすでに明治三八年の『吾輩は猫である』を皮切りに『倫敦塔』『カーライル博物館』『幻影の盾』『薤露行』『坊っちゃん』『草枕』『二百十日』そして右にも一言した『野分』等の多くの作品の刊行をすませたり、ないしは刊行の準備を完了させており、また六月からは『虞美人草』の朝日新聞への連載を開始するのである。英国留学中にその構想を得て東京帝国大学英文科で口述された学生の講義ノートがもとになった『文学論』がいかに客観的な性格のものであり、またその着想の独創性にはいまなお評価に十分たえるものをもち続けているとしても、それが素材として英文学を中心においた心理学的、社会科学的な批評学にとどまっている(35)かぎり、『哲学的基礎』や『態度』のいわば表現の哲学とは明らかに性格を異にしていると考えるべきものではなかろうか。とくにわたしにとっては『哲学的基礎』にはその後の漱石の歩みを先取りするような内容が多少図式的に過ぎるきらいはあるにせよすでに語られているように思われるのである。

さて、漱石が聴衆を前に語り始めるのは自身の存在と聴衆の存在とをはっきりと区別する常識の考え方からである。

先ず――私は此所《ここ》に立って居ります。そうして貴所方《あなたがた》は其処《そこ》に坐って居られる。私は低い所に立って居る、あなた方は高い所に坐って居られる、斯様に私が立って居るという事と、あなた方が坐って居らるゝという事が一事實であります。この事實と云ふのを他の言葉で現して見やうならば、私は我といふもの、貴所方は私に對して私以外のものと云ふ意味であります。もっと六つかしい表現法を用ひると物我對立と云ふ事實であります。卽ち世界は我と物との相待の關係で成立して居ると云ふことになる。あなた方も定めてさう思はれるでありませう、私もさう思ふて居ります。誰しも左様心得て居るのである。それから私が、かうやって此處に立って居り、あなた方が其所に坐って御座ると、其間に距離と云ふものがある。一間の距離とか、二間の距離とか或は十間二十間――この講堂の大きさはどのくらいありますか――兎に角幾坪かの廣がりがあって、其中に私が立って居り、其中にあなた方が坐って居ることになる。此廣がりを空間と申します。……つまりはスペースと云ふものがあって、萬物は其中に、各、ある席を占めて居る(36)

そして以下こうした空間の問題に引き続いてすべてはまた時間のなかにおいても生起しているものであること、またそうしたことはことごとく一定の因果の系列のなかで出来《しゅったい》するものであることなどが説かれていく。しかしここで漱石は突然、話を逆転させる。

所が能く能く考へて見ると、それが甚だ怪しい。餘程怪しい。通俗には誰もさう考へている。私も通俗にさう考へている。然し退いて不通俗に考へて見るとそれが頗る可笑しい。どうもさうでないらしい。何故かと云ふと元來この私と云ふ——かうしてフロックコートを着て高襟《ハイカラ》をつけて、髭を生やして嚴然と存在しているかの如くに見える、此私の正體が甚だ怪しいものであります。フロックも高襟も目に見える、手に觸れると云ふ迄で自分ではないには極まつている。此手、此足、痒いときには掻き、痛いときには撫でるこの身體《からだ》が私かと云ふと、さうも行かない。痒い痛いと申す感じはある。撫でる掻くと云ふ心持ちはある。然し夫より以外に何にもない。あるものは手でもない足でもない。便宜の爲に手と名づけ足と名づける意識現象と、痛い痒いと云ふ意識現象であります。要するに意識はある。又意識すると云ふ働きはある。此丈けは慥であります。是以上は證明する事は出來ないが、是丈は證明する必要もない位に炳乎として爭ふ可からざる事實であります。してみると普通に私と稱して居るのは客觀的に世の中に實在して居るものではなくして、只意識の連續して行くものに便宜上私という名を與へたのであります。何が故に平地に風波を起して、餘計な私と云ふものを建立するのが便宜かと申すと、「私」と、一たび建立すると其裏には、「貴所方」と、私以外のものを建立する譯になりますから、物我の區別が是で付きます。そこが入らざる葛藤で、又必要な便宜なのであります(37)

きわめて平易な表現ではあるが、これはまさに漱石がこの講演を行うより三年前にあるアメリカの哲学ならびに心理学の専門誌(38)の中でウィリアム・ジェイムズが発表し、その後かれの『根本的経験論』(39)のなかに収められることとなった「純粋経験論」の立場そのものではないであろうか。漱石はまた次のようにも述べる。

すると通俗の考へを離れて物我の世界を見た所では、物が自分から獨立して現存して居ると云ふ事も云へず、自分が物を離れて生存して居ると云ふ事も申されない。換言して見ると己を離れて物はない、又物を離れて己はない筈となりますから、所謂物我なるものは契合一致しなければならん譯になります。物我の二字を用ひるのは既に分かり易い爲めにするのみで、根本義から云ふと、實は此兩面を區別し様がない、區別する事が出來ぬものに一致杯と云ふ言語も必要ではないのであります。だから只明かに存在して居るのは意識であります。さうして此意識の連續を稱して俗に命《いのち》と云ふのであります(40)

しかしながら実をいうと漱石がジェイムズの書として当時、実際に手元に置いていたのは『漱石山房藏書目録』(41)を見る限り、まず『心理学原理』(42)と『宗教的経験の諸相』(43)だけであり、後に『多元的宇宙』(44)がそれに加わることになるが、洋雑誌に分類されているもののなかにも上記の『根本的経験論』に収められることになった当該の論文を見いだすことはできない。それゆえ漱石が相次いでおこなった二つの講演にジェイムズとの類縁関係を見出しうるとすれば、これらにおいて宗教はほとんど触れられてはいないので、それはさしあたり、『心理学原理』以外にないと見なければならないであろう。もっとも、この書はすでに『文学論』においても大いに援用されていたし、また、漱石が『哲学的基礎』のなかで引き続いて展開させている議論からいえば、『根本的経験論』よりも『心理学原理』により多くの対応するものをもっていることをわれわれも否定することはできないのである。特に右に触れた常識の立場における時間や空間、ならびに因果の観念の成立に関しては『根本的経験論』ではその議論をほとんどと言っていいほど見出すことができないのにたいし、『心理学原理』ではそれがかえってかなり厳密なやり方で論じられているといえるからである(45)。

ところで漱石自身はこうしたジェイムズにおける議論をどのように理解していたのであろうか。この点に関しても漱石はまずなによりも連続的な流れをなすものとして捉えられるジェイムズにおける意識の理解をすべての議論の出発点に置いているということがいえるであろう。

> 次に連續と云ふ字義をもう一遍吟味して見ますと、……は、あ連續して居る哩《わい》と相互の區別が出來る位に、連續しつつある意識は明瞭でなければならぬ筈であります。さうして、かやうに區別し得る程度に於て明瞭なる意識が、新陳代謝すると見ると、甲が去って乙が來るという順序がなければならぬ筈であります。順序があるからには甲乙が共に意識せられるのではない。甲が去った後で、乙を意識するのであるから、乙を意識して居るときは既に甲は意識して居らん譯であります。それにも拘らず甲と乙とを區別出來るならば、明瞭なる乙の意識の下には、比較的不明瞭かは知らぬが、矢張り甲の意識が存在して居ると見做さなければなりません。俗にこの不明瞭な意識を稱して記憶と云ふのであります。だからして記憶の最高度は尤も明瞭なる上層の意識で、その最低度は尤も不明瞭なる下層の意識に過ぎんのであります。
>
> すると意識の連続は是非共記憶を含んで居らねばならず、記憶といふと是非共時間を含んで來なければならなくなります。からして時間と云ふものは内容のある意識の連續を待って始めて云ふべき事で、之と關係なく時間が獨立して世の中に存在するものではない。換言すれば意識と意識の間に存する一種の關係であって、意識があってこそ此關係が出るのであります。だから意識を離れて此關係のみを獨立させると云ふ事は便宜上の抽象として差支ないが、それ自身に存在するものと見る譯には參りません[46]

これはわれわれの日常生活における時間がいかに連続する意識からの抽象にすぎず、実在性を有しないものであるかを実に手際よく明らかにしようとしている文章というべきであろう。しかし空間についてはどう考えるべきであろうか。漱石は続けている。

次に今云ふ意識の連續──即ち甲が去って乙がくるときに、かう云ふ場合がある。先ず甲を意識して、それから乙を意識する。今度は其順を逆にして、乙を意識してから甲に移る。さうして此兩《ふた》つのものを意識する時間を延ばしても縮めても、兩意識の關係が變わらない。すると此關係は比較的時間と獨立した關係であって、しかもある一定の關係であると云ふ事がわかる。其時に吾人は之を時間の關係に歸着せしむる事が出來ないことを悟って、之に空間關係の名を與へるのであります。だからしてこれも兩意識の間に存する一種の關係であって、意識其物を離れて空間なるものが存在して居る筈がない。空間自存の概念が起るのは矢張發達した抽象を認めて實在と見做した結果に外ならぬ(47)

また、数の観念もいったんこうした連続する意識から時間や空間が抽象されてくると、そこにおのずから派生的に出てくるものとして次のように述べている。

偖抽象の結果として、時間と空間に客觀的存在を與へると、之を有意義ならしむる爲數《すう》と云ふものを製造して、此兩つのものを測る便宜法を講ずるのであります。世の中に單に數と云ふ樣な間《ま》の抜けた實質のないものは嘗て存在した試しがない。今でもありません。數と云ふのは意識の内容に関係なく、只其連續的關係を前後に左右に尤も簡單に測る符牒で、こんな正體のない符牒を製造するには餘程骨が折れたらうと思はれます(48)

そうしていわゆる因果の法則については、

それから意識の連續のうちに、二つもしくは二つ以上、いつでも同じ順序につながって出て來るのがあります。甲の後には必ず乙が出る。いつでも出る。順序に於て毫も變わる事がない。すると此一種の關係に對して吾人は因果の名を與へるのみならず、此關係丈を切り離して因果の法則と云ふものを捏造するのであります。捏造と云ふと妙な言葉ですが、實際ありもせぬものをつくり出すのだから捏造に相違ない。意識現象に附着しない因果はからの因果であります。因果の法則などと云ふものは、全くからのもので、矢張り便宜上の仮定に過ぎません。之を知らないで天地の大法に支配せられて……杯と云って濟ましてゐるのは自分で張子の虎を造つて其前で慄へてゐる様なものであります。所謂因果法と云ふものは只今迄が斯うであったと云ふ事を一目《いちもく》に見せる爲の索引に過ぎんので、便利ではあるが、未來にこの法を超越した連續が出て來ない杯と思ふのは愚の極であります。夫だから、よく分かった人は俗人の不思議に思ふ様なことを毫も不思議と思はない。今迄知れた因果以外にいくらでも因果があり得るものだと承知してゐるからであります。ドンが鳴ると必ず晝飯《ひるめし》だと思ふ連中とは少々違つて居ます(49)

b　意識の選択作用と理想

ところで漱石が文芸作品の創作にあたってなによりも重視するのはみずからの意識内容にたいするわれわれの選択行為ということに関してである。次に漱石がこの点について考えるさいに参照したと思われるジェイムズの『心理学原理』の個所から見ておこう。

意識はつねにその対象のある部分にたいして他の部分よりもより多くの関心を寄せるものであって、意識が思考しているかぎり一貫してある部分は歓迎し、他の部分は捨て置くということ、つまり選択をするものであるということだ。――選択的な注意や、熟慮といった現象は当然のことながらこうした選択作用についての明白な事例を提供するであろう。しかしわれわれのなかにあって選択作用というものが通常、こうした名称では呼ばれていない作用においても絶えず働いていることに気づいている人は少ない。われわれのどのような知覚においても強調や価値づけがなされているということである。多数の印象にたいして平等にわれわれの注意を注ぐということなどまったく不可能なことだからである[50]

ただし漱石自身はこうした意識の選択作用について論じるに当たり、まず先程のジェイムズの議論の根本的な前提となっている意識の連続ということに再度立ち戻ってから議論を始める。

> 然し意識の連續と云ふ以上は、――連續の意義が明瞭になる以上は、――連續を形ちづくる意識の内容が明瞭でなければならぬ筈であります。明瞭でない意識は連續して居るか、連續してゐないか判然しない。つまり吾人の根本的傾向に反する。否《いな》意識そのもの、根本的傾向に反するのであります。意識の分化と統一とは此根本的傾向から自然と発展して參ります。向後どこ迄分化と統一が行はれるか殆んど想像がつかない。
>
> もう一遍繰返して「意識の連續」と申します。此句を割つて見ると意識という字と連續と云ふ字になります。かうして意識の内容如何と此連續の順序の如何と二つに分れて問題は提起される譯であります。是を合すれば、如何なる内容の意識を如何なる順序に連續させるかの問題に歸着します。吾人が此問題に逢着したとき――吾人は必ず此問題に逢着するに相違ない。意識及其連續を事實と認める裏には既にこの問題が含まれて居ります。さうして此問題の裏面には選擇と云ふことが含まれて居ります。ある程度の自由がない以上は、又幾分か選擇の余裕がないならば此問題の出やう筈がない。此問題が出るのはこの問題が一通り以上に解決され得るからである[51]

しかし漱石はここでジェイムズの議論を一歩進めてただちに次の語句を付け加える。

此解決の標準を理想といふのであります。之を纏めて一口に云ふと吾人は生きたいと云ふ傾向を有ってゐる。（意識には連續的傾向があると云ふ方が明確かも知れぬが）此傾向からして選擇が出る。此の選擇から理想が出る。すると今迄は只生きればい丶と云ふ傾向が発展して、ある特別の意義を有する命が欲しくなる。即ち如何なる順序に意識を連續させようか、又如何なる意識の内容を選ばうか、理想は此二つになって漸々と発展する。後に御話をする文學者の理想もこ丶から出て參るのであります[52]

一方『態度』では選択と理想を作家達の創作における姿勢とただちに結びつけて次のように述べている。

先づ我々の心を、幅のある長い河と見立てると、此幅全体が明らかなものではなくつて其うちのある點のみが、顯著になつて、さうして此顯著になった點が入れ代わり立ち代わり、長く流を沿ふて下つて行く譯であります。さうして此顯著な點を連ねたものが、我々の内部經験の主脳で、この經驗の一部分が種々な形で作物にあらはれるのであるから、此焦點の取り具合と續き具合で、創作家の態度もきまる譯になります。一尺幅を一尺幅丈に取らないで、其うちの一點のみに重きを置くとすると勢ひ取捨と云ふ事が出來て參ります。さうして此取捨は我々の注意（故意もしくは自然の）に伴つて決せられるのでありますから、この注意の向き案排もしくは向け具合が即ち態度であると申しても差支なからうと思います[53]

もっとも、連続する意識からの選択とかその基準としての理想とかいってもすでに時間や空間を手に入れ、さらには数や因果の法則の観念まで手に入れた以上、われわれも意識をそれらの制約下に置かれたものとして処理していかざるを得ない。漱石によればその最初の手続きがまず、時間空間によって意識を自我と非我に二分することである。また非我はさらに自然や対象として見られる限りでの人間、そして超感覚的な神に分けて考えることができるようになるし、自我のほうは精神と身体に、そうして精神はさらに知、情、意の作用に分けて考えることができるようになる。ところで自我における精神の三つの働きと非我における神などの超感覚的なものを除いた物との組み合わせを考えるとそこに明らかに三つの場合が考えられるという。すなわちその第一は物に向かって知を働かせる場合であり、第二は情を働かせる場合であり、第三は意を働かせる場合である。そして

此うちで知を働かす人は、物の關係を明《あきら》める人で俗にこれを哲學者もしくは科學者と云ひます。情を働かす人は、物の關係を味はう人で俗に之を文學者もしくは藝術家と稱へます。最後に意を働かす人は、物の關係を改造する人で俗に之を軍人とか、政治家とか、豆腐屋とか、大工とか號して居ります(54)

と漱石は続けている。先に見た理想との関係でいえば、理想はまずこの三つのものに大きく分けられる、ということであろう。そして二番目の物の関係を味わうものとしての文学や芸術はジャンルからいえば美的理想を自然物の関係で実現しようとする詩や絵画ということになり、それを専門とする人たちは

山水専門の畫家になつたり、天地の景物を咏ずる事を好む支那詩人もしくは日本の俳句家の様なものになります。それから又、この美的理想を人物の關係において實現しやうとすると、美人を咏ずる事の好きな詩人が出來たり、之を寫す事の御得意な畫家になります。現今西洋でも日本でも八釜しく騒いでゐる裸體畫杯と云ふものは全く此局部の理想を生涯の理想として苦心してゐるのであります(55)

ということになる。もっとも、文学者や芸術家がもっぱら物の関係を味わおうとする人たちだといってもそこになんらの知も意も働かさないわけではない。

情を働かす人は物の關係を味はふんだと申しました。［しかし］物の關係を味はふ人は、物の關係を明《あきら》めなくてはならず、又場合によっては此關係を改造しなくては味が出て來ないからして、情の人はかねて、知意の人でなくてはならず(56)

などとも語るのである。ただそのさいかれらの目標が物の関係を味わうところにある以上は

其物がどこ迄も具體的でなければならぬ、知意の働きで、具體的のものを打ち壊して仕舞うや否や、文藝家は此關係を味はう事が出來なくなる。從ってどこ迄も具体的の物に卽して、情を働かせる、具體の性質を破壊せぬ範圍内に於て知、意を働かせる(57)

ということになるであろう。

さて以上が非我としての、換言すれば感覚的事物としての自然や人間を味わうものとしての詩や絵画の立場について述べたものであるが、次にもう一方の自我の有り様を味わうものとして特に文学について漱石は検討を加えている。右で自我が非我と向かい合うさいに大きく分けて知情意の三つの能力をもって臨むものであること、そして作家や芸術家は情を主たる機能として使用しながら、同時に知意の補助的な機能も働かせていることを見たわけであるが、自我にたいして作家が目を向けるさいには自我における知、情、意の三つの機能のそれぞれにたいして主たる関心を向けるそれぞれ三つの立場のあることが指摘される。そしてそのとき右では自我の外部にある感覚的事物としてもっぱら捉えられていたにすぎない人間や自然が一定の内面性を有するものとしていわば感情移入的に捉え返されていくのである。たんに客観として見られた自然や人間を美的な情操でもって捉えるのではなく、いわばそれらを媒介とする

ことによってかえって自分みずからを捉え直していこうとするのが特に文芸作品を生む作家の立場だというのである。しかしこれにはすでに見たように対象となる自然や人間を主として知的な面から捉えようとする場合と、情的な面から捉えようとする場合と、意志的な面から捉えようとする場合があると漱石はいう。具体的な事例を交えながら漱石はその一つひとつに検討を加えていくがここではその本質的と思われる部分のみを掲げておく。

まず知的な面に主たる関心を向けるとはそれは人間性におけるリアルな側面に特に注目する立場であって状況を理解すればさもありなんと納得できるような人間の行為が描かれる。二つ目の情的な側面に関しては漱石は一方に男女間のさまざまな愛情のあり方を挙げ、もう一方に人間関係一般における友情などの人倫関係を挙げている。そして最後の意志的な側面に関しては今日では希有なものとなっているが、人間におけるヒロイックな行為に照明を当てようとするものであるという。そして先の感覚の対象そのものにたいする情緒における理想を美的理想と呼ぶとすれば、知の働く場合は真にたいする理想、情の働く場合は愛および道義にたいする理想、意志の働く場合は荘厳さにたいする理想となる、とする(58)。ところで以上のことと関連して漱石はただちに以下の点を補足している。

此の四種の理想は文藝家の理想ではあるが、ある意味から云ふと一般人間の理想でありますからして、此四面に渉つて尤も高き理想を有して居る文藝家は同時に人間として尤も高く且つ尤も廣き理想を有した人であります。人間として尤も廣く且つ高き理想を有した人で始めて他を感化出來るのでありますから、文藝は單なる技術ではありません。人格のない作家の作物は、卑近なる理想、もしくは、理想なき内容を與ふるのみだからして、感化力を及ぼす力も極めて薄弱であります。偉大なる人格を發揮する爲にある技術を使つて之を他の頭上に浴びせかける時、始めて文藝の効果は炳焉として末代迄も輝き渡るのであります(59)

と。また、

我々は生慾の念から出立して分化の理想を今日迄持續したのでありますから、此理想をある手段によって實現するものは、我々生存の目的を尤もよく助長する功績のあるものであります。文藝の士は此意味に於て決して閑人ではありません。芭蕉の如く消極的な俳句を造るものでも李白の様な放縱な詩を詠ずるものでも決して閑人ではありません。普通の大臣豪族よりも、有意義な生活を送って、皆夫れぞれに人生の大目的に貢献して居ります(60)

などとも付け加えている。そしてこのあと作家が理想を表現するさいつねになんらかの感覚的なものを媒介にせざるをえない以上技巧の重要性は避けがたいこととして簡潔にして要領を得たシェイクスピアの文章と長いものは長いものなりにだらだらと書きつづるデフォーを比較し、読者に作家の思いを伝えるための配慮がいかに大切であるかが説かれる。そして作家の理想と技巧とがたがいに合致し、それが申し分のない程度にまで達すると、もし受け手の読者にこれに接し得るだけの機縁が熟していれば読者の意識もこれに深く共鳴し、いわばそれと全人格的に「一致」(61)するところまでいくことになる。そしてここに漱石のいわゆる「還元的感化」(62)ということが成立するのである。「還元的感化」について漱石は次のように解説する。

一致の意味は固より明瞭で、此一致した意識の連續が我々の心のうちに浸み込んで、作物を離れたる後迄も痕迹を残すのが所謂感化であります。すると説明すべきものは唯還元の二字になります。然し此二字も亦一致という字面のうちに含まれて居ります。一致と云ふと我の意識と彼の意識があって、此二つのものが合して一となると云ふ意味でありますが、それは一致せぬ前に言うべき事で、既に一致した以上は一もなく二もない譯でありますからして、この境界に入れば既に普通の人間の狀態を離れて、物我の上に超越して居ります(63)

と。そしてこの講演の全体を締めくくる言葉として最後に次のように語られる。

要するに我々に必要なのは理想である。理想は文に存するものでもない、繪に存するものでもない、理想を有して居る人間に着いて居るものである。だからして技巧の力を藉りて理想を實現するのは人格の一部を實現するのである。人格にない事を、只句を綴り章を繋いで上滑りのする樣に書きこなしたって閑人に過ぎません。俗に柄にないと申します。柄にない事は、やっても閑人でやらなくても閑人だから、やらない方が手數が省ける丈得になります。只新しい理想か、深い理想か、廣い理想があって、之を世の中に實現しやうと思つても、世の中が馬鹿で之を實現させない時に、技巧は始めて此人の爲め至大な用をなすのであります。一般の世が自分が實世界に於ける發展を妨げる時、自分の理想は技巧を通じて文藝上の作物としてあらはるゝ外に路がないのであります。さうして百人に一人でも、千人に一人でも、此作物に對して、ある程度以上に意識の連續に於いて一致するならば、一歩進んで全然其作物の奥より閃き出づる眞と善と美と壯に合して、未来の生活上に消え難き痕跡を残すならば、猶進んで還元的感化の妙境に達し得るならば、文藝家の精神氣魄は無形の傳染により、社会の大意識に影響するが故に、永久の生命を人類内面の歴史中に得て、茲に自己の使命を完うしたるものであります(64)

作家としての歩みをようやく始めた漱石の意気込みをつよく感じさせる文章というべきであろう。

C　己事究明

しかしながらここで一つ考えておかなければならないことがある。それは漱石がみずからの表現の哲学の出発点にすでに見たように、W・ジェイムズの意識の心理学を下敷きにしているのであるが、その場合、ジェイムズにあっては意識はその後の『多元的宇宙』で明確に展開されているようにあくまでも各個人における有限な意識でありつづけるのにたいし、漱石においては一方であくまでも個人意識の問題として捉えているようでありながら、その究極のあり方としては全自然と一体化することも少なくともその可能性としては考えられているように思えるということである。それは右でも見たように常識の立場を逆転させ、意識の連続性についてのべたあと、次のようなまとめをしているところからも窺うことができるであろう。

そこで一寸留まつて、此講話の冒頭を顧みると少々妙であります。最初には私と云ふものがあると申しました。貴所方も慥かに御出になると申しました。さうして、御互に空間と云ふ怪しいもの、中に這入り込んで、時間と云ふ分からぬものの流れに棹さして、因果の法則と云ふ恐ろしいものに束縛せられてぐうぐう云って居ると申しました。所が不通俗に考へた結果によると丸で反對になつて仕舞ひました。物我などと云ふ關門は最初からない事になりました。天地卽ち自己と云ふえらい事になりました(65)

というように。そしてこの観点に立つことによってようやく始めに引用した『断片』の一節にある「物ト心トハ本來分ツベキ物ニアラズ。何人モ之ヲ分チ得ルナシ。天地山川日月星辰悉ク是自己ナリ。」の言い方ともほぼ完全に照応してくるのである。言い換えれば漱石は表現論を展開するさいたしかにジェイムズを援用しはするが、じっさいにはこの心理学ないし哲学をはるかに越えた東洋的な無限の思想とでも呼ぶべきものをその背後に持ちつづけていたということであろう。しかしそうするとわれわれはこの自己をなぜ主客の二つに分かつのかという問いをあらためて提出しなければならないことになるが、上に多少とも詳しく見てきた漱石の見解によればそれは「コノ自己ノ存在ヲ明瞭ナラシムル為メ、又自己ノ存在ヲ容易ナラシメン為メ」ということにいちおうはなる。なぜいちおうかといえば、これにつづく『断片』の後半部分が人生にたいするこうした積極的な態度を漱石自身はかならずしも評価していないことを明らかにする文章となっているからである。いな、自己の主客への二分自体、単に自己について明瞭な認識を持ち、この人生をより良く生きようとする要求にもとづくにすぎない、という言い方を漱石はあえてするのである。「但コノ自己ノ存在ヲ明瞭ナラシムル為メ、又自己ノ存在ヲ容易ナラシメン為メニ之ヲ主客ノ二ツニ分ツニ過ギズ。」と。

小宮豊隆は漱石がみずからの厭世観について親しい知友にたびたびもらしていたことに言及しているが(66)、漱石の人生観の根底には生きることよりも「死を人間の歸着する最も幸福な状態」として受け入れようとするいかんともしがたい思いがつねに存在していたと考えられるのである。大正四年ある青年に宛てた書簡のなかで次のような文章をしたためている。

私が生よりも死を擇ぶといふのを二度もつゞけて聞かせる積ではなかつたけれどもつい時の拍子であんな事を云つたのです然しそれは嘘でも笑談でもない死んだら皆に柩の前で萬歳を唱へてもらひたいと本當に思つてゐる、私は意識が生のすべてであると考へるが同じ意識が私の全部とは思はない死んでも自分［は］ある、しかも本來の自分には死んで始めて還れるのだと考へてゐる私は今のところ自殺を好まない恐らく生きる丈生きてゐるだらうさうして其生きてゐるうちは普通の人間の如く私の持って生まれた弱點を發揮するだらうと思ふ、私は夫が生だと考へるからである私は生の苦痛を厭ふと同時に無理に生から死に移る甚しき苦痛を一番厭ふ、だから自殺はやり度ない夫から私の死を擇ぶのは悲観ではない厭世観なのである悲観と厭世の區別は君にも御分りの事と思ふ。私は此點に於て人を動かしたくない、卽ち君の様なものを私の力で私と同意見にする事を好まない。然し君に相當の考と判斷があつて夫が私と同じ歸趨を有つてゐるなら已を得ないのです、私はあなたの手紙を見て別に驚ろきもしないが嬉しくも思へなかつた寧ろ悲しかった君のやうな若い人がそんな事を考へてゐるかと思ふと氣の毒なのです。然し君は私と同じやうに死を人間の歸着する最も幸福な状態だと合點してゐるなら氣の毒でも悲しくもない却つて喜ばしいのです(67)

しかし漱石のここでいう厭世観と悲観の区別は実のところあまりはっきりしない。しかしこれも小宮がすでに指摘していることであるが(68)、上の『哲学的基礎』と同じ明治四〇年一一月に高浜虚子の短編小説集『鶏頭』のために寄せた序文のなかで禅の考え方に触れた次のような注目すべきくだりがみとめられる。

禪坊主の書いた法語とか語録とか云ふものを見ると魚が木に登ったり牛が水底を歩いたり怪しからん事許りであるうちに、一貫して斯ふ云ふ事がある。着衣喫飯の主人公たる我は何物ぞと考へ考へて煎じ詰めてくると、仕舞いには、自分と世界との障壁がなくなつて天地が一枚で出來た様な虚靈皎潔な心持になる。それでも構はず元來吾輩は何だと考へて行くと、もう絶體絶命につちもさつちも行かなくなる、其所を無理にぐいぐい考へると突然と爆發して自分が判然と分る。分るとかうなる。自分は元來生れたのでもなかつた。又死ぬものでもなかつた。増しもせぬ、減りもせぬ何だか譯の分らないものだ。

しばらく彼等の云ふ事を事實として見ると、所謂生死の現象は夢の様なものである。生きて居たとて夢である。死んだとて夢である。生死とも夢である以上は生死界中に起る問題は如何に重要な問題でも如何に痛切な問題でも夢のような問題で、夢のような問題以上には登らぬ譯である。従って生死界中にあつて最も意味の深い、最も第一義なる問題は悉く其光輝を失つてくる。殺されても怖くなくなる。金を貰つても有難くなくなる。辱められても恥とは思はなくなる。と云ものは凡て是等現象界の奥に自己の本體はあつて、此流俗と浮沈するのは徹底に浮沈するのではない。しばらく冗談半分に浮沈して居るのである。いくら猛烈に怒つても、いくらひいひい泣いても、怒りが行き留りではない、涙が突き當りではない。奥にちやんと立ち退き場がある。いざとなれば此立退場へいつでも歸られる。しかも此立退場は不增である、不滅である。いくら天下様の御威光でも手のつけ様のない安全な立退場である。此立退場を有つて居る人の喜怒哀楽と、有たない人の喜怒哀楽とは人から見たら一様かも知れないが之を起す人之を受ける人から云ふと莫大な相違がある。従つて流俗で云ふ第一義の問題もこの見地に住するする人から云ふと第二義以下に墮ちて仕舞う。従つて我等から云つてセッパ詰つた問題も此人等から云ふと餘裕のある問題になる(69)

ここではまだたしかに禅の考え方を他人の話として述べているだけであり、右の手紙において表明されているようにこうした立場を決して自分自身のものとして述べているわけではないが、しかしこのころからすでに禅の境地をみずからの進むべき方向として捉え始めていたことはたしかであろう。先の『断片』の後半部分もそのように読むことによって始めて納得できるものとなるのではないか。

天地ノ事ハ皆夢幻ノ如シ只一事ノ炳乎トシテ争ウベカラザル者アリ、自己ノ存在是ナリ。萬物ハ影ノ如シ、影ノ消エル時、影死スル時猶儼然トシテ實在スル者ハ自己ナリ。自己程慥カナル者ナシ。故ニ自己程貴キ者ナシ。

と。ところでこれが漱石の心底にあった考え方だとするとかれ自身の人生についてそのつど反省を試みたり、またそこに実現されない理想を作品のなかで実現しようとしたかれの具体的な営為とはそもそもなんであったのかということが逆に問題となってきはしないだろうか。漱石の幼少年期の不幸な境遇に由来すると考えられる神経症的なパーソナリティ、またそれが極端な形をとって現れることとなった二〇歳代後半やロンドン留学時代、および『行人』執筆時などにおけるいわゆる「神經衰弱」、そして宿痾の胃潰瘍、一方、『それから』や『門』、『こゝろ』などで中心的なテーマをなしている男女の三角関係のおそらくモデルとなったのではないかと考えられている親友の大塚保治とその夫人楠緒子をめぐる深刻な人間関係(70)、決して平穏無事といえるものではなかった鏡子夫人との結婚生活、教師から作家への大転換、またこうした人間ドラマが展開されていく舞台となった明治という近代日本建設の使命を担った時代背景等々、これらがおそらくそのつど漱石の意識生活の大半を占めつづけていただろうし、またこれらの経験を素材にして作品の中で詳しく分析し、整理をすることがかれの作家としての生そのものの中身をなすようになっていったのではなかったか。だとすれば漱石が右のような究極の自己のありようとしてついに受け入れることとなったいわば仏教的な生死を越えた立場と、かれの実際の人生とを無関係なものとして切り離して考えることなどもとよりできようはずがないではないか。漱石の個人としての人生が苦悩に満ちたものであっただけにそれだけそれからの脱却を願う思いをますますつのらせていったというのが漱石の人生の本当と姿ではなかったかと考えるのだ。

漱石は明治二八（一八九四）年一二月に鎌倉の円覚寺塔頭、帰源院に入り、初めて参禅しているが、『門』の主人公宗助のことばとして述べられているつぎのくだりがおそらく当時の漱石自身の思いでもあったであろう。

> 自分は門を開けて貰いに來た。けれども門番は扉の向側にゐて、敲いても遂に顔さえ出して呉れなかつた。たゞ、「敲いても駄目だ。獨りで開けて入れ」と云ふ聲が聞えた丈であつた。彼は何うしたらこの門の門を開ける事が出來るかを考えた。さうして其手段と方法を明らかに頭の中で拵えた。けれども夫を實地に開ける力は、少しも養成する事が出來なかった。従って自分の立ってゐる場所は、此問題を考へない昔と毫も異なる所がなかつた。彼は依然として無能無力に鎖された扉の前に取り残された。彼は平時自分の分別を便りに生きて來た。その分別が今は彼に祟ったのを口惜しく思つた。さうして始から取捨も商量も容れない愚かなもの丶一徹一圖を羨んだ。もしくは信念に篤い善男善女の、智慧も忘れ思議も浮ばぬ精進の程度を崇高と仰いだ。彼自身は長く門外に佇立《たたず》むべき運命をもって生まれて來たものらしかった。それは是非もなかった。けれども、何うせ通れない門なら、わざわざ其所迄辿り付くのが矛盾であった。彼は後ろを顧みた。さうして到底又元の路へ引き返す勇氣も有たなかった。彼は前を眺めた。前には堅固な扉が何時迄も展望を遮つていた。彼は門を通る人ではなかった。又門を通らないで濟む人でもなかつた。要するに、彼は門の下に立ち竦んで、日の暮れるのを待つべき不幸な人であつた(71)

ストーリーの上では宗助がその手から奪い取るようにしてみずからの妻としたお米の前夫、旧友の安井と何年かぶりに顔を合わせることとなるかも知れないという不安のなかでそうした不安を取り払おうとしてあえて試みた参禅ではあったが結局このような結果に終わったとされている個所である。しかし漱石自身は最初の参禅のあとなにかにぶち当たるたびにこの参禅のことを思い出し、禅についての考えを徐々に深めていったというのが実際のところではなかったであろうか。そのつどさまざまな問題との対決と苦悩を繰り返すなかでそうした問題が決して消えてなくなるわけではないが、それをあえて甘受できるだけの覚悟のようなものを次第に身につけていったのではなかったか、ということである。私はそんな意味で漱石の哲学ないし宗教的な立場を禅の用語である「己事究明」によって表しうるのではないかと考える。先に触れた『私の個人主義』は『こゝろ』出版と同じ大正三（一九一四）年に行われた講演であり、ここで語られる自信と安心が漱石の研究家たちが問題とするようにはたしてロンドン留学中に英文学とどのように向かい合うべきかを考えるなかで到達したとされる「他人本位」の立場から「自己本位」の立場への転換に直接付随して経験されたものであったかどうかはともかくとして、漱石自身のなかではこうした転換がまずなによりも「正直さ」ないし「真率さ」を取り戻すこととして理解されていた点は見落とせない事柄ではないかと思われる(72)。そしてその「正直さ」あるいは「真率さ」はまずみずからの日本人として英文学と向かい合うさいの必然的な制約を客観的学問的に明らかにすることを目指した『文学論』としていちおう結実することとなったが、作家として独立するようになってからは漱石一個の実存の追求としてさらに先鋭なかたちを取るに至ったと考えることはできないであろうか。もちろん漱石がようやく作家活動を始めた明治四〇年頃は『文芸の哲学的基礎』におけるショウペンハウアーの「生の盲動的意志」への言及においても認められるように（あたかもベルクソンの生の躍進《エラン・ヴィタル》が、まずなによりもわたしたちの創造活動一般を促す原理として理解できるのと同様(73)）みずからの創作活動を促すような内からわき起こるきわめて心地よいある種の衝動に身をゆだねる経験を持ったと考えても漱石を大きく読み誤ることにはならないであろう。そして『私の個人主義』に示されているようなみずからの本領を見出したときの思いとして自信と安心を心底から体験し得たのも実際はみずからの将来に向けて一定の展望が開けつつあったまさにこの頃のことではなかったかと想像されるのである。しかし小宮豊隆も指摘している(74)ように明治四四年の『現代日本の開化』に続く講演『文芸と道徳』になると漱石は当時の日本の文壇における自然主義ともまた世紀末のヨーロッパのそれとも異なる一つの自然主義の立場を標榜するようになる。そして漱石の人生を見る目がますます冷徹さを加えていくのだ。ここで漱石はみずからの自然主義の有する「真率さ」を説明して次のように述べている。

自然主義の文藝は内容の如何に拘はらず矢張り道徳と密接な縁を引いて居るのであります。と云ふのはたゞ有の儘を衒はないで眞率に書くといふのが厭みのない描写として好所であるのであるが、その有の儘を衒わないで眞率に書く所を藝術的に見ないで道義的に批判したら矢張り正直と云ふ言葉を同じ事象に對して用ひられるのだからして、藝術と道徳も非常に接續している事が分かりませう。のみならず藝術的に厭味がなく道徳的に正直であると云ふ事が此際同じ物を指してゐるばかりでなく理知の方面から見れば眞と云ふ資格に相當するのだから、つまりは一つの物を人間の三大活力［すなわち知、情、意］から分察したと異なる所はないのであります。三位一体と申しても可いでせう(75)

そうしてこの漱石のいわゆる「真率さ」がかれの人生全体にたいする見方として凝集されるとき有名な『道草』における健三の以下のようなセリフとなって表現されたのではなかろうか。

「世の中に片付くなんてものは殆どありやしない。一遍起ったことは何時迄も續くのさ。たゞ色々な形に變わるから他《ひと》にも自分にも解らなくなる丈のことさ」(76)

そしてこのあたりにくると漱石のいわゆる悲観ならざる厭世観の実態も大分明らかになってくるように思われる。すなわち悲観とは将来に希望がもてないがゆえの嘆きを表現するものであり、したがってまたそこには逆説的に依然としてまだ生にたいするある種の執着がみとめられるのにたいし、厭世はそうした将来のこともすべて含んだトータルな人生を放下しようとする態度を表すことばと解することができはしまいかということである。言い換えれば、もしもここでもなお希望を口にするとしても、それはもはや生とは切り離された次元において求めるよりほかはないということだ。上で見たように漱石が生死を超えたところに「自己」本来の場所を見いだそうとした理由も実はここにあったのではないかと思うのである。

結論にかえて

先にE・フロムが西洋近代化のパラドックスとして近代人における自由の弁証法的な性格に言及している点に触れた。すなわちフロムによれば近代的自由は一方で個人をいっそう独立させ、自立的で、批判的なものの見方のできる存在にしたと同時に、他方それとは逆に、かれらをいっそう孤独で、不安な孤立した存在にしたともされる。そしてこの図式をフランス一七世紀を代表する二人の思想家デカルトとパスカルに当てはめて考えてみるときわれわれはこれら自由の相反する性格の典型的な表現を両者それぞれのなかに見いだすことができるであろう。すなわちまずデカルトの有名なことば「わたしは考える、ゆえにわたしは存在する」はデカルト哲学の歩みに即して言えば、「わたしは合理的な方法にしたがって神より授かった生得の判断力を働かせて生きている限り、わたしはつねに神によって支えられて存在している」の意味と解することができるし、パスカルの「人間は自然のなかにあってもっとも弱い一本の葦にすぎない。しかしそれは考える葦である」は「人間は葦のようにまったく無力な存在ではあるが、その無力を心底から自覚することにより神はついにはその弱き者としての人間に救いの手をさしのべてくださるのだ」の意味に解することができよう。両者はそれぞれ神を信じているが、前者においてはあくまでも自力主義すなわち「天はみずから助くる者を助く」における天としての神であるのにたいし、後者においては自力では何事もなしえない者、みずからの弱さに深く絶望した者にたいして来世における至福を密かに告げる神なのである。とはいえフロムが近代人の自由の弁証法的性格を論じるのはさしあたってはかれの中産階級についての見方、とりわけヨーロッパの近代初期について言うなら新たに社会的な勢力を伸ばしてきたブルジョアジーのおかれたいまだに不安定な社会的立場を浮き彫りにするためあって、個々の思想家についてそうした分析を試みようとしているわけではない。

しかしフロムの社会階層をめぐっての議論は個別の思想家の研究に際しても大いに参考になるものを持っていることは否定できず、われわれとしてはまずデカルト哲学を検討する際にそれを分析の手がかりとして採用した。すなわち右に見てきたように、みずからの意志を合理的な方法によって厳格にコントロールしながら生き抜いたと考えられているデカルトのような人でさえその最初の出発点をなしていたのは外ならぬ世界にたいする不安と不信であったという事実をあらためて確認できたのであった。ただしデカルトにおいてはいったんみずからの進路を確定させ、その実現に向けてうちなる判断力を見直し、それを導くための方法を確立したあとは、少なくとも資料を通して知られているかぎり、みずからの生き方に再度深刻な疑問を抱くというようなことはまずなかったようである。ところでこうしたデカルトにたいしてパスカルではなく、あえて我が国の近代を代表する漱石のような人をならべてみた場合、どのようなことが言えるであろうか。漱石はたしかに富裕層の出身ではあるがそれは幕藩体制下において多分に特権に守られた地位にすぎないもので、その証拠にかれの兄弟姉妹たちは明治に入るとことごとく没落の一途を辿らざるをえなかったのである。それゆえ漱石についてはデカルトと並べて新興ブルジョアジーの議論はできない。しかし江戸幕府の消滅とともに夏目家の屋台骨も同時に揺らぎ始め漱石自身他家に養子にやられたり、また実家に戻されたりするなかで自力でみずからの生き方を探るより外はなかったし、心理的にはヨーロッパ近代の新興ブルジョアジーとも共通するような経験を持ったことはほぼ間違いないように思われる。『こゝろ』上の「先生と私」のなかに先生のことばとして右のフロムの近代人の定義にそのまま当てはまるような次のようなくだりがあることは周知の通りである。それは先生の過去の経験から何かを学び取れるのではないかという期待から先生にしきりに近づこうとする私に向かって先生が投げかけることばである。

「兎に角あまり私を信用しては不可《いけ》ませんよ。今に後悔するから。さうして自分が欺かれた返報に、残酷な復讐をするようになるものだから」

「そりや何うい ふ意味ですか」

「かつては其人の膝の前に跪いたといふ記憶が、今度は其人の頭の上に足を載せさせやうとするのです。私は未來の侮辱を受けないために、今の尊敬を斥ぞけたいと思うのです。私は今より一層淋しい未來の私を我慢する代りに、今の私を我慢したいのです。自由と獨立と己れとに充ちた現代に生まれた我々は、其犠牲としてみんな此淋しみを味はわなくてはならないでしょう」(77)

明治人が獲得した自由と独立の裏側ではその代償として孤独の淋しさに耐えていかねばならないという漱石のまことに的を射た人間観察をここに読みとることができるではないか。

もっともこのような自覚にやがて達した漱石もデカルトと同様、みずからの進路が確定した一時期にいったんは自信と安心の境地を自分のものとなしえたということも事実であったようである。学習院での学生達を前にして行った講演『私の個人主義』で述べられているようにかれの進路の確定が自信と安心をもたらしたということばに嘘はないであろう。しかしこの講演においてさえ注目すべき次のような補足がなされているのだ。

私のこゝに述べる個人主義といふものは、……他の存在を尊敬すると同時に自分の存在を尊敬するといふのが私の解釋なのですから、立派な主義だろうと私は考へてゐるのです。

もつと解り易く云へば黨派心がなくつて理非がある主義なのです。朋黨を結び團体を作つて、権力や金力のために盲動しないといふ事なのです。夫だからその裏面には人に知られない淋しさも潜んでいるのです。既に黨派でない以上、我は我の行くべき道を勝手に行く丈で、さうして是と同時に、他人の行くべき道を勝手に妨げないのだから、ある時ある場合には人間はばらばらにならなければなりません。其所が淋しいのです(78)

と。漱石の場合、かれの天職として受け入れた創作活動はデカルトとは異なり、あくまでもみずからの人生経験を踏まえなければならなかったから、創作活動自体が掘り起こしてくる不幸な過去の反復を避けて通ることができず、次第次第に人生そのものを全体として諦観せざるを得ないところにまで追い込まれていったというのが本当のところではなかったかと思われる。漱石による開化の内発的と外発的の区別は右にも触れたが、われわれとしては時代的にも個人的にもことごとく外発的な要因によって振り回され続けた一明治人のあからさまな姿の典型を漱石という人物のなかにあらためて確認することができるのではなかろうか。

【註】

(1) 以下岩波版「漱石全集」第一一巻、『現代日本の開花』、による。
(2) 前掲書、三二四頁、なお、以下この巻にかぎらず漱石からの引用文に含まれる漢字は原則として旧表記にしたがい、ふりがなもできるだけ原文にしたがうこととしたい。
(3) 前掲書、三二四頁。
(4) 前掲書、三二五頁参照。
(5) 前掲書、三二六頁。
(6) 前掲書、三二七頁。
(7) 前掲書、三二八頁。
(8) 前掲書、三二八頁。
(9) 前掲書、三二八―三二九頁。
(10) 前掲書、三三〇頁。
(11) 前掲書、三三〇―三三一頁。
(12) 前掲書、三三三―三三五頁。
(13) 前掲書、三三八―三三九頁。
(14) 前掲書、三四一頁。
(15) 江藤淳『漱石とその時代』新潮社、八―九頁。
(16) 前掲書、九―一〇頁。
(17) 前掲書、一二頁。
(18) 「漱石全集」第八巻、『硝子戸の中』、四八一―四八二頁。

(19)「漱石全集」第六巻、『道草』、四〇四―四〇七頁。
(20)「漱石全集」第一一巻、『私の個人主義』、四四一頁。
(21) 前掲書、四四一―四四二頁。
(22) 江藤淳『夏目漱石小伝』、「文芸読本夏目漱石」河出書房新社、一九七五年刊所収、一〇―三〇頁参照。
(23) 吉田六郎『自己本位の立場』、前掲書四五―五〇頁参照。
(24)「漱石全集」第一一巻、『私の個人主義』、四四二―四四五頁。
(25) 江藤淳『夏目漱石小伝』のうちとくに前掲書二三頁参照。
(26) このあたり「漱石全集」第九巻、『文学論』の序、八―一一頁参照。
(27) 前掲書、一〇頁。
(28) 吉田六郎『作家以前の漱石』勁草書房、一九六六年、一二二―一五二頁参照。
(29) 桶谷秀昭『増補版夏目漱石論』河出書房新社一九八三年、二九頁。
(30) 拙著、前掲書、一六―一七頁参照。
(31)「漱石全集」第二巻、『野分』、七六八頁参照。
(32)「漱石全集」第一三巻、『斷片　明治三十九年』、二二一―二二二頁、本文自体にカタカナ、ひらがなが混在している。
(33) 例えば講談社学術文庫『文芸の哲学的基礎』の瀬沼茂樹氏による解説を参照されたい。
(34)「漱石全集」第九巻、「解説」参照。
(35) 先にも［註（24）］引用した講演『私の個人主義』で漱石は『文学論』を構想するに至った動機について次のように述べていた。「たとへば西洋人が是は立派な詩だとか、口調が大変好いとか云っても、それは其西洋人の見る所で、私の參考にならん事はないにしても、私にさふ思へなければ、到底受賣りをすべき筈のものではないのです。私が一個の獨立した日本人であって、決して英國人の奴婢ではない以上はこれ位の見識は國民の一員として具へてゐなければならない上に、世界に共通な正直といふ徳義を重んずる點から見ても、私は私の意見を曲げてはならないのです。しかし私は英文學を專攻する。其本場の専門家のいふ所と私の考へと矛盾しては何うも普通の場合氣が引ける事になる。そこで斯うした矛盾が果して何處から出るかということを考えなければならなくなる。風俗、人情、習慣、遡っては國民の性格皆此矛盾の原因になっているに相違ない。それを、普通の學者は單に文學と［自然］（［ ］内は紺田、以下同様）科學とを混同して、甲の國民の気に入るものは屹度乙の國民の賞讃を得るに極つてゐる、そうした必然性が含まれてゐると誤認してかゝる。其處が間違ってゐると云はなければならない。たとい此の矛盾を融和する事が不可能であるとしても、それを説明する事は出來できるはずだ……」と。

（36）「漱石全集」第一一巻、『文藝の哲學的基礎』、三三―三四頁。
（37）前掲書、三四―三五頁。
（38）*Journal of Philosophy, Psychology and Scientific Methods* (vol. I, 1904, No. 20, September 29, and No. 21 October 13).
（39）William James, *Essays in Radical Empiricism*, 1912.
（40）「漱石全集」第一一巻、『文藝の哲學的基礎』、三六―三七頁。
（41）「漱石全集」第一六巻、『漱石山房藏書目録』、八三二頁。
（42）W. James, *The Principles of Psychology*, 1901 初版は一八九〇。
（43）W. James, *The Varieties of Religous Experience*, 1902.
（44）W. James, *A Pluralistic Universe*, 1909.
（45）Cf. *The Principles of Psychology*, Chap. XV, Chap. XX, XXVIII.
（46）「漱石全集」第一一巻、『文藝の哲學的基礎』、四二頁。
（47）前掲書、四三頁。

(48) 前掲書、四四頁。
(49) 前掲書、四四―四五頁。
(50) W. James, *The Principles of Psychology*, (Harvard, 1981) vol 1. Chap. IX, 5), p. 273.
(51) 「漱石全集」第一一巻、『文藝の哲學的基礎』、四〇―四一頁。
(52) 前掲書、四一―四二頁。
(53) 前掲書、一一九頁。
(54) 前掲書、五二頁。
(55) 前掲書、五六頁。
(56) 前掲書、五三頁。
(57) 前掲書、五四頁。
(58) 前掲書、五七―六二頁参照。
(59) 前掲書、七七―七八頁。
(60) 前掲書、七八―七九頁。
(61) 前掲書、九一頁。
(62) 前掲書、九〇頁。
(63) 前掲書、九一頁。
(64) 前掲書、九五―九六頁。
(65) 前掲書、三七―三八頁。
(66) 「漱石全集」第一五巻、「解説」参照。
(67) 前掲書、『續書簡集　大正三年』、四一四―四一五頁、大正三年一一月一四日、岡田（後林原）耕三宛の手紙。

(68) 前掲書、「解説」参照。
(69)「漱石全集」第一一巻、『序文』、五五八―五五九頁。
(70) 小坂晋著『夏目漱石研究』―伝記と分析の間を求めて―桜楓社（一九八六）参照。
(71)「漱石全集」第四巻、『門』八五三―八五四頁。
(72)「漱石全集」第一一巻、『私の個人主義』、四四四頁。
(73) 拙論『ベルクソンの形而上学』七五―九六頁（澤瀉久敬編「フランスの哲学」②生命を探る、東京大学出版会、一九七五年、所収）参照。
(74)「漱石全集」第一一巻、「解説」参照。
(75) 前掲書、『文藝と道徳』、三八〇―三八一頁。
(76)「漱石全集」第六巻、『道草』、五九二頁。
(77)「漱石全集」第六巻、『こゝろ』、四一頁。
(78)「漱石全集」第一一巻、『私の個人主義』、四五七頁。

第二章
中江兆民とジャン＝ジャック・ルソー

ルソーの『社会契約論』の本邦における初めての訳として中江兆民が世に問うたのは一八七四（明治七）年の『民約論巻之二』からであるが、その後一八八二（明治一五）年に訳と同時に解説をも付した形で『民約訳解巻之一』『民約訳解巻之二』を出版している。二五〇年以上の長きにわたって続いてきた幕藩体制という身分制度の急激な崩壊を目の当たりにした兆民がやがて自由民権運動のラディカルな闘士として政界入りを果たすことになるが、それに先立ち新たな体制を構想するにあたり、まずこのルソーというフランス革命をイデオロギーの面から大いに支えたとされる人物の著作に注目したのであった（ちなみに兆民は武士階級の中でも最も低い身分の足軽の出身であった）。本来人間はすべて自由で平等な者として生まれてくるはずなのになぜ身分制度のようなものによって束縛されるようになってしまったのか。各人がそれぞれ生まれ持った自由で平等な権利が保証されながら、しかもたがいに共生していけるようなシステムは考えられないのか、という問題の立て方をするルソーの一字一句に頷きながらルソーを読み進んでいった兆民の姿が思い浮かんでくるようである。

とはいえ明治の開港はアメリカをはじめとする列強の圧力のもとにそれに屈する形でおこなわれたものである。兆民にとって人間社会の不平等を衝くルソーには強く共鳴するところがあったにせよ、自由の概念の受容にさいしてはルソーがかかげた新たな政治体制への参加のあり方に関わるもっぱら政治上の理念として受けとめるにとどまり、西洋近代において諸個人を内面から生かす原理として働いてきた側面を充分その視野に収めるところまでにはいたっていない。いな、以下に見るように平等の理解に関してももっぱら我が国の伝統に深く根を下ろした仏教や荘子をはじめとする東洋的な見方を介して受け容れているようなのである（兆民の絶筆となった論文であり、主として人間の平等を論じた『続一年有半』では驚くべきことにルソーへの言及がまったくみとめられない）。第二節では和辻哲郎のハイデッガー受容の特徴を指摘したフランスの人文地理学者オーギュスタン・ベルク氏の見方とならべて、再度、兆民のルソー受容の特徴を検討することとなったゆえんである。

第一節　中江兆民における「人間」の発見

一　無限の哲学

(一)　いくつかの哲学上の見解

中江兆民（一八四七―一九〇一）の絶筆となった『続一年有半』（一名無神無霊魂）（一九〇一〈明治三四〉年）(1)は、愛弟子の幸徳秋水の証言をまつまでもなく、兆民がそれまでの人生を通じて培い育んできた哲学を、すなわち兆民のいわゆるナカエニスムを不充分な形ながらも表現する文章であったことはかれ自身その結びの部分で明言しているところである。しかし正直なところ最初のうちはこの無味乾燥な文章のいったいどこにそのようなものが隠されているのか直ちには伝わってこない。われわれの目にまず飛び込んでくるのはその副題が示している通り、無神無霊魂を説くところの唯物論の考え方である。次いでこの唯物論の延長線上で説かれる天体及び生物の進化論である。三番目は一切の生得観念を否定するロック流の徹底した経験論である。そして最後は、われわれにはすでに身についているものに決する自由があるだけなので、良い習慣を身につけることがまずなによりも大事なのだとする、いわば能力を大変重視する形の自由論である。

ところでこれら四つの点は実は日本で初めての哲学概論の書といわれ、ヨーロッパの伝統的な哲学の諸立場をもっぱら客観的に紹介することを目的として刊行されたとされる兆民の『理学鉤玄』(一八八六〈明治一九〉年)(2)巻之二および巻之三の経験論(感覚説)や唯物論(実質説)を解説した文章の中にすべて含まれていたものばかりであって、この面から見るかぎり兆民らしさはせいぜいのところ哲学的立場の選択とそれらの組み合わせに表われているだけのように思われる。

しかし実はそうでない。何度か読み直していくうちに唯物論を始めとする上記の四つの考え方の背後にあってというべきか、その根底にあってというべきか、最初、唯物論的立場の一環として述べられているにすぎなく見えたある考え方が実際は兆民の哲学全体を貫いていわばそれを動かす原動力のようなものとしてつねに働いていたことが次第にはっきりとしてくるのである。すなわちそれは一切を無限の相の下において見ようとする立場、兆民の「無限の哲学」とでも呼びうる考え方がこれに外ならない。そしてこの新たな観点から見ると上の四つの立場のほうこそ逆に後者の「無限の哲学」を表現するための単なる手段に過ぎなかったのではないかとさえ思えてくるであろう。しかし順序があるので始めの唯物論から見ていくことにしよう。

a．唯物論と進化論

兆民はまず霊魂について「精神とは本体ではない、本体より発する作用で有る、働きで有る、本体は五尺躯で有る、此五尺躯の働きが、即ち精神てふ霊妙なる作用で有る、……夫れ十三若くは十五元素の一時の抱合たる躯殻の作用が、即ち精神なるに於ては、躯殻が還元して即ち解離して即ち身死するに於ては、之が作用たる精神は同時に消滅せざるを得ざる理で有る」（3）とか「躯殻が死すれば精魂は即時に滅びるので有る、夫《そ》れは人類のために如何にも情け無き説では無いか、情け無くても真理ならば仕方が無いでは無いか、哲学の旨趣は方便的では無い、慰論的では無い、縦令《たとい》殺風景でも、剥出《むきだ》しでも、自己心中の推理力の厭足せぬ事は言はれぬでは無いか」（4）と述べ、自身の死に臨んでのすさまじいばかりの覚悟がのぞく文章を記したのち「凡そ学術上未解の点に就て想像の一説を立てるには、務めて理に近いものを択ぶのが当然で有る、即ち精神の如きも、躯殻中の脳神経が絪縕《いんうん》し摩盪《まとう》して、茲《ここ》に以て視聴嗅味及び記憶、感覚、思考、断行等の働きを発し、其都度《つど》瀑布の四面に濆沫飛散するが如くに、極々精微の分子を看破し得るに至るだろうと憶定し置いても、必ずしも理に悖りて人の良心を怒らすが如き事は無いでは無いか」（5）としてみずからはもっぱら自然科学の常識に近い立場を取ることを表明している。また一般的に言って、生物の世界においては個体が有限であるのに対し類が永遠だとするフォイエルバッハ流の考え方も明らかにしている。「凡そ生気有るもの、即ち草木と雖《いえど》も人獣と異ならぬので有る、都《すべ》て父祖たるものは、児孫をもって始めて不朽なるを得るもので有る」（6）と。

しかしいずれにせよ個体はその身体組織の解体とともに精神もまた消滅する、とするのが兆民の立場であり、もしもあえて不滅ということを言うのであればそれはむしろ身体の方だ、ということになる。「躯殻死すれば精神は消滅する、恰《あたか》も薪燼して火の滅ぶと一般で有る。……此道理から云へば、所謂《いわゆる》不朽とか不滅とかは精神の有する資格では無く、反対に躯体の有する資格である、何となれば、彼れ躯体は若干元素の抱合より成れるもので、死とは即ち此元素の解離の第一歩である、併《しか》し解離はしても元素は消滅するものでは無い」（7）と。身体すなわち物質こそ不滅だ、というのである。また物質の作用と本体を区別して、精神とは物質の作用であり、死とともに停止するが、物質の本体は決してなくなるものではない、とも述べている(8)。

ところでこうした兆民の唯物論の記述にあっても特に印象深いのは、これまで人類の歴史において何よりも神聖なものとされてきたものごとに対してきわめて冒涜的な言辞をあえて弄している点であろう。いわく「塵埃は不朽不滅なるも、精神は朽滅すべき資格のもので有る。……釈迦耶蘇の精魂は滅して已《すで》に久しきも、路上の馬糞は世界と共に悠久で有る」(9)と。いったい、いかなることがこれほどまでに兆民をして人類の伝統的な宗教に対し反発を抱かせることになったのであろうか。一言でいえばそれは実践家としての兆民の思いである。「善を為すも必ずしも賞せられず、悪を為すも必ずしも罰せられず、甚だしきは悪人栄耀栄華に飽いて、善人は或は寒餓死を免れ無い」(10)のがこの世の常であるがゆえに、公平の要求を満足させるためには魂の永生と来世における判定者としての神を要請せざるをえない、とするのがカントの道徳神学であるが、兆民はかような立場さえなお人間の怠惰を表わすものと考える。「善人或は賞に漏れ悪人多く罰を免るゝは、果《はたし》て誰の所為ぞ、吾人人類の自業自得では無いか、誰に赴愬《ふそ》しても『是れ汝等自ら作《な》せる蒔子《つみ》なり、汝等自ら改むる外他に道無し』と一言に刎《は》ね付《つ》けられ可きもので有る」(11)と。「見よ社会の現状は、此輩の囈語《げいご》に管せず、人類中のことは人類中で料理して、古昔に比すれば悪人は多くは罰を免れず、善人は世の称賛を得て、乃《すなわ》ち社会の制裁は漸次に力を得つつ有るでは無いか、法律制度漸次改正せられて、蛮野より文明に赴き、大数において進歩しつつ有るでは無いか、何ぞ必ずしも未来の裁判を想像し、神を想像し、霊魂の不滅を想像するの必要はないので有る、宗教及び宗教に魅せられたる哲学の囈語を打破しなければ、真の人道は進められぬのだ」(12)と。自分達の果たしうることも果たさないで神だの、霊魂の不死だのといった観念に頼ろうとするのは卑怯だ、というのが兆民の言い分である。「凡そ善の為に善をなし、悪の為に悪を避け、一切身外の利害を眼底に措《お》かず、即ち些《いささか》の為めにする所ろ無くしてこそ、善称すべくして悪罰すべきで有る、若《も》し他の為に為す所ろ有るときは、善も善に非ず、善悪混乱し、邪正淆雑して適従する所ろを知らなく成る」(13)とか「此世界で善を勧め悪を懲《こ》らす為に、未来の裁判を想像し、神を想像し、霊魂を想像するのは、是れ方便的で有る、決して哲学的では無い、哲学的には縦令《たと》ひ一世に不利で有ても、苟《いやしく》も真理ならば之を発揮するこそ本旨と言ふ可きで有る」(14)などということばもすべて兆民の上と同じ思いを表わしているであろう。

さて、以上の無霊魂論にひきつづいて兆民が展開するのは諸種の宗教の批判である。まず、太陽や月その他山、川、雲等を神として信仰して幸運や旅の無事、病の快癒を祈ったりする「多数神」信仰の非科学的性格をやり玉に上げ、「哲学を題目とした書には、之を筆するさえ厭ふ可きで有る」(15)として一蹴している。そして直ちに「唯一神」説の批判に入っていく。兆民によれば「唯一神」の立場には二つあってその一つは「神物同体説」すなわちいわゆる「神即自然」のスピノザ流の汎神論で、もう一つは「主宰神の説」すなわち全知全能の超越神の立場である。しかしこれらは「飄々然塵寰《ひょうひょうぜんじんかん》の表に抜き大いに俗紛を脱した如くで有るが、実は死を畏れ生を恋ひ、未来に於て尚猶《な》ほ独自一己の資格を保たんとの都合良き想像、即ち自己一身に局し、人類に局したる見地より起った」(16)ものとしては「多数神」の場合と同様だとして断罪している。もっとも前者に関しては「此神や無為無我で、実は唯自然の道理というに過ぎ」(17)ぬ立場であり、ほとんど無神論と異ならぬものとしてかなり同情的である点は、唯物論者兆民においては充分予想されることだとしてもやはり注目しておいてよいところであろう。また『理学鉤玄』は唯物論ほどではないにしてもスピノザの哲学や生涯に比較的多くの紙数を割いているのは兆民の汎神論に対するかねてよりの関心の深さをうかがわせるものであろう。

超越神については上の道徳の要請に対応する裁判官としての性格の他に、いわゆる全知全能、世界から独立な創造主としての性格も取り上げている。すなわち「神は知徳円満豊備で、知らざる莫《な》く、能《あた》はざる莫く、真の独立不倚の勢に拠て、挺然《ていぜん》此世界万彙《ばんい》の表に立ち、而して此世界万彙は其創造する所ろであるが故に、亦其中にも寓せざる莫く、吾人浅智の思議すべからざる霊威無限のもので」(18)もある。

ところで兆民によればこうした創造主としての神を考える人達の思いの底にはつねに人工の機械よりも精密な生物

の身体組織や天体の運行の精緻さにたいする驚異の念があるという。すなわち「此精微の極、広大の極、微妙の極、雄深の極たる世界万物人獣虫魚の属が、造主無くして自然に湧出したとは受取れぬ議論で有る」(19)というのが超越神論の論拠なのである。しかしこれは話が逆である。なぜならこうした神概念は「吾人ヽ類ノ有スル所ノ諸徳ヲ以テシテ更ニ精粋ニシテ且ツ広大ナラシメ」(20)ただけだからである。これはひたすら「上古人類ノ無智ニシテ禨《き》祥拘忌ヲ好ミシト、物理ニ瞢《くら》クシテ無心ノ物ヲ誤認シテ有心ト為セシト、言辞ノ不備ナルガタメニシテ妄ニ活辞ヲ以テ外物ニ推用セシト、原因ノ義ト意欲ノ義トヲ混同セシト」(21)によるのみである。兆民はこれに対してもっぱら進化論の立場を取る。天体の運行も生物の世界もすべて物質の運動で説明しなければならぬ。いわく「若シ実質（物質）無キトキハ初ヨリ物無クシテ乃チ物ノ有スル所ノ諸性幷《ならび》ニ諸力モ又有ルコト無キナリ、……大陽（太陽）無キトキハ行星（遊星）ハ初ヨリ有ルコト無キナリ、……大陽無ク地球無キトキハ人物由リテ以テ活スルコトナク由リテ以テ跡ヲ寄スル無キナリ、誰レカ実質ヲ以テ人物ノ本根ニ非ズト為ス乎」(22)と。

b．経験論

さて次に兆民の認識論であるが、これはすでに述べたように、一切の生得観念を否定してすべての観念は後天的に成立するとする徹底した経験論を、タブーラ・ラサの立場を強調するものである。「大凡そ生知の意象（観念）と言ふ可きは、一つも無い筈で有る、人生れて後、日々種々の事物を視聴し、嗅味し、接触して、各種物体の意象自然に発生して深く記憶に入るので有る、生れながらにして、即ち未だ外物に接せずに居て、一つの意象も生ずべき筈が無い」(23)と。もっとも、外界に存在しているものの観念についてはいちおう五官を通り記憶から観念となったことをみとめた上で、「正不正とか、義不義とか、仁とか善とか、諸種無形」(24)の観念については特に区別して、これらはまさに神がわれわれの精神に先天的に印しておいたものでなければならぬ、また神の観念にいたっては、およそ観念中「最も高尚なもので、到底物の一性を感ずるに止まりたる、汚れたる血肉に成れる五官の如きものの関与すべきで無く、吾人々類が生れながら有している」(25)観念でなければならぬ、と主張される場合がある。しかしながら兆民によればこれも人間の価値観をみずからが「極めて尊尚する所の神に附与する」(26)ものに過ぎないのである。「第一血肉が汚らわしいの、無形のものが高尚なの、塵埃の、土臭のと、是れ正に吾人々類中での言事《いいごと》で有る、……誠に理化学の芽から見よ、血でも、膿でも、屎でも、尿でも、七色燦然たる宝玉錦繍と、何処に美悪の別が有る」(27)と述べたあとで、正不正、美醜そして神などの抽象的な観念もまた幼少年期より両親や周囲から受けた禁止の経験や観劇の経験などが出発点となって後天的に形成される、とする考え方を兆民はあきらかにしている。例えば神の観念に関して「幼時両親の語話を聴き、是れ極めて慈善なる、温和なる、愛らしき顔の、色の白き面の、豊下で福々しい、鬚髯《しゅぜん》雪の如き、常に莞爾として咲《え》みつつ有る、老後旅行中の水戸西山公にも似たらんかと思う老人を想像して、其具体的絵画が、稚弱なる記性中に深く滲入して、抜く可からずなりたるもので有る」(28)と述べている。

また兆民はこうした事態をさらに明確にしようとして、「直ちに」「即ち」「速に」「徐々に」「より多く」「より少なく」「責めては」「成る可く」のような一見知覚と何の関係もないように見える副詞なども具体的な対象のイメージと連合して記憶の中に取り込まれたという事実に思いを致すべきだとしている(29)。

しかしいずれにせよ先に見た兆民の唯物論にはその背後に実践に対する強い要求が秘められていたように、こうした経験論もまた単純に認識論という狭い枠の中だけで理解されてはならないであろう。なぜならすべての観念が経験から来る、とは一切の世襲の観念、例えば人びとをこれまで身分的に拘束してきたような諸観念もまた歴史のある時点で後天的に形成せられたものとなし、またそれゆえに一度それらをすべてご破算にして新しく合理的な観念に作り直していくための論拠ともなりうる考え方なのであって、自由民権運動家としての兆民のまさに理論的なより所の一つとなっていた、と考えられるからである。

c・自由と習慣

兆民の実践的な関心について論じようとする場合、どうしても見ておかねばならないもう一つの点は決断や動機、意志の自由についてかれが論じている個所であろう。すなわち兆民によれば古来人間の自由を承認する人々にあっては意志の自由はつねに完全なものと考えられてきた。そしてわれわれが行動に出ようとするさいその動機となりうるものがかりに複数個眼前に並べられているとしても、われわれはあくまでも自由にその中から一つを選ぶことができる、とされてきたのである。もしもそうでなく反対にわれわれの行動がもっぱら目的や動機によって決定されるとした場合には、善をなしても称すべき理由はないことになるし、悪をなしても必ずしも罰すべきだということにはならなくなってしまうであろう、なぜならそこにはもはや磁石と鉄の関係しか存在しなくなってしまい、自由は認められなくなってしまうから、というのがかれらの言い分であった。

これはいちおうもっともな議論ではある。しかし、と兆民は言う。事態をつぶさに観察した場合、われわれの自由意志というものは実際はきわめて薄弱なものであることが分かるのだ、と。酒好きの人間と甘党の人間の二人がいるとしてその前に酒と牡丹餅が並べられた場合、通常の条件においては前者は必ず酒を、後者は必ず牡丹餅を取るのである。また正不正が問題になる場合、ソクラテスや孔子はただちに正を盗蹠や五右衛門はただちに不正を取るであろう。しかしそうするとソクラテスや孔子は磁石に引きつけられる鉄のようなもので別段聖人とか賢人とかいって称賛する必要はないことになるのであろうか。盗蹠や五右衛門も同じ理由で憎んではならないということになるのであろうか。いや、決してそうではない。「彼等は彼等の素行に於て、正に褒すべきと貶すべきとの別が有る、彼等の平生慎独の工夫の有無に於て、正に賞すべきと罰す可きとの別が有る、ソクラット孔丘は、平生身を修め行を礪《みが》くの功で、竟に善に非《あら》ざれば為《な》さんと欲するも為すに忍びざる迄に、良習慣を作り来って居る処が、是れ正に貴尚す可きで有る、之に反して盗蹠五右衛門は、悪事を好むこと食色の如き平生の悪習慣が、正に憎む可きで有る、故に吾人の目的を択ぶに於て、果て意志の自由有りとすれば、亓《そ》は何事を為すにも自由なりと言うのでは無く、平生習い来ったものに決するの自由が有ると言ふに過ぎないので有る」(30)。兆民は自由を否定するのではないが、それよりもさらに大事なのは習慣だと言うのである。行為の目的となるものに少しも人を動かす力がなく純然たる意思の自由によって行動を決定するのであるとすれば、平素の修練も、周囲の環境も、時代の風潮も少しも影響力をもちえないことになるが、しかしこれはわれわれの経験が教えているところとはまさに正反対のことなのだ。

ところで習慣、それもとくに良い習慣を身につけることがまず問題だということになるとそのためには幼時よりの教育環境がなによりも重要な意味をもってくることになるであろう。「平時交際する所ろの朋友の選択が大いに肝要で有る、若し此の如き修養無くして漫然事に臨んだ日には、其不正の者に誘惑されないのは罕《ま》れなので有る、生知安行の大聖人と、移らず済度す可からざる下愚との外は、平時の修養如何に由りて、善にも赴き、悪にも赴くことと成るので有る、我に意志の自由が有ると云って、叨《みだ》りに自ら恃みて事に臨めば其邪路に落ちないものは殆ど希《ま》れなので有る、……意思の自由を軽視し行為の理由を重視して、平素の修養を大切にすることが、是れ吾人の過ちを寡くする唯一手段で有る」(31)と兆民は述べている。

しかし正不正と一口に言ってもそれは具体的にはいかなることを意味するのであろうか。少なくとも兆民自身にとって正義というものはそもそもどのような事柄として理解されていたのであろうか。結論から先に言えばそれは「平等」ということではなかったか。しかもこの兆民における平等観はこれから見ようとしているかれの無限観と密接に関連していたのである。実を言えば『続一年有半』の冒頭の文章はまさに兆民の無限の哲学と平等思想とが一体であることを示すものであったのだ。

(二)　これらの見解の根底を貫く世界観

「理学即ち世の所謂《いわゆる》哲学的事条を研究するには、五尺の躯の内に局して居ては到底出来ぬ、出来ることは出来ても、其言所が、知らず識らずの間皆没交渉と成るを免れぬ、人類のうちに局して居てもいかぬ、十八里の雰囲気の内に局

して居ても、大陽系天体の内に局して居てもいかぬ
元来空間と云ひ、時と云ひ、皆一つ有りて二つ無きもの、如何に短窄《たんさく》なる想像力を以て想像しても、此等空間、時、世界てふ物に、始めの有るべき道理が無い、又上下とか東西とかに、限極の有る道理が無い、然るを五尺躯とか、人類とか、十八里の雰囲気とかの中に局して居て、而して自分の利害とか希望とかに拘牽《こうけん》して、他の動物即ち禽獣虫魚を阻害し軽蔑して、唯だ人と云ふ動物のみを割出しにして考察するが故に、神の存在とか、精神の不滅、即ち身死する後猶《な》ほ各自の霊魂を保つを得るとか、此動物に都合の能《よ》い論説を幷《なら》べ立て丶て、非論理極る、非哲学極る囈語《げいご》を発することになる」(32)と。自分達の環境を勝手に限定し、他の動物のことは無視してもっぱら自分達の都合不都合だけで物事を見ているから神だの霊魂だの不死だのということを考えるようになるのだ、無限の観点よりすれば人も動物も全く区別のない実に絶対平等の境地が開けてくる、と兆民は言うのである。

ところでこうした兆民の無限の哲学は実際はどのように展開されているであろうか。われわれの興味を引くのはまずそれがフランスのオーギュスト・コントらの実証主義の批判というところから始められている点であろう。すなわち兆民によれば実証主義者の特色はおよそひとが主張しようとする事柄はいちいち実証されなければならない、としているところにある。そしてかれらがこのように言うときにはいつもいかにも説得力のある議論のように見える。しかし本当にそうであろうか。実証主義者達が事実というものにあまりにも拘泥しすぎるために、至極明白な道理であっても実証できないものはすべて抹殺してしまい、その結果としてみずからの考えを狭隘固陋なものにしている面がないであろうか。逆に言えば「縦令《たと》ひ科学の検証を経ずとも、道理上必ずある可きべき、又有る可からざる事も、幾何《いくばく》も有る」(33)ということである。すなわち事実についての実証的な知識の外に直覚知として疑うことのできない知識がある、と兆民は言うのである。そうして世界が無限だといったことはまさにこれに該当するのだ。すなわち兆民においては世界と空間は一体をなしており、両者は共に「無辺無限」でパスカルのいわゆるいたるところに中心を有する球体なのである(34)。また世界はその広がりにおいて無限であるばかりでなく時間においても無限である。す

なわち世界は空間においては「無辺無限」であるのと同様、時間においては「無始無終」だということである。兆民は言う、「此世界万彙は無始無終で現世の状を成す前には、何の状を為せしかは知れないけれども、兎も角も何等かの状を成して居たものが、絪縕《いんうん》浸化して現状を為し来たりたるに違い無い、神杯《など》と云う怪しき物体の干渉を蒙らずとも、元素離合の作用で、甲より変じて乙に之《ゆ》き、丙丁と変化して窮已《きわまり》なく、以て此世界の大歴史を成して居る」(35)と。そしてここで兆民は「始」や「無」の概念についてベルクソンの『創造的進化』における議論を思わせるような面白い議論を行なっている。

まず「始」について、これはまったく人間的世界でのみ通じる言葉である、と兆民は言う。すなわち他の場所にあったものが目前にやってくるとか、他の形であったものが目前の形に変じるとか、すなわち蛾が卵を産み、卵から幼虫が生れるように、一つの形から他の形に変わっただけなのに、われわれの観察能力の不足からその移行に気づかず、あたかもまるで存在しなかったものが突然出現したかのごとく思うところから意味を持つようになっているに過ぎないのである。実在そのものの見地から言えばこれはまったく内容のない、いわゆる偽観念でしかない(36)。無からの創造などという荒唐無稽な概念が生れてくるのも兆民によればまさに「始」の概念のこうした人間的性格を踏まえないところに原因があるのである。

またさらに「始」の概念について言えることは「無」の概念についても同様に言えるという。すなわちおよそ「無」という言葉もまたもっぱら人間的世界においてのみ通用する言葉であるということである。たとえば「お金が無くなった」とか「米が無くなった」はわれわれの生活の言葉としては意味があっても実在を語る言葉としてはまったく無意味である。「金が無くなりはしない、己の手より他人の手に移ったので有る、米が無くなりはしない、己の腹中に入りて滋養分と糞尿とに変じたので有る」(37)。したがって大いなる世界はもちろん、塵一つも無くなるものではないことになる。すなわちものごとは無始であるのと同じく無終なのである。

要するに「無辺無限無始無終」というのが兆民の宇宙観である。そしてこうした宇宙を捉えるのがわれわれの精神なのである。むろん先に見たように精神すなわち魂の不滅を兆民はみとめるわけではない。「不滅としての精神は無い」(38)と兆民は言い切る。精神はあくまでも身体の作用に過ぎない。しかしこの身体の作用に過ぎぬ精神も身体が自らを維持しつづけているかぎり「立派に存在して、常に光を発している」(39)ともいう。精神の働きはいはば身体が生きている証しなのである。「目は視、耳は聴き、鼻は嗅ぎ、口は味ひ、手足皮膚は補捉し、行歩し、触接し、又感覚し、思考し、断行し、想像し、記憶する等、皆精神の発揮」(40)なのだ。いな、たんにそれだけではない。われわれの精神は身体の作用でありながら、「之が本体たる躯体の中に局しないで十八里の雰囲気を透過し、太陽系の天体を透過し、直ちに世界の全幅を迄領略するの能が有る」(41)のだ。唯物論者兆民はこのようにあたかも無限な宇宙と対面したときの敬虔なパスカルを想わせるような感動のこもった文章を書き記しているのである。

無辺無限無始無終の見地よりすれば人と動物の区別はなくなる。なぜならこの無限宇宙においてはいかなる存在もそれぞれが中心となり、そしてそれぞれにおいてこの無限宇宙を映し出していると考えられるからである。「天地は一指なり。万物は一馬なり」という表現が『荘子』の中にはあるが、兆民を支えていた世界観もまさにここに原点をもっていたのではなかろうか。兆民自身も述べている「五尺躯、人類、十八里の雰囲気、大陽系、天体に局せずして、直ちに身を時と空間との真中《無始無終無辺無限の物に真中有りとせば》に居《お》いて宗旨を眼底に置かず、前人の学説を意に介せず、茲《ここ》に独自の見地を立てゝ、此論を主張するので有る」(42)と。

しかし無限大の宇宙を知るとは同時に無限小の自己を、すなわち虚無に等しい自己を自覚することでもある。『続一年有半』の直前に記された『一年有半』(一九〇一〈明治三四〉年)では次のようにも述べているのである。「一年半、諸君は短促なりと曰はん、余は極《きわめ》て悠久なりと曰ふ、若《も》し短と曰はんと欲せば、十年も短なり、五十年も短なり、百年も短なり、夫《そ》れ生時限り有りて死後限り無し、限り有るを以て限り無きに比す短には非《あら》ざる也、始めより無き也、若《も》し為《な》す有りて且つ楽しむに於ては、一年半是れ優に利用するに足らずや、嗚呼《ああ》所謂《いわゆる》一年半も無也、五十年百年も無也、即《すなわ》ち我儕《わがせい》は是《こ》れ、虚無海上一虚舟」(43)と。宇宙の中心である、という自覚は同時に自己の存在のささやかさ、はかなさの自覚でもあるという兆民の「無限の哲学」がもっている謙虚な側面を見落とすことはできない。

二　絶対平等を目ざして

(一)　ラディカリズム

さて、以上見てきたような兆民の哲学はそれではまずかれの政治理論においてどのように展開されたのであろうか。また、それは自由民権運動家として具体的な運動との関わりの中ではどのように表現されていったのであろうか。こうした問題に対して最も有力な手がかりを与えてくれるのは何といっても兆民第一の傑作とされる『三酔人経綸問答』(一八八七〈明治二〇〉年)ではなかろうか。

a　『三酔人経綸問答』の場合

周知のように、この書物における議論は防衛をめぐり急進的な政治改革の理想の上に立って見解を述べる洋学紳士と、開港間もない明治の日本が引き摺っている過去の清算から当面出発せざるを得ないとする豪傑君、そして両者をいわば調停するような漸進主義の立場に立って意見を述べる南海先生の三者による鼎談の形を取って繰り広げられていく。

ところで兆民の政治理論というところから言えば何よりもまず洋学紳士の議論に耳を傾ける必要があるのではなかろうか。兆民はここで先に見た進化論を人間の歴史に適用する形で洋学紳士に冒頭人間社会は君主専制から過渡期の立憲君主制を経て最終的には民主制へと移行せざるをえない事情について語らせている(44)。そしてそのさいにおける政治家の役割に言及しながらさらに次のようにも語らせる。すなわち「凡《およ》そ政事家を以て自ら任ずる者は皆政理的進化の神を崇奉する僧侶と謂《い》ふも可なり、果《はたし》て然らば独り意を現前に注ぐのみならず亦心を将来に留む可きなり、何ぞや、彼進化神は進むことを好みて退くことを好まずして、其進往するに方《あた》り幸に道路坦直《たんちょく》にして清潔なる時は大に善《よ》し、即ち巖石凸立《とつりつ》して輪《りん》を礙《ささ》へ荊棘《けいきょく》茂生して蹄《ひづめ》を没すること有るも夫《か》の進化神は略《ほ》ぼ沮喪《そそう》すること無く、更に益々《ますます》奮激し趾《あし》を挙げて一蹴し跳過して顧みずして、頑迷なる人民が相共に脳を裂き肝を破り街衢《がいく》上血を湛《たた》へて所謂《いわゆる》革命の活劇を演ずるに至るも夫《か》の神は当然の結果なりと看做して少しも怯《おそ》るゝこと無し、故に身を以て夫の神に奉事する政事家の僧侶たる者は当《まさ》に務《つと》めて予《あらかじ》め巖石を去り荊棘を除き、夫の神をして威怒を奮ふことを要せざらしむ可し、……巖石とは何ぞや、平等の理に反する制度是《これ》なり、荊棘とは何ぞや、自由の義に戻《もと》る法律是なり」(45)と。進化の神はその道が平坦であろうと障碍があろうと自己の道理を貫徹するものであるが、同じ結果になるのであれば政治家たるものはこの進化の神の意図を予めよく洞見し、革命などの混乱を出来るだけ避けるための準備をしておかねばならない、というのである。また、これに関連してチャールス一世やルイ一六世のとき政権の要職にあるもの達が眼をひらき、心をひろくもち、時勢を読み取り、歴史の動向をあらかじめおしはかり、進化の神のために道を開けておいたならば、決してあのような事態とはならなかったはずだ、とも付言させている(46)。

ところで民主制の基盤原理となる自由と平等は必ずしも同時に実現されるのではない。すなわち例えば立憲君主制においてもいわゆる基本的人権と呼ばれているもの、すなわち参政権、財産私有権、職業選択の自由、信教の自由、言論出版の自由、結社の自由等はいちおう認められはする。がしかしそれはまだ内容的には甚だ不充分といわざるをえないものである。なぜなら立憲君主制の下においては社会はなお国王を頂点とする階級社会であり、貴族には世襲の様々な特権が与えられている不平等社会だからである。兆民は洋学紳士に貴族について次のように語らせる。「是《この》人や其遠祖某甲《ぼうこうかつ》曾て旗を搴《と》り将を斬るの功有りしが為に爵位を授け采地《さいち》を賜ひ華冑《かちゅう》連綿として今日に至り、既に才識無く亦学術無きも祖先の朽骨時々光を墓中より放ち其庇蔭《ひいん》を被むり無作無業《むさむぎょう》にして坐《い》ながら禄秩の豊なるを享《う》け醇酒《じゅんしゅ》を飲み脆肉《ぜいにく》を啗《くら》ひ優游として日を送る」(47)と。そしてこうした連中が国内になお数多く存在している間は、たとい多くの人々が自由権を得るとしてもそこに平等の大義が欠けている以上それはまだ本物とは言われない、としている。

またこれに続けてさらに「若し百万数の国民中三人の貴族有る時は、九十九万九千百九十七人は此三人の為に自己尊貴の幾分を毀損《きそん》せらるを免れず。此も亦算数の理なり、極て明白なり……吾儕人民や貴族や皆若干元素より組成したる同一肉塊なり、同一肉塊にして其相会するや、我《わが》肉塊は低頭して叉手《さしゅ》し彼肉塊は竦立《ちょうりつ》して微《すこし》く其頭《こうべ》を上下するのみ」(48)とも語らせる。要するに自由だけではまだ制度は完全とは言えない、ということ、その上さらに平等ということがあってはじめて自由は完成する、ということである。

いな、徳富蘇峰も述べているように、兆民にとってある意味では自由よりも平等の方がはるかに重要な意味を持っていた、と言ってもよい(49)。平等な自由の保証された社会、身分などの差別のない社会こそ兆民が理解する民主的な社会なのである。兆民はこの万人平等の理想社会について論じるさい、われわれは彼の筆遣いがそれまでの調子からにわかにある高まりを見せるようになることに気付かざるをえない。「民主の制乎民主の制乎、頭上唯青天有るのみ脚下唯大地有るのみ、心胸爽然《そうぜん》として意気濶然《かつぜん》たり、唯永劫《えいごう》を永しとして前後幾億々年所なるを知らず、始なく終なければなり、唯大虚を大なりとして、左右幾億々里程なるを知らず、外なく内なければなり、精神と身体と有る者は皆人なり、孰《いず》れを欧羅巴《ヨーロッパ》人と為し孰れを亜細亜《アジア》人と為さん、何ぞ況《いわん》や英仏独魯をや、何ぞ況や印度支那琉球をや」(50)と。先に見た無限無辺、無始無終の中心に身を置くとしたナカエニスムの真骨頂がここに絶対平等の思想としてすでに姿を見せていることが確認できるであろう。そしてこの『三酔人経綸問答』における洋学紳士の口を通して明らかにされる兆民の思想こそ『東雲新聞』において被差別部落民大円居士を通して明らかにされる人間解放の思想に直ちに連なっていくのである。

b.『東雲新聞』の場合

『東雲新聞』に大阪の被差別部落、渡辺村の大円居士による寄稿文の体裁で掲載せられた論説『新民世界』(一八八八〈明治二一〉年　二・一四、二・二五)は、実際は兆民の筆になるものである。ところでこのペンネームの「大円」とは全宇宙を、人間的世界でいえば全人類を指す名前であるようだが、このような名前を被差別部落民という社会で最も虐られてきた人々に与えているところにまずもっていかにも兆民らしいものを読み取ることができるのではなかろうか。ついでに言えば「兆民」というペンネームもまた保安条令により二年間の東京追放処分を受けた兆民が『東雲新聞』の主筆となって大阪に赴くこととなる前年の一八八七〈明治二〇〉年から、すなわち憲法発布ならびに国会開設に向けて次々に発刊していった啓蒙書の発端となる『平民の目さまし』(一名国会の心得)から「億兆の民」という意味で使い始めたものである。兆民とは億兆の民のなかの一人としての、すなわち無差別平等のたんに「人間」の立場に立つだけのものとしての自己の立場を鮮明にしようとしたペンネームに外ならなかったのである[51]。

次に『新民世界』の「新民」についてであるが、これは元来「新平民」と同様、当時から使用されていた被差別部落民に対する差別的呼称であった[52]。しかし兆民はこの差別語を逆手に取ってそこに新たな積極的な意味を与えようとする。端的にいえばそれは一八八六(明治一九)年に公刊された徳富蘇峰の『将来の日本』などにおいて展開されていたいわゆる平民主義、平民世界の立場に対立するものとしての意味である。「平民」ということばは上に触れた『平民の目さまし』のような書物の題目に兆民自身も使用していたのであるが、『新民世界』ではこれをなお貴族に対する語として、すなわち貴族平民間の不平等、身分差別を容認する立場を表わすものとしてはっきりと拒否するのである。

一方、「新民」は「旧民」すなわち幕藩体制下におけるすべての被抑圧者にたいすることばであって、解放されたすべての人々を指す、とする。兆民は大円居士に言わせている、「公等記者達は平民的の旨義を執りて貴族的の旨義を攻撃する者なり余輩は新民的の旨義を執りて平民的の旨義を攻撃する者なり……公等自ら夸る所の平民旨義は何ぞ其れ貴族的なるや公等何ぞ平民的の平の字を去り易うるに新の字を以てして新民的と称するの勇気無きや平民とは貴族に対するの語なり是れ公等眼界中猶ほ貴族なる意象有るなり新民とは旧民に対するの語なり卑々屈々自由を奪われ権利を褫《うば》はれ同一人類なる士族の為めに打たれ踏まれ軽蔑されて憤発すること知らざりし旧時の民に対するの語なり始無く終無く縁無く辺無く日月星辰を懸け河海山嶽を載せ上下無限歳縦横無限里混々沌々たる一大円塊こそ是れ我が新民の世界なり貴族に対する平民の世界は此大円塊中一箇の芥子粒にだも如ざるなり……社会的の妄念を破除して社会的の悟道得せしむること是れ余輩新民的宗教の済度の本旨なり」[53]と。

大阪時代の兆民にたいへん詳しい白石正明氏は、徳富蘇峰が自由党解散（一八八四〈明治一七〉年）後の閉塞した状況の中で説いたことは、結局のところ、現体制に順応する形で生産に励みさえすればおのずから平和世界がやってくるとする民権運動には積極的な評価を与えない立場に立つものであったのに対して、兆民のはこれと真っ向から反対する立場、すなわちたとえ過去に敗北を負うている運動体をもってしてであるとしても、今はそのようなやり方でしか歴史を切り開いていくことはできない、とする再度の大同団結を呼びかけようとするものであったということ、ならびにそれが上記渡辺村の運動家達の多くをメンバーに持つ大阪における民権運動との関わりの中で追求されたという二点は決して見逃すことはできない、としておられる。そして氏によれば『新民世界』の文章はまさに「蘇峰等民友社主流によって指導された根なし草の楽天的傍観主義、歴史への没主体的なかかわりという思想情況、……自己の存在形態への問いかけもなく、体制変革への主体形成もなく、体制内変革から体制順応主義へとなだれ込む水路を形づくる思想情況そのものを、はげしく拒否せんとする思想を表わ」[54]すものであったのである。

また一方、松永昌三氏は『新民世界』を「先駆的な部落解放理論」だ、とされるとともに「平民の上向志向は、〝最下層〟の人民である「新民」を犠牲にすることで成立っていることの問題性を満天下に告知したものである」として高い評価を与えられた上、「他を差別し侮蔑する者に、どうして真の自由があり、真の平等があるのであろうか、人を差別するという妄念は自分自身をも束縛し、みずからの解放を妨げているのではないのか、平民主義とはまさにそのような社会が生み出した思想ではないのか。これに対し、〝新民世界〟はどうであろうか、ここでは人間が人間を差別し支配するようなことはなく、そのような社会的妄念にとらわれてもいない、だれをも侵さず、また侵されることのない社会である。この〝新民世界〟にこそ、真の人間的自由と平等があり、またこの〝新民世界〟こそすべての人間の自由と平等の母胎なのだと兆民は主張したのである」(55)と述べられて、『新民世界』はたんに制度を改めるだけでなく、人間観そのものの変革を求める文章である、ともしておられる。

兆民が第二回目の寄稿の形で大円居士に強調させている点は、われわれの生活に深く根を下ろした習慣の問題である。「抑々公等並に吾等が公然の生活を支配し管轄する所の習慣世界なる者何ぞ其陜隘なるや何ぞ其枯淡なるや何ぞ其融通に貧にして潤沢に乏しきや習慣世界なる者は不充分なる論理の陳列場たるに過ぎざるが故に一たび背面より諦観するときは旧弊の雲霧は依然として其間に磅礴《ほうはく》し聡者も其耳を蔽はれ明者も其目を味ませられ知慧も其光を放つこと能はず感情も其焔を発すること能はずして殆ど人をして頑冥不霊なる礦塊若しくは巌石の堆積所かと疑はしむる者有り……嗚呼公等千百万士族平民諸君の知慧を味《くら》まし感情を鈍らし自ら矛盾せしめ自ら論理を錯まらしめ同一社会中の同一人類を忌嫌してこれと一団聚をなすこと能はず甘んじて自ら翦伐《せんばつ》し自ら切断して寡弱の勢を救ふこと能はず公等何ぞ習慣の苦虐を受けて自ら脱すること能はざるや」(56)と。

また言う、「嗚呼平等は天地の公道なり人事の正理なり公等何ぞ彼の盲唖に等しき習慣の束縛を脱すること能はざるや公等未だ自家心性の束縛すら脱すること能はざるに於ては何に由りて真の平等に進入するを得ん哉

公等妄に平等旨義に浸淫して公等の頭上に在る所の貴族を喜ばざるも公等の脚下に在る所の新民を敬することを知らず平等旨義の実果して何くに在る哉公等真に平等の妙味を旨《あじわ》はんと欲せば請う速に習慣の世界を去りて法律の境界に入り又更に進みて理学（哲学）の区域に入れ夫れ然る後公等封建時代の残夢一覚して十九世紀の新天地の光を望むことを得ん」(57)と。

とはいえ良い習慣がなかなか身につかないのと同様、いったん身についてしまった悪い習慣からはなかなか脱却で

きないというのも習慣というものの常である。徐々にしか身に付かない習慣はまた徐々にしか取り除くことができない。ここに兆民が大いに力を入れた啓蒙活動の意味があったし、また、一挙には実現できかねる目標については漸進主義的な路線を採用したり、妥協もあえて甘受しようとした兆民の現実感覚があった。しかしこの辺りのことをもう少し詳しく見るためにここでいったん場面を『三酔人経綸問答』にもどして考えてみることにしよう。

(二) 兆民の弁証法

『三酔人経綸問答』は先刻も触れたように、洋学紳士が掲げる理想に対して豪傑君には過去の清算の必要性、ことに国内の保守派の扱い方について力説させているのであるが、そのさいある個所で洋学紳士にむかってたんに理想を掲げるだけでは駄目でそれを実現するための技術の問題を充分に考慮にいれておかなければならない、と言わせているところが大変面白い。豪傑君は語る、「天下の事は皆理と術との別有り、力を議論の境に逞《たくま》しくする者は理なり（討論の場所で力をふるうのは理論である）効を実際の域に収る者は術なり、医道には即《すなわ》ち医理（医学理論）有り医術（医療技術）有り、政事には即ち政理有り政術有り、細胞の説や黴菌《ばいきん》の論や、医理なり、熱病に幾尼《キニネ》を投じ黴毒に水銀を用ゆ、医術なり、平等の義や経済の旨《し》や、政理なり、弱を転じて強と為し乱を変じて治と為す、政術なり君請う其理を講ぜ「よ」、僕其術を論ぜん」[58]と。

しかしながらここで豪傑君のいわゆる「術」とは実際は洋学紳士が主張する非武装論に反対して列強の拡張主義に倣い、目下のところ大きな鈍牛にしか見えない中国に出兵してこれをうまい具合に奪取できればそこを新たな市場、いな、場合によってはこの狭い日本列島を棄て去ってそこを新たな国土とさえなし、また、かりに敗れ去るとしてもそれでもって国内の反動勢力の整理が進むのであるからそれはそれでよいのだ、とする実に乱暴きわまりない性格のものであった。ここには洋学紳士の「理」のもつ道義の一かけらも認めることができない。大きく変化しゆく環境の中にあって旧来の藩意識からは脱却しているとはいえ、なお日本という閉じた社会の利益の枠内でしかものごとを考えることのできない本質的に保守反動的な人物、それが豪傑君なのである。

しかしそうすると両者の相対立する意見にじっと聞き入っていた南海先生自身の立場はどうなのか。南海先生はまず両者の意見を批判して次のように語る。「紳士君の論は欧州学士が其脳髄中に醞醸《うんじょう》し其筆舌上に発揮するも未だ世に顕れざる爛燦《らんさん》たる思想的の慶雲なり、豪傑君の論は古昔俊偉の士が千百年に一たび事業を施し功名を博したるも今日に於て復古挙行す可からざる政事的の幻戯なり、慶雲は将来の祥瑞《しょうずい》なり、望見《のぞみみ》て之を楽むべきのみ、幻戯は過去の奇観なり、回顧して之を快とすべきのみ、倶《とも》に現在に益す可らざるなり」[59]と。紳士君はたんに未来に実現できそうにもない理想をかかげて楽しんでいるだけだし、豪傑君は過去に一度ありえたかどうかの幸運を回想して愉快がっているだけだ。どちらも現在の役には立ちそうにもない。

それでは具体的にはどのように対処していけばよいのか。まず紳士君の進化の神の考えに関連させて南海先生は、この神の進路は紆余曲折に富み決して直線的に進むものではないこと、そして何よりも進化の神の憎むところをよく認識して過ちに陥らないようにしなければならない、と言う。「進化神の悪む所は何ぞや、其時と其地とに於て必ず行ふことを得可らざる所を行はんと欲すること即ち是のみ、紳士君、君の言ふ所は今の時に於て斯《この》地に於て必ず行ふことを得可き所と為さん乎《や》、将《は》た必ず行なふことを得可らざる所と為さん乎」[60]と。また、さらに「政事の本旨とは何ぞや、国民の意嚮《いこう》に循由し国民の智識に適当し其れをして安靖《あんせい》の楽《たのしみ》を保ちて福祉の利を獲《え》せしむる是なり、若し俄《にわか》に国民の意嚮に循《したが》はず智識に適せざる制度を用うるときは、安靖の楽と福祉の利とは何に由てこれを得可けん哉」[61]とも忠告する。

そしていま、国民の意識を無視して専制政体から直ちに民主制への移行を望んでもそれは不可能なことだと説くのである。専制の後は取りあえずは立憲君主制を採用する段階を踏まなければならない。目指すべきはどこまでも「恢復的民権」、民衆がみずからすすんで取る民権でなければならない。しかし民衆の意識がそこまでゆかない段階では、当面、上から恵み与えられる民権、すなわち「恩賜的民権」でもって満足すべきである。南海先生は語る、「縦令《たと》ひ恩賜的民権の量如何《いか》に寡少なるも其本質は恢復的民権と少しも異ならざるが故に、吾儕人民たる者善く護持し善《よ》く珍重し道徳の元気と学術の滋液とを以て之を養ふときは、時勢益々進み世運益々移るに及び漸時に肥腯《ひとつ》と成り長大と成りて、彼の恢復的民権と肩を並ぶるに至るは正に進化の理なり」(62)と。大事なのは種をまくことなのだ。

「紳士君紳士君、思想は種子なり、脳髄は田地なり、君真に民主思想を喜ぶときは、之を口に挙げ之を書に筆して其種子を人々の脳髄中に蒔《う》ゆるに於ては、幾百年の後芃々然《ほうほうぜん》として国中に茂生するも或は知るべからざるなり、

……

是故に人々の脳髄は過去の思想の貯蓄なり、社会の事業は過去思想の発出なり、是故に若し新事業を建立せんと欲するときは一たびその思想を人々の脳髄中に入れて過去の思想と為《な》さざる可らず、何となれば、事業は常に果を現在に結ぶも、思想は常に因を過去に取るが故なり、紳士君、君一たび史を繙《ひもと》きて之を誦せよ、万国の事迹《じせき》は万国の思想の効果なり、思想と事業と迭《た》がいに累《かさ》なり互いに聯《つら》なりてもって迂曲《うきょく》の線を画すること、是即ち万国の歴史なり、思想事業を生じ事業又思想を生じ是《かく》の如くにして変転已《や》まざること、是れ即ち進化神の行路なり」(63)と。

実践家にはなによりもまず漸進主義の精神が、たんなる理想主義ではなく現実をあくまでも踏まえながら理想を追及しようとする態度が、理想は理想として民衆に行き渡らせる努力をする一方、それがかれらの中で現実味を帯びてくるのを我慢しながら待つという忍耐強さが同時に要請されるのだ。それゆえ防衛ということに関しても世界平和がまだ実現ということからはほど遠いとはいえ、それを支持する人々の数は国際社会において民主主義的傾向が強まり、暴君の権勢欲に人々が従わなくなるにつれて次第に増し、軍事力に依存する考え方が幅をきかせることも将来はだんだんなくなっていくはずだと南海先生は考える。

結論から言えば先生は、我が国の最も適切な防衛は民主主義の道義を相手に説得することであって軍備は不要とする紳士君の非武装論にも豪傑君の侵略主義にもならず、攻め入って来る者に対しては国民が心を一つにして様々なゲリラ戦を展開しながらこれを撃退する、という考え方になる。先生は語る、「彼れ果《はたし》て他国の評を慮《おもんぱか》らず、公法(国

際法）の議を憚《はばか》らず議院の論を顧みず敢《あえ》て狡焉《こうえん》として来襲《きたりおそ》ふときは我れ唯力を竭《つく》して抗禦《こうぎょ》し、国人皆兵と為り或は要勝に拠《よ》りて拒守し或は不意に出でて侵撃し進退出没変化測られざるを為し、彼は客にして我は主なり、彼は不義にして我は義なり、我将士我卒徒敵愾《てきがい》の気益々奮揚するに於ては、曷《なん》ぞ遽《にわか》に自《みずか》ら防守すること能わざるの理有らん哉」(64)と。しかし防衛の議論の中味にこれ以上深入りすることは措こう。

それよりもいま注目したいのはこの『三酔人経綸問答』という書物に示されている兆民という人の議論の進め方である。そしてこの点に関しては兆民がジョン・スチュアート・ミルの真理観にきわめて近い考え方をしていたとされる松永昌三氏の指摘は大変重要であると思われる。

氏は『東洋自由新聞』『自由新聞』『東雲新聞』から兆民によるミルの言葉の引用個所を取り出しておられるが、内容的にはすべて「真理は複数の意見（異説）があい争い討論するなかから生ずる」(65)という考えを言い表わすものばかりである。そして兆民自身『三酔人経綸問答』では洋学紳士の理想と豪傑君の保守反動論をまず真向から対立させ次いで南海先生の比較的実現可能な路線を展開するというように一種の弁証法的な手法で議論を進めているのである。しかしこれはいったいどのような種類の弁証法なのか。松永氏によると兆民が引用しているミル自身の考え方には、上のように真理を過程として理解できる側面と同時に「真理は二説の「中間」とか平均するところに存在する」(66)、というように静的に捉えている側面もみとめられるようであるが、果たしてそうだとすれば『三酔人経綸問答』では南海先生の意見がもっぱら正しく、そして兆民自身の考えはまさに南海先生によって代弁されている、ということになるがそれでよいのであろうか。いや、そうではないと思う。松永氏も指摘しておられるように兆民の弁証法は相対立する契機間の動的な過程の全体であって真理は可能性としてはその都度理想の実現を極限とするそれにいたるまでのあらゆる形態において姿を現しうるものなのだ。

兆民は『東雲新聞』に『新民世界』を発表したあと、実際の読者からの反響なのか、あるいは社内の記者の筆になるものかはにわかに判定し難いが、まず鴎村漁客なる人の部落差別の直接原因は部落民自身の普段のことば遣い、動作、行動、心根、衣服、身だしなみのなさ、食べ物、気力、知力の点にあるとする、今日においても、あるいは少なくともごく最近まで一般地区の人々のあいだにしばしばみとめられてきたような部落に対する紋切り型の見方を代表する見解[67]を掲載し、これを追いかけるように大円居士と同じ渡辺村の住民、北村壽平署名の、部落外の者にでも部落民と同様か、場合によってはそれよりもひどい者はいくらでもいる、とする、いわば前者の投稿文と同一レヴェルでの反論[68]を、そして最後にこの前二者の主張はいずれも旧時代の価値観から一歩も出ようとせずこれまでの士農工商穢多という身分社会に相変わらずとらわれた不毛な議論に過ぎない、として再度大円居士の議論を解説的に展開する山本小洋なる人物の一文[69]を、というように次々と寄稿文を掲載して、対話的な手法で部落問題についての問題提起を行なっているのであるが、ここに用いられている寄稿文の整理の仕方についても『三酔人経綸問答』で見たのと同様な弁証法を認めなければならないのではなかろうか。

　ただしここには南海先生に対応する人物はいない。しかしよく考えてみよう。『三酔人経綸問答』において示された兆民の理想とはどこまでも平等で民主的な社会を実現することであった。しかしそのためには障害となる過去の様々な遺物と闘わなければならず、そのような障害を一挙に排除して理想の全部的実現ということは不可能であるとされた。紆余曲折を経ながらそして前進と後退を繰り返しながら目標に迫るという以外はない、ということであった。

　ところで『東雲新聞』が提起した部落差別の解消という課題、いな、部落差別においてもっとも典型的に表われているといえる差別の一切を解消するという課題がまたこの全部的実現は不可能、部分的実現のみ可能といういわばフィヒテ的な弁証法に直面せざるをえないということである。兆民自身も実際、大阪滞在中のそのような運動の中で様々な妥協を、漸進主義を余儀なくさせられたようである。しかし見誤ってはならないのはそれはあくまでも結果としてそうなったということであって、最初から漸進主義や妥協が考えられていたのではないということであろう。『新民世界』が提起した問題に対しては南海先生のような人物にものを言わせていない、ということはそれゆえ別段驚くには当たらない。現実の問題との取り組みの中で必要なのはあくまでも理想を明確にしそれの実現に向けての努力があるだけだからである。あるいはむしろこうも言えようか。兆民は『東雲新聞』主筆をつとめた後、渡辺村に本籍を移してやがてまもなくここから新たに開設される第一回の国会議員として選出されることになるのであるが(70)、この事実に象徴的に表われているように兆民は心情的にはつねに『新民世界』の絶対平等の立場に身を置いていた、と。そしてそのような立場に身を置いていたればこそかえって実際面ではこの国会を「恩賜の民権」から「回復の民権」へと改めるための憲法点閲の機関たらしめ、近い将来に政府をして普通選挙を実施させるという具体的な行動目標を設定したり(71)、議員に対する選挙民の委任を無限委任とはせず問題毎にフィードバックすることで選挙民の意見をあくまでも直接民主制に近い形で国会に反映させることのできる有限委任としようとするような現実的な発想も生れえた、と(72)。

【註】

(1)『続一年有半』「中江兆民全集」岩波書店(以下「全集」と略す。)一〇。
(2)『理学鉤玄』「全集」七、兆民はこの著書においては「著者一己ノ見ハ其間ニ厠ル有ラズ」(三頁)としている。
(3)『続一年有半』「全集」一〇、二三六—二三七頁。
(4)前掲書、二三七頁。
(5)前掲書、二三九頁。
(6)前掲書、二四〇頁。
(7)前掲書、二四一頁。
(8)前掲書、二四一頁。

(9) 前掲書、二四二頁。
(10) 前掲書、二四三頁。
(11) 前掲書、二四四頁。
(12) 前掲書、二四四―二四五頁。
(13) 前掲書、二四五―二四六頁。
(14) 前掲書、二四六頁。
(15) 前掲書、二四八頁。
(16) 前掲書、二四九頁(ただし傍点は引用者)。
(17) 前掲書、二五〇頁。
(18) 前掲書、二五〇―二五一頁。
(19) 前掲書、二五五頁。
(20) 『理学鉤玄』「全集」七、二三七頁。
(21) 前掲書、二三七頁。
(22) 前掲書、二五二頁。
(23) 『続一年有半』「全集」一〇、二七二頁(括弧内は引用者)。
(24) 前掲書、二七六頁。
(25) 前掲書、二七六頁。
(26) 前掲書、二七六頁。
(27) 前掲書、二七六―二七七頁。
(28) 前掲書、二七八頁。

(29) 前掲書、二七九頁参照。
(30) 前掲書、二八六頁。
(31) 前掲書、二八七頁。
(32) 前掲書、二三三―二三四頁。
(33) 前掲書、二六一頁。
(34) 前掲書、二七〇頁参照。
(35) 前掲書、二五八―二五九頁。
(36) 前掲書、二六四―二六五頁参照。
(37) 前掲書、二六五頁。
(38) 前掲書、二六七頁。
(39) 前掲書、二六七頁。
(40) 前掲書、二六七頁。
(41) 前掲書、二六九頁。
(42) 前掲書、二三五頁。
(43) 『一年有半』「全集」一〇、一四五頁ちなみに言えば松本清張による兆民の伝記のタイトルは『火の虚舟』(一九六八年)(「松本清張全集」二一、文芸春秋社、一九七三年)である。
(44) 『三酔人経綸問答』「全集」八、一八一頁参照。
(45) 前掲書、一八四―一八五頁。
(46) 前掲書、一八五頁参照。
(47) 前掲書、一八六―一八七頁。

(48) 前掲書、一八七―一八八頁。
(49)「国民新聞」一八九五〔明二八〕年一二月一五日、第一七七二号参照。
(50)『三酔人経綸問答』「全集」八、二〇七―二〇八頁。
(51) 白石正明「中江兆民と『東雲』時代」、部落解放研究一二号(一九七八年二月)参照。
(52)『部落問題事典』(部落解放研究所)七九一頁の領家穣氏による解説参照。
なお、兆民の出身地土佐の当時の新聞「土陽新聞」には『新民大懇親会』(一八八七〔明二〇〕年一二月一六日)、『新民戸長を罵る』(一八八八〔明二一〕年七月四日)などの見出しの記事が見える(「近代部落史資料集成」三、三一書房、三八二頁および三八三頁参照)。(この被差別部落民の差別的呼称については小島達雄氏からも種々ご教示をいただいている)。
(53)『新民世界』〔一〕「全集」一一、六五―六六頁。
(54) 白石正明『部落解放運動と中江兆民』、大阪市教育研究所紀要一一六号(一九七一年三月)。
(55) 松永昌三『中江兆民集』(筑摩書房、近代日本思想大系三)四三九頁。
(56)『新民世界』〔二〕「全集」一一、七四―七五頁。
(57) 前掲書、七七頁。
(58)『三酔人経綸問答』「全集」八、二五一頁(括弧内は引用者)。
(59) 前掲書、二五六―二五七頁。
(60) 前掲書、二五九頁。
(61) 前掲書、二六一―二六一頁。
(62) 前掲書、二六二頁。
(63) 前掲書、二六二―二六三頁。

(64) 前掲書、二六七頁。
(65) 復刻『東雲新聞』別巻(部落解放研究所)一一七頁。
(66) 前掲書、一一七頁(傍点は松永氏)。
(67) 鴎村漁客『答大円居士』「東雲新聞」一八八八〔明治二一〕年三月六日、第三九号参照。
(68) 北村壽平『鴎村漁客ニ一言ス』「東雲新聞」一八八八〔明治二一〕年三月九日、第四二号参照。
(69) 山本小洋『盍ぞ旧慣を脱せざる』「東雲新聞」一八八八〔明治二一〕年三月一一日、第四四号参照。
(70) 兆民が渡辺村の有志に推されて選挙に出ることになった実際の経緯については白石正明『中江兆民と被差別部落』「歴史公論」二、参照。
(71) 『国会論』「全集」一〇、参照。
(72) 『選挙人目ざまし』「全集」一〇、参照。

第二節　人間の問題

——西洋思想受容の二つのケースにおいて読みとることができる東西の見方のちがい

一　和辻哲郎の人間の見方

和辻哲郎はその著『人間の学としての倫理学』のなかで「人」と「人間」の概念を区別して前者が個々の人を指すのにたいして後者は元来、人と人の間柄を指すものとして世の中ないし世間を表すことばであった点を強調している。むろん、「人」の概念にも「ひとをばかにするな」の場合の自分や、「ひと」の物を取る、の「他人」、また、「ひとはいう」「人聞きが悪い」のような場合にはすでに世人をさえ指しているであろう。そこで和辻はいうのだ、「『人』というこの語のこの特殊な含蓄は、この語に『間』という語を添加して『人間』という語をつくっても、決して消えて行くものではない。人間は単に『人の間』であるのみならず、自、他、世人であるところの人の間なのである。が、かく考えた時我々に明らかになることは、人が自であり他であるのはすでに人の間の関係にもとづいているということである。人間関係が限定せられることによって自が生じ他が生ずる。従って『人』が他でありまた自であるということは、それが『人間』の限定であるということにほかならない」[1]（傍点は和辻）と。また他の個所では、「人の全体性（すなわち世間）を意味する『人間』が、同様に個々の『人』をも意味し得るということは、いかにして可能であろうか。それはただ全体と部分との弁証法的関係によるほかはない。部分は全体において可能となるとともに、全体はその部分において全体なのである。我々はすでに古くから、その日常性において、部分に全体を見、部分を全体の名で呼んでいる」[2]として、「兵隊」「とも」「なかま」「郎党」や「ともだち」「若衆」「女中」「連中」などの言葉の使い方に言及したり、

「人は世間において人であり、世間の全体性を人において現すがゆえに、また人間と呼ばれるのである」[3]とか、「人間とは『世の中』自身であるとともにまた世の中における『人』である。従って『人間』は単なる人でもなければまた単なる社会でもない。『人間』においてはこの両者は弁証法的に統一せられている」[4]、などというい方もしている。

ところで和辻はこうした議論をもっぱら中国を経由して我が国に入ってきたインドの仏教受容の歴史に即して述べているのであるが、そのさい、興味深いのはこの人間的世界の全体性を表す「世間」の語源であるサンスクリットのlokaが元来、まず「見うる世界」としての世界を意味し、ついで一般に天地万物の場所・領域の意となり、ときには宇宙の意にも用いられてきた、と語っている点であろう[5]。つまり、「世間」と「人」とが和辻のいうような弁証法的な関係にあるとすれば、そもそもインド仏教は「人」と「全宇宙」との間にも同様な関係をみとめてきたのではないのか、ということなのである。そして事実、仏教中興の立て役者であり、「大乗」の思想のもとを固めた竜樹は仏陀の説いた縁起の考え方を宇宙全体にまで拡大し、あらゆる個々の存在や観念が細大漏らさずそこで相互に関係し合う唯一無二の絶対的な一元的存在としての宇宙を洞見することこそが真理の道としてのいわゆる「中道」である、としたのである[6]。いいかえれば個々の存在や観念においてすでに宇宙の全体が表現されているという事実に気づくことが直ちに解脱を意味するようになったということである。

しかしひるがえって「人」すなわち個がもっぱら人間関係の全体、すすんでは宇宙の全体においてのみはじめて個であり、それゆえ個としてすでにそれらの全体性を表している、といわれるときの個とはいったいなんであろうか。個においてすでに人間関係の全体やひいては宇宙の全体をただちに表現するような個は個としての独立性を持っているとはいえず、前者においてはそれぞれ社会の役割を担った存在として、後者はいわば宇宙の一部としてそれぞれの

全体のなかに埋没し、一体化してしまっている存在にすぎないのではなかろうか。むろん人間は社会的な存在としてまずなによりもみずからの社会化を心がけねばならず、みずからの内部に社会的な自我を形成していかなければならないことはいうまでもないし、宇宙の一要素としては全体から大きく規定されていることも否定できない。しかしそれにもかかわらず個としての人間はまた社会や世界からは独立した創造的な主体でもあるのだ。そしてそのようなものとしては社会や世界の決定性を否定してそれらのなかに新たなものをもたらす創造的な要素ともなっているのである。

和辻哲郎はハイデッガーより解釈学的現象学の方法を学びつつもその風土論においては和辻独自の見解を展開して近年、フランスの地理学者のA・ベルク氏のような人にも大いに影響をあたえているのであるが、しかしまた同時にベルク氏も指摘するように和辻はハイデッガーにおける人間の創造的な側面をしだいに見失い、環境の決定論の立場に近づいていったということもあながち否定できないことのようなのである。それゆえつぎにこのあたりのことをまずベルク氏がおこなった両者の分析と比較のなかでもういちど確認したうえ、同様な事態が中江兆民とルソーの間にもなかったかどうかをあらためて考えていきたいと思う。

二　和辻のハイデッガー受容——オーギュスタン・ベルク氏による両者の分析と比較

まず、ベルク氏が和辻の『風土』から学んだことは、和辻がこの書の冒頭で述べているつぎのような文章、すなわち、

「この書の目ざすところは人間存在の構造契機としての風土性を明らかにすることである。だからここでは自然環

境がいかに人間生活を規定するかということが問題なのではない。通例自然環境と考えられているものは、人間の風土性を具体的地盤として、そこから対象的に開放されきたったものである」(7)、において表されているような考え方である、としたうえ、

「私がフランス語で *médiance*（風土性）と書くときには、それはまず第一に、日本語からフランス語への翻訳語なのです。そしてそのような翻訳語を考えついたのは、和辻哲郎を読んだおかげでした」(8)、と述べている。

ところで和辻自身はベルク氏も引用しているようにまずハイデッガーを次のように批判することから始めたのであった。

「自分が風土性の問題を考えはじめたのは、一九二七年の初夏、ベルリンにおいてハイデッガーの『有と時間』を読んだときである。人の存在の構造を時間性として把握する試みは、自分にとって非常に興味深いものであった。しかし時間性がかく主体的存在構造として活かされたときに、なぜ同時に空間性が、同じく根源的な存在構造として、活かされてこないのか、それが自分には問題であった。（中略）空間に即せざる時間性はいまだ真に時間性ではない」(9)。

ベルク氏は和辻のハイデッガーにたいするこうした批判にふれてつぎのように述べている。

「風土性という概念は、ハイデッガーによって打ち立てられた考え方、つまり、哲学で解釈学的現象学と呼ばれているものへ、和辻自身がもち込んだものです。もっと簡単に言うと、問題は人間存在と世界との関係の『おもむき』（意味＝方向性）を理解することにあります。ハイデッガーにとっては、この『おもむき』は、基本的に時間の次元から生じるものです。一方、和辻にとっては、空間が時間と同じくらい決定的なのです。そして、和辻が風土性を構想するようになった出発点は、ハイデッガーの考え方を批判することでした。実際、和辻によれば空間性は時間性に対応し、風土性は歴史性に対応します。これらの対の片方の項しか考慮しないならば、存在を部分的に、そして不十分な形でしか理解することができないのです」と(10)。

しかし両者にはもとより共通の基盤も数多くみとめることができる。はじめに引いた和辻の文章の一部を再度引用する形でベルク氏はこの点に関してはつぎのように述べる。

「ハイデッガーと和辻の共通の基盤は『風土』の序言の三つ目の文章からも窺うことができます――『通例自然環境と考えられているものは、人間の風土性を具体的地盤として、そこから対象的に開放されきたったものである』。すなわち和辻がここで遠回しに喚起しているものは、解釈学的現象学にとって、従って、風土性の理解にとって、本質的なプロセスなのです。このプロセスを詳細に分析しているハイデッガーは、それを脱＝世界化（Entweltlichung, démondanisation）と呼んでいます。それは近代の発展にしたがって、人間存在の世界との関係が、疎遠で客観的で二元論的になっていくプロセスのことです。主体と客体が区別されない環境世界（Umwelt, monde ambiant）の代わりに、わたしたちを取り巻く現実は主体から区別された様々な客体の集まりとなり、主体のほうは言わば世界から分離し、おかげで世界を客体として、自然科学の方法に従って分析できるようになるのです。

和辻の文が要約しているのは、まさにこのプロセスです。――風土性から客体としての自然環境へと移行するというわけです」(11)。

ところでこのようにハイデッガーを批判的に摂取しそれを発展させる形で構想された『風土』から多くのものを学び取りながらもベルク氏は同時に和辻の問題点も指摘する。まず、うえのハイデッガーとの関係に関して以下のように述べている。

「ハイデッガーによれば、脱＝世界化は空間と時間とのある変容を伴います。周囲の世界の諸々の個別的な場所が一つの『純粋空間』（ニュウートンの絶対空間に比すことができます）に席を譲り、時代性（époqualité）の一回限りの時間が歴史科学の普遍的な時間に席を譲るのです」(12)。しかるに、

「和辻のほうは、こうした問題系を取り上げ直すことはしていません。特に、彼は歴史性（hisitoricité）と時代性との区別を取り上げないのです。しかしながら、風土性を客観的に研究するためには（傍点は紺田）、この区別は風

土性と自然環境との区別と同じくらい重要です。事実、この区別のおかげで、人間存在と世界との間にひとつの統一的な関係が打ち立てられることを可能にする通態化というものが理解できるのです。この区別を怠るならば風土性と時代性の内部にとらわれたままでいる他はありません。そして、和辻が自分自身の主観性と彼が取り上げている諸民族の主観性を区別できなかった理由もまさにそこにあります。何故なら、風土性と時代性のなかでは、個人的なものと集団的なものとが、共通感覚（sens commun）のなかで渾然一体となっているからです。逆に言えば、［ハイデッガーにおいてもみとめられるような］（［ ］内は紺田、以下同様）近代の個人主義は、風土性と時代性が普遍的な空間と時間に席を譲る脱＝世界化と切り離すことができないのです」[13]。

しかしそれでは和辻のハイデッガー受容に際してなぜこのような事態が生じたのであろうか。この問いに答えてベルク氏は語る。

「ハイデッガーが空間と時間について構想した問題系を和辻が疎かにしたのは、和辻の不注意のせいではありません。すなわち和辻は、なによりもドイツの哲学者ハイデッガーの、個としての人を中心にした存在の概念を批判しています。和辻の存在概念の中心をなすのは、人間を人間として成り立たせている『間』（あいだ）なのです。そしてこの人間概念が倫理から政治指向にいたるまで和辻の思想全体を条件づけています。例えば、和辻による伝統的な共同体の理想化も、この概念に端を発しています。ここでの私たちの議論に関して言えば、風土性が歴史的に作り上げられたものであること［従って、『間』を重視する和辻の立場も決して普遍妥当的な性格のものではなく、じつは彼の属していた日本の風土性の一つの現れにすぎなかったということ］を和辻が無視して、風土性を直接自然の中に打ち立てていることの原因となっているのが、この概念なのです」[14]。また別の箇所では、

「私には和辻のアプローチが不十分に思えました。それは和辻の研究では人間のまなざしの成り立ちの分析が疎かにされているため、［和辻の日本人としての］個人の主観性に属するものと［旅先でふれた文化を異にする社会の］共同主観性（ある文化に固有の共通感覚のこと）に属するものとが混同されているからです。実際、『風土』におい

て和辻が議論の根拠としているのは自分自身の直観、すなわち彼の［一日本人としての］彼の個人的な主観性なのであって、彼が問題にしているいくつかの民族の共同主観性については、分析をおこたっています」[15]、としたうえ、みずからの風土性の研究に臨む態度を表明してつぎのように述べている。

「一方、私の言う風土性（médiance）、すなわちある風土（milieu）の『おもむき』（感覚＝方向性）は――この語が一つの社会とそれを取り巻く環境との関係と理解されるとすれば――問題の社会が共同的な主体として関与しているこのような関係の分析なしには捉えることのできないものです。従って風土性を理解するための第一の条件は、他の社会の主観性をそれ自体として考慮に入れること、そしてそれを――和辻がやっているように――自分自身の旅の印象と混同しないことです。同時に、自分自身が所属している社会に関しては、社会の集団的アイデンティティを共有する感覚を徐々に構成してきた、集団的な表象の歴史を分析しなければなりません」[16]。またこれにつづけてさらに、

「そういうわけですから、私の考えでは、風土性（médiance）の研究はこのような構成過程――私はそれを通態化と呼んでいます――の研究と切り離すことはできないのです。現実とは通態的なものです。つまり現実とは、与えられた風土のなかで、社会とそれを取り巻く環境、人々と事物、主体と客体が、他でもないこの風土にのみ固有のある『おもむき』に従って相互に構成し合ってきた長い歴史の、ある時点での結果に他ならないのです。そしてこの『おもむき』（感覚＝方向性）こそ、この風土の風土性（médiance）なのです」[17]、などともつけくわえている。

またベルク氏は、他のところ[18]でハイデッガーの個人主義的傾向が際だっているのにたいし、和辻では逆に集団主義的傾向の強い点にふれてつぎのような解釈を試みている。少し長くなりすぎるかもしれないが引用しておきたい。

「和辻は『風土』の冒頭から早速に『空間性に即せざる時間性はいまだ真に時間性ではない』がゆえに、空間性にたいする低い評価が『ハイデッガーの仕事の限界』をなす、としたあとで、このような限界を『ハイデッガーがそこに留まったのは彼の Dasein があくまでも個人にすぎなかったからである。彼は人間存在をただ人の存在として捕ら

えた』(傍点はベルク氏)という事実に帰している。

『人』と『人間』のあいだの区別は和辻の仕事においては重要である。この二つの言葉はつうじょうフランス語には区別なしに"homme"もしくは"être humain"と訳されている。ところで和辻にとっては『人』、ならびにそれに対応するヨーロッパのことば *anthrôpos,homo,homme,man,Mensch* は『人間』の個人的な次元を表すにすぎないのである。

この『人間』という語の書き方が示しているように、すなわちこの語は日本語でヒトあるいはジンもしくはニンと読める漢字とゲン、カン、マ、もしくはアイダと読める漢字と組合わさってできているのであるが、要するに人間とはヒト(人)のアイダ(間)にある物のことなのである。いいかえれば社会的な絆、アイダガラ(間柄)は人間性に内在するものだ、ということである。それゆえ人間は『人』としては個人的であるが、『間』としては社会的な二元的な存在だということになる。

ヨーロッパの読者なら『共同存在』(*Mitsein*)が実存論的な一要素として示されている『存在と時間』のどこかのくだりを引用しながら反論して『間柄』とは『共同存在』の日本版にすぎない、という結論を引き出すことであろう。もしもそのとおりであれば和辻の議論は無に帰してしまうこととなるであろう。ハイデッガーは世界内存在とは他者とともにあること[相互存在](*Miteinandersein*)である、と言ってないであろうか。

われわれに固有の文化が前提しているものに関してこの上ない慎重さが必要となるのはまさにここにおいてなのである。……まず和辻がハイデッガーの観点に立つ限りにおいては考えられないような帰結をかれの指摘にともなわせているという問題がある。じっさいハイデッガーは『現存在の終局としての死は現存在の最も本来的な、相対的ではない、確かな、しかもそのようなものとしては不定の、乗り越えることのできない可能性である』(*Sein und Zeit*, p. 258–259)とし、したがってこのことがやがてハイデッガーに死への存在(*Sein zum Tode*)を実存論的な一要素として設定させるにいたることになるいっぽうで、和辻はつぎのように書くのである。『人間は死に、人の間は変わる、しかし絶えず死に変わりつつ、人は生き人の間は続いている。それは終わることにおいて絶えず続くのである。個人の立場から見て「死への存在」であることは、社会の立場からは「生への存在」である』（傍点は和辻）と。

いいかえれば人間にあっては社会的な存在は個人的な存在の有限性を超えているということ、あるいはまたさらに抽象的な言い方をするなら関係的な領野は実体の有限性を超えているということなのである」[19]。

またベルク氏は両者の違いをさらにはっきりさせているのはそれぞれにおける社会的な絆についての評価である、としてつぎのようにも述べている。

「ハイデッガーにおいて共同世界（*Mitwelt*）に身を合わせていくということは『現存在』からその固有の存在を奪いとってしまう『ひと』（*Man*）を生むことになる。ハイデッガーによればこうした剥奪は一種の頽落（*Verfallenheit*）である。こうした言い方はこのドイツの哲学者が個人的なアイデンティティを肯定的に、そして常識の集団的なアイデンティティを否定的に受けとめていたということをかなりよく表している。反対に、和辻においてはすでにみたように、アイダ（間）が人間における生へと向かう存在を基礎づけるものなのである。関係性が和辻においては肯定的に受けとめられ、いっぽう死への存在を基礎づける実体、すなわち個人としてのヒト（人）という実体はむろん否定的に受けとめられているということをわれわれはこれ以上あからさまな言い方でいい表すことはできないであろう。このような受けとめ方の違いは存在論的にというだけでなく、倫理的にも――というのはここにかかわってくるのは人間の規定だからである――決定的なものである。『現存在』というものがいかに相対的なものであり、コギトの実体性と対立するものであろうと、ハイデッガーがもっとも深いところで関心を抱いていたのは個人的な存在のそのアイデンティティにおける恒常性ないしは中断ということであった。いっぽう和辻のほうは個人の存在の非恒久性ならびに非実体的な性格は個人をひとまとめにしてこれを『われわれ』というより安定した集団的なアイデンティティに関係づけてゆくものとして考えていたのである。この二人の哲学者がここで先祖返り的に、前者がヨーロッパの思想である実体論を、後者は（とくに日本にまで受け継がれてきたインドの伝統である大乗仏教が表現するような）『東洋思想』における相対主義、もしくは関係主義を表現しているということはまったく明白である」(20)。

しかしこうした両者の違いを生む原因としてはまだこのほかにもう一つ考えておかなければならないことがある。それは両者の展望はたしかに相関し合っているとはいえ、ハイデッガーの出発点があくまでも「現存在」の身体であるのにたいして和辻のほうは自然であるということだ。この点に関してはベルク氏はつぎのように論じている。

「和辻の風土性の理論は根本的には地理学的な決定論と関連をもっている……。何故なら和辻の理論において従属変数となっているのは結局のところ文化のほうであって、独立変数が自然であるからである。ここで『風土』における細かな議論のなかに入っていかずとも、最初からいくつかの章のタイトル、たとえば第三章の『モンスーン風土の特殊形態』のようなタイトルの選択においてそのことは読みとることができるのである。じっさいこの書物の序文がなにを語っていようと、ここにみとめられるのはその最終の目標が地球物理学以外のものではありえないような展望なのである。

ハイデッガーのほうはというと、『現存在』の空間性に関しては反対に『活動の場』について語るのである。これはまったく別な展望——還元不能な人間の自由にもとづく選択に基礎をおいた展望である。『現存在は、そのつどすでに活動の場を開いている。現存在はそのつど、かれ固有の場所を規定しているのだ……』(*Sein und Zeit*, p. 368)。

この二つの展望はたしかに相関しあってはいる。しかしそれらの出発点としているところは同じではない。すなわち和辻にあっては関係性の出発点は大自然以外のものではない。しかるにハイデッガーではヨーロッパのすべての現象学において一般にそうであるように、たとえばメルロー＝ポンティにおいてそうであるように、出発点は個人としての主体が有している身体なのである。じっさい、ハイデッガー的なものの見方が基本的に行動する主体の手を暗に指向している——たとえばそれと『現存在』との関係が世界の現実性を構成することになるあの『手の前にあるもの』(*Vorhandene*)とか『手元にあるもの』(*Zuhandene*)のように——という点に特徴的なところがみとめられるのにたいし、和辻の見方は自然——*fūdo* という語において第一音節は風を、第二音節は土地を意味している——と関わっているのである。

たしかに和辻は最初から、そしていかなる曖昧さの余地もないほどにまできっぱりと、環境的な（ないし地理的な）決定論を排除している。和辻はまた自然環境にたいする人間主体の自由についてもはっきりと語っている。しかし和辻は他方でただちにこのような自由はみずからを表現しながらも一定の風土を表現せざるをえない、ともつけくわえているのである。

このようなわけで和辻においては個人的な存在のアイデンティティは集団的な存在のアイデンティティに包摂されることになり、後者は後者で自然のなかで風土性によって基礎づけられることとなるのである」(21)。

しかしそれにしてもなぜ和辻がいっぽうで風土性の人間主体のあり方を規定する現象学的なメカニズムを明確に定義しながら、さらにまた、人間主体が自然環境自体の影響力をどのようにまぬかれているのかを示しながら、他方でこうした環境的決定論の考え方を展開することになったのであろうか。ベルク氏はそれは芭蕉の格言「松のことは松にならへ」に表現されているような自然の感覚的な現れをなんらかの抽象的な原理と関係づけるのではなく、かえってそうした現れそのものとどこまでも結びついていこうとする日本文化に伝統的な直接性重視の態度によるのではないかとする。またこうした態度は日本語そのもののなかにもすでに組み込まれているともいう。たとえばうえの格言にでてくる松は一本の特殊な松のことなのか、それとも松一般なのかの区別がいっこうに明確ではない。ここでは特殊な松と松一般とが直ちに同一視され、合体させられているからである。ところでベルク氏は和辻の風土理解においてもじつはこれとまったく同じ態度がみとめられるのではないかというのである。つまり与えられた自然環境自体と、それにすでに一定の解釈をくわえられたもの——ベルク氏が別なところで用いている言い方にしたがうなら物自体としての自然環境とすでに「かくかくのものとして」述語づけられた自然環境、すなわち風土とがなんの区別もなしに同一のものとして受けとめられていはしまいか、と問うのである(22)。

ところでこうした客観的な存在としての自然環境と風土としての環境との同一視が結果としてもとらすものはけっ

して小さなものではない、とベルク氏は指摘する。

「なぜならこのことは風土性が一般的なもの（社会）であろうと個別的なもの（個人）であろうと両者を区別なしに浸してそれらに影響をおよぼしていくということを帰結させることになるからである［個人としてのものの見方と社会通念――常識としてのものの見方が無差別に一体化してしまうがゆえに］。いいかえれば、個人的なアイデンティティと集団的なアイデンティティとが唯一の全体を形成する」(23)からなのだ。ところでこのようなものの見方が含みもっている問題は和辻が日本の風土を問題にしているかぎりはほとんど顕在化することはない。しかし和辻は日本の風土をはなれて本来、異文化圏に属しているはずの風土と接するさいにもかれ自身の感覚的な旅の印象、ないし直観だけにたよってそれらを論じようとするのである。そしてこのとき和辻のものの見方がもっている日本的な要素が一挙に顕在化することになるのである。この点に関するわたしの質問に答えてかつてベルク氏はつぎのように説明されたことがある。すなわち例えば和辻がヨーロッパに合理主義的な考え方――そしてその典型は言うまでもなく科学であるが――が生まれたのはヨーロッパの自然環境がそもそも合理的なものであったからだとする和辻の主張である。ベルク氏によればこの主張には明らかな誤りがある。なぜならこの主張における合理的な自然環境というのは、じつはヨーロッパの非合理的な自然にたいするかの地の人々の戦いの歴史の結果形成されてきた風土のことであって、ここにまずさきほどの自然と風土の日本人共通の混同が認められるうえに、そうした風土を形成してきたヨーロッパの人々の主観性が有している他者性を客観的に捉えようとする視点が欠落しているからである。結果から言えば和辻はここで明治の開港以来形成せられることになった日本人一般の合理的科学的なヨーロッパという画一的な見方をしらずしらずのうちに適用してしまっているにすぎないからなのだ、と。

わたしたちが無意識のうちに身につけてしまっているために異文化と接する場合にも適用してしまいがちなわたしたちに固有のローカルなものの見方の特徴を知るうえで貴重な参考意見というべきではなかろうか。

三　中江兆民のルソー受容

さて、以上ハイデッガーと和辻のあいだにみとめられるような関係が兆民のルソー受容にさいしても同様に認められはしまいか、というのがわたしの提起したい点である。たしかにルソーも、また、「今蘆騒」とか「東洋のルソー」などと呼ばれてきた兆民もともにそれぞれの時代や社会に残存する世襲の身分制にたいしてあくまでも自由で平等な人間の立場を主張したのであった。まず、ルソーはたとえばその教育論『エミール』のなかでつぎのような文章を書いている、

「自然の秩序のもとでは、人間はみな平等であって、その共通の天職は人間であることだ。だから、そのために十分に教育された人は、人間に関係のあることならできないはずはない。わたしの生徒を、将来、軍人にしようと、僧侶にしようと、法律家にしようと、それはわたしにはどうでもいいことだ。両親の身分にふさわしいことをするまえに、人間として生活するように自然は命じている。生きること、それがわたしの生徒に教えたいと思っている職業だ。わたしの手をはなれるとき、かれはたしかに、役人でも、軍人でも、僧侶でもないだろう。かれはまずなによりも人間だろう」[24]と。一方兆民はその傑作『三酔人経綸問答』のなかで自由で平等な理想的な民主社会を素描するさいある種の士気の高まりを感じさせるつぎのような文章を書き残している。

「民主の制乎民主の制乎、頭上唯青天あるのみ脚下唯大地有るのみ、心胸爽然として意気濶然たり、唯永劫を永しとして前後幾億々年所なるを知らず、始なく終なければばなり、唯大虚を大なりとして、左右幾億々里程なるを知らず、外なく内なければばなり、精神と身体と有る者は皆人なり、敦れを欧羅巴人と為し敦れを亜細亜人と為さん、何ぞ況や英仏独魯をや、何ぞ況や印度支那琉球をや」[25]と。いづれも人間の平等を論じた文章であり、とくにルソーから多くを学び取ったとされる兆民は前者からこうした平等の考え方に関してもひじょうに多くの影響を受けたであろうことは疑う余地のないところである。しかし両者をよく読み返していくとそこにはおもいがけない大きな違いのあるこ

ともまた否定できないのである。

まず、兆民によるルソーの著作の翻訳としては *Contrat social*（『社会契約論』）を訳してそれに詳しい解説をほどこした『民約訳解』はあまりにも有名であるであるが、そのほかのものとしてはじつは *Discours sur les sciences et les arts*（『学問芸術論』）の『非開化論』があるだけであり、ルソーの著作に言及した文章としてはほかに兆民による哲学史『理学沿革史』の「近代の理学」第七章「十八世紀法蘭西の理学」第二節「政術に係る理学」のなかでエルヴェシウス、モンテスキュウ、ヴォルテール、チュルゴー、コンドルセーらと並んでわずかに取り上げられているだけである(26)。しかも後者の文章においても主として取り上げられているのは『社会契約論』であって、これとの関係で上の『学問芸術論』や『人間不平等起源論』(*Discours sur l'origine de l'inégalité parmi les hommes*) に若干言及がなされているにすぎない。つまりの著作のもう一方の重要な作品群をなしている『エミール』や『新エロイーズ』などで取り上げられているルソーの教育論に言及した文章が一向にみつからないということである。もっとも、兆民が一八七四（明治七）年東京府知事に提出した「家塾開業願」の「教則」欄にはヴォルテール、モンテスキュウ、フェヌロンらの古典と並んで「婁騒氏民約論、同開化論、同教育論」となっていた(27)というから兆民自身にはルソーの教育論の重要性についての自覚はいちおうあることはあったとみとめることはできるのであるが。しかし実際問題として兆民は教育論を手がけるにまではいたらなかったということには兆民なりのまことにもってもっともな理由があったことも明らかなことであろう。つまり兆民のルソーへの関心の根底には新しく始まったばかりの明治の新体制をどのようなものにしていくかという政治的な動機づけが先行していたということにほかならない。とくに現実の不平等社会の批判の上に立って新たに自由で平等な社会を説くルソーの『社会契約論』が旧幕藩体制下の遺制を打破し解体して民主的な体制への速やかな移行を構想していた兆民にとって格好のテキストの意味を持って立ち現れたであろうことは十分に推察できることなのである。しかし問題は『社会契約論』が説く新たな社会における人びとの自由と平等といわれるものが実質的にどのようなものとなると考えられるのか、という点ではなかろうか。各人に生得のものとして備わっている自然的な自由を全面的に、そしてそれも一斉に放棄することを前提に大衆討議を経てやがて満場一致のかたちで成立してくるはずの法律は総体意志ならざるルソーのいわゆる一般意志の表現に他ならず、ここにおいて主権者としての国家の基礎が固まるわけであるが、しかしいったんそのようなものとして国家が成立してしまうと今度は逆に自由なのはもっぱら国家だけとなり、成員ひとりひとりはかえってその全体と不可分に結びつけられ、もっぱら全体に奉仕するだけのたんなる細胞のような存在に堕してしまいはしないか、ということなのである。兆民自身もこの点にふれて、

「凡ソ此等ルーソーノ論ハ単ニ財利ノ上ヨリシテ言フトキハ模写シ得テ遺憾ナシト謂フ可シ、若夫レ各人ノ自由ノ権ノ上ヨリシテ言フトキハ病ナシト為サズ、邦国ヲ主トシテ各人ヲ主トセザルガ故ナリ、蓋シルーソーノ民約ノ説ヲ為スヤ其ノ始メ人々ノ意欲ノ自由ヲ主トシテ言ヲ立テリ、而シテ民約ノ条項ヲ論ズルニ及ビ頓ニ邦国ヲ主トシテ復タ各人ヲ顧ミザル者ノ如シ、」(28)とか、

「ルーソーノ説ニ随ヘバ邦国独リ一身ノ全体ヲ有シテ各人ハ特ニソノ支節臓腑タルニ過ギズ、果シテ此ノ如クナルトキハ邦国独リ自由権有リテ、各人ノ自由ハ僅ニ一身物理ノ運転ニ由リテ流通スル所ノ血液ノ如キニ過ギザルノミ、」(29)などと述べて危惧を表明している。そしてこのような危惧があながち当たっていなくもないことを示唆するルソーのつぎのような言葉がじっさいにも残されているのである。

「自然人は自分がすべてである。かれは単位となる数であり、絶対的な整数であって、自分にたいして、あるいは自分と同等のものにたいして関係をもつだけである。社会人は分母によって価値が決まる分子にすぎない。その価値は社会という全体との関連において決まる。立派な社会制度とは、人間をこのうえなく不自然なものにし、その絶対的存在をうばいさって、相対的な存在をあたえ、『自我』を共通の統一体のなかに移すような制度である。そこでは、個人のひとりひとりは自分を一個の人間とは考えず、その統一体の一部分と考え、なにごとも全体においてしか考えない」(30)。しかしルソー自身やがてその行き過ぎに気がついて修正をほどこすことになるし、兆民もこの点にふれ

てつぎのように解説するのである。

「……既ニ前ノ言ヲ為シ転輾論叙スルノ後更ニ一議ヲ発シテ以テ自ラ前言ノ謬ヲ正セリ、其言ニ曰ク、凡ソ各人ノ其ノ民訳ノ為メニシテ邦国ニ献納スル所ハ特ニ邦国ヲ維持スルニ必用ナル量数ニ過ギズ、即チ能力ナリ財産ナリ自由ノ権ナリ、其中幾分ヲ割愛シテ以テ之ヲ衆用ニ供スルノミ云々、ルーソーノ是言ニ由レバ、各人ノ其ノ権利ヲ捐棄スルニ非ズシテ、特ニ其ノ一部ニ過ギザルノミ、卒リニシテルーソー更ニ又一層ヲ進メテ以為ラク、人々ノ邦国ニ於ケル、全部ト一部トニ論無ク一切捐棄スル所有ルコト無シト、即チ其ノ言ニ曰ク、民約ノ成ルヤ各人実ハ其権理ニ於テ少モ捐棄スル所有ルニ非ズ、独リ捐棄スル所無キノミニ非ズ、各人ノ民約ニ由リテ利スル有ルヤ未ダ約有ラザルノ前ニ比スレバ更ニ大ナリ、他ナシ、衆力ヲ以テ自ラ擁衛スルコトヲ得テ、而シテ已レハ其自由権ヲ護持シテ之ヲ喪フコト無ケレバナリ、ルーソーノ此等ノ言ニ由リテ考フレバ其本旨乃チ知ル可キノミ、蓋シ以為ラク、民約ノ物タル、始ヨリ各人ヲシテ其自由権ヲ割削セシムルコトヲ以テ目的ト為スニ非ズシテ、正サニ各人ヲシテ此権ヲ堅固ニシ且ツ之ヲ増殖スルコトヲ得セシムルコトヲ以テ目的ト為ス者ナリ、……」(31)。

ところで兆民がいうとおり、ルソーにおいて社会契約の結果出現するにちがいない社会人に関してこうした修正のほどこされていることをわれわれとしても認めるのにやぶさかではないし、また、修正がほどこされることによって兆民が目論んでいたような現実の社会生活への応用もより容易なものとなると考えたであろうことも否定するものではないが、いっぽう、兆民のルソーにおける自然人の理解には逆に相当問題があるようにおもえるのだ。そしてそれはたとえば兆民がヴォルテールと一緒になって自然人のあり方をまるで四つ足の動物と同じだとして笑い飛ばしているところに現れているであろう。

「ルーソー又人間不平等ノ書ニ於テ上古未ダ邦家ノ設ケ有ラザルノ時人々の山野ニ彷徨拾掇シテ以テ生ヲ為セシ状ヲ模写シテ以為ラク、人ノ性タルヤ唯斯クノ如クニシテタランノミ、相倚リテ種落邦国ヲ成スコトヲ須イズト、凡ソ此レ等ルーソー初年ノ論ハ忼慨憤激ノ余リニ出デ、自ラ已ムコト能ハズシテ、其事理ニ合スルト否ラザルトヲ問フニ暇アラザリシナリ、善イカナウォルテールノ言ヤ、ウォルテール嘗テルーソーノ不平等論ヲ読ミテ曰ク、公ノ此書ヲ一誦スルトキハ模写ノ妙実ニ人ヲシテ野獣ニ倣フテ匍伏スルコトヲ願ハシムルニイタル、独リ奈何セン、余ヤ歩行ニ習フコト此ニ六十年ナルヲ以テ復タ匍伏セント欲スルモ得可ラズ、想フニ公モ亦応サニ余ト同ジカル可シ、公ト僕ト此ノ一事ニ係リ終ニ他ノ四足ノ属ニ勝ル可カラズ、盍ゾ彼属ヲシテ独リ長ヲ擅ニセシメザルヤ云々、言滑稽ナリト雖モ亦以テルーソーの口ヲ閉ヅルニ足レリ」(32)と。たしかに、『人間不平等起源論』において描かれている原初の人類の生活は人間的というよりもむしろ動物的というほうがあたっており、われわれの近いところに例をもとめるならば、北海道に住むキタキツネのそれとすこぶる似ているということもできるであろう。すなわち各個体は普段はわかれわかれに、あたえられた自然の豊かな恵みのなかで明日のことをすこしも思い煩うことなく穏やかに暮らしている。男女はわずかに恋の季節がくると出合うだけである。そしてその期間が終わるとかれらはふたたび個別の生活に戻り、女のほうだけがわずかに子育てのあいだにかぎって子どもと暮らすにすぎない。ルソーがここで描こうとしたのは自然人のあくまでも自由で独立な生活であったはずであるが、結果的にはそれがヴォルテールがいうようなものとなってしまっていることは否定できないのである。

しかしながらたとえそうだとしても、問題はこのような原初の自然人がやがて『エミール』においてルソーのいわゆる「都会に住む未開人」として復活するという事実に同時代のヴォルテールはともかくとしてルソーの全作品に目を通しうる立場にあった兆民ははたしてどれほど気がついていたであろうか、という点にある。いな、ここでまず私見から述べるとすれば、この「都会に住む未開人」こそルソーの全思想の原点をなしている考え方なのだ。そしてうえの原初の自然人のほうはかえってそこから逆に構想された二次的な存在にすぎなかった、ということだ。「都会に住む未開人」という概念はまた、「愛すべき異邦人」とか「ボン・サンスの人」という概念でもいいなおされるがこれらはそれぞれ、自然と文明との対立ならびに和解、そして両者の媒介を表現するルソーにおける重要なキイワードをなしているとわたしは考えている。しかもここで注目しておきたいのはそれらはルソーにおいてなによりもまず、ルソー個人の内面における アイデンティティの追求の過程のなかで把握されたものであったらしいということなのである。たとえば、ルソーにおいて理性としてのボン・サンスの核心をなすとされる「良心」が『エミール』の「サヴォワの助任司祭の信仰告白」においてどのような経緯で発見されているかを思い出してみよう。助任司祭の信念にしたがってとった行動が教会の戒律に抵触することとなり、結局辞任においこまれることになるが、おおいに悩んだすえ内なる良心の声によってかれはけっして間違ってはいなかったという確信をえる、というのがこのエピソードにおける重要な要素をなしている。ここで助任司祭とはルソー自身が書き残していることばにしたがえばまさにルソーの分身にほかならないのであるが(33)、無批判に受け入れられてきた外部の強大な権威にたいしてもなお内面の声は対抗しうる力を持つというのがこのエピソードに込めたルソーのメッセージではなかったであろうか。良心とはルソーにおいてはすぐれて人びととの共生への意志を意味する。ルソーはいう、

「わたしたちにとっては、存在するとは感じることだ。わたしたちの感性は、疑いもなく、知性よりもさきに存在するのであって、わたしたちは観念よりもさきに感情をもったのだ。わたしたちの存在の原因がなんであるにせよ、それはわたしたちにふさわしい感情をわたしたちにあたえることによって、わたしたちの身をまもる手段をあたえている。そして、少なくとも、こういう感情が生得的であることは否定できまい。この感情は個人的なことでは、自分にたいする愛、苦痛にたいする恐れ、死の恐怖、快適な生活への欲求だ。しかしこれは疑いえないことだが、人間はその本性からいって社交的である、あるいはとにかく、社交的になるようにつくられているとすれば、人類に関連する別の生得的な感情によってのみそうなることができる。肉体的な必要だけを考えれば、それはたしかに人間をたがいに近づけないで分散させるはずなのだ。ところで、この自分自身と自分と同じような者とにたいするこの二重の関係から形づくられる倫理体系から良心の衝動が生まれてくる」(34)と。

周知のように、みずからの身をまもろうとするのはわれわれの「自己愛」(l'amour de soi)に発する生得の本能であるが、そのゆきすぎにたいしては他人の悩みに共感する心の働きとしての「あわれみの心」(la pitié)がバランス

をとる、とルソーは考えるのである。しかもここでとくに注目しておかなければならないのはそうした他人の悩みに気づかせるのはまずなによりも自分自身のなかにみいだした有限性の自覚がもとになっている、という点であろう。

「わたしたちに共通の必要は利害によってわたしたちを結びつけるが、わたしたちに共通のみじめさは愛情によってわたしたちを結びつける」(35)とか、

「人間は生まれながらに国王でも、貴族でも、宮廷人でも、財産家でもあるわけではない。みんなまる裸の人間として生まれてくる。みんな人生のみじめさ、悲しみ、不幸、欠乏、あらゆる種類の苦しみにさらされている。さらにみんな死ぬように運命づけられている。これがほんとうに人間にあたえられたことだ。どんな人間にもまぬがれられないことだ。そこでまず、人間の本性に属することで、なによりもそれと切り離せないこと、なによりもよく人間性を示していることを研究するがいい」(36)などのことばをルソーは残しているが、これらに共通しているのはいずれもわたしたち人間を社会的にし、わたしたちのこころに人間愛を感じさせるのはなによりもまず、わたしたち自身の弱さの自覚だ、ということであろう。

四　兆民の人間の見方

要するにルソーの思想の出発点から到達点にいたるまでのすべての歩みにおいて個のアイデンティティの徹底した追求とその有限性の自覚ということを離れては考えることができないほど個人というものが重要な役割をはたしているということなのである。いいかえれば『社会契約論』のようなルソーの政治哲学に関する著作がいかに集団主義的な、ときには全体主義的な性格を示すことがあるとしても、ルソーがみずからの課題としていたのは本来そのようなところにあったわけではけっしてなく、むしろあくまでも自由で平等な自然人のあり方を社会における市民のなかにおい

てもういちどとりもどすことにあったということだ（ルソーにおいて「社会契約」の考えが理念的に適用されるのは人口増などのために自然状態における生活が不可能となったやむをえざる状況の下においていわば次善の策としてであったということも思い出しておこう。もっともそのさい、古代の都市国家スパルタや、プラトンの『国家論』、ローマ市民のあり方など集団主義的傾向の強いものがおおいに参考にされているという点は否定するものではないが）。

いっぽう、兆民のほうはどうであろうか。すでにのべたように、かれはルソーの本邦初の紹介者であり、政治哲学に関してはかなり多くのことをこのヨーロッパの思想家について学んでいることは否定できないのであるが、しかし兆民最晩年の哲学的遺書とでもいうべき『続一年有半』に書き記しているところなどを読んでいくと兆民の思想の根底にはヨーロッパとは異質な、むしろ中国の荘子の思想や大乗仏教の伝統と直結するものがあったということがしだいに見えてくるのである。すなわちこの書を一読したかぎりでは兆民のラジカルな政治思想と密接に関連する唯物論的な進化論、ロック流の徹底した経験論、そして習慣論との絡みで論じられる自由論しか目にはいらないのであるが、しかしくりかえし読んでいくうちにやがて最初きづかれなかった以上とはまったく別な側面が、すなわち兆民の無限の哲学とでも名付けるべきある種の形而上学がいわばそれらの根幹をなすものとしてみとめられてくるということである。

われわれとしてはまず、『続一年有半』の冒頭にあるつぎの文章に注目しなければならない。

「理学即ち世の所謂哲学的事条を研究するには、五尺の躯のうちに局して居ては到底出来ぬ、出来ることは出来ても、其言所が、知らず識らずの間皆没交渉と成るを免れぬ、人類の内に局して居てもいかぬ、十八里の雰囲気の内に局して居ても、太陽系全体の内に局して居てもいかぬ元来空間と云ひ、時と云ひ、皆一つ有りて二つ無きもの、如何に短窄なる想像力を以て想像しても、此等空間、時、世界てふ物に、初めの有るべき道理が無い、又上下とか東西とかに、限極の有る道理が無い、然るを五尺躯とか、人類とか、十八里の雰囲気とかの中に局して居て、而して自分の利害とか希望とかに拘牽して、他の動物即ち禽獣虫魚を阻害し軽蔑して、唯だ人と云ふ動物のみを割出しにして考察するが故に、神の存在とか、精神の不滅、即ち身死する後猶各自の霊魂を保つを得るとか、此の動物に都合の能い論説を幷《なら》べ立てゝ、非論理極る、非哲学極る囈語を発することに成る」(37)。

今日の身体の哲学はもとよりいわるヒューマニズムも地球環境の哲学すらも否定するようなまさに荘子の部分と全体とを直ちに同一のものとする「天地は一指なり。万物は一馬なり」の思想をここにみとめることができるであろう。また、兆民の実践哲学の書とでもいうべき『三酔人経綸問答』のすでに上で引用した民主制を賛美する文章や、兆民が主筆をつとめた『東雲新聞』に兆民自身が被差別部落民「大円居士」による寄稿文の形で書き残している論説『新民世界』における絶対平等の考えが、まさに上の無限の哲学がベースとなっていることは容易に理解できるのである。われわれとしては『新民世界』のつぎ文章に注目しておきたい。

「公等記者達は平民的の旨義を執りて貴族的の旨義を攻撃する者なり余輩は新民的の旨義を執りて平民的の旨義を攻撃する者なり……公等自ら夸る所の平民旨義は何ぞ其れ貴族的なるや公等何ぞ平民的の平の字を去り易うるに新の字を以てして新民的と称するの勇気無きや平民とは貴族に対するの語なり是れ公等眼界中猶ほ貴族なる意象有るなり新民とは旧民に対するの語なり卑々屈々自由を奪われ権利を褫《うば》はれ同一人類なる士族の為めに打たれ踏まれ軽蔑されて憤発すること知らざりし旧時の民に対するの語なり始無く終無く縁無く辺無く日月星辰を懸け河海山嶽を載せ上下無限歳縦横無限里混々茫々たる一大円塊こそこれ我が新民の世界なり貴族に対する平民の世界は此大円塊中一箇の芥子粒にだも如ざるなり……社会的の妄念を破除して社会的の悟道得せしむること是れ余輩新民的宗教の済度の本旨なり」(38)。

兆民のいう新民の世界がいっぽうで無限な拡がりを持つ球体としての宇宙と直ちに同一のものとして捉えられるとともに、その中に生きる一個の人間大円居士もまたそうした無限な球体のいたるところに存在している中心の一つとしてこれまた無限に合体ないし合一するものとするかのような人間観が、たんなる歴史的社会的な枠組みのなかで捉えられるそれをはるかに超えた、むしろ大乗仏教的と言ったほうがふさわしい宗教的な内容のものとなっていることは誰の目にも明らかであろう。むろん、兆民の場合こうした無限が宇宙の森羅万象、一木一草にも宿るとされるとともに、それが人間の世界にあっては、たとえば大円居士のように身分社会のなかでもっとも低い地位しか与えられてこなかった存在にも例外なくみとめられるとされるとき、とりわけ強調されていることは、いかなる人間にも自然に等しくそなわった無限な価値としての人格の尊厳のことであろう。そしてじっさい、兆民にとってこうした人間存在のいわば形而上的な価値をこの形而下の世界においても実現してゆくこと、すなわち紆余曲折はあるもののようやくうごきはじめた自由民権の運動をとおしてこの世界にカントのいわゆる「目的の国」をすこしでも具体的に実現していくこと、これがかれの政治家としての課題となったのであった。

【註】

(1)『人間の学としての倫理学』岩波書店、一五頁。
(2)前掲書、一九—二〇頁。
(3)前掲書、二〇頁。
(4)前掲書、二〇—二一頁。
(5)前掲書、二五頁参照。
(6)『世界大百科事典』平凡社、「仏教」の項参照。
(7)『風土』序言、岩波書店、一頁。A・ベルク『日本の風土性』NHK、一九九五年一〇月、八頁。
(8)前掲書、一二頁。
(9)『風土』序言、一—二頁、A・ベルク、前掲書、二六頁。

(10) 前掲書、一七頁。
(11) 前掲書、一八―一九頁。
(12) 前掲書、一九頁。
(13) 前掲書、一九―二〇頁。
(14) 前掲書、二〇頁。
(15) 前掲書、一二―一三頁。
(16) 前掲書、一三頁。
(17) 前掲書、一三―一四頁。
(18) A・ベルク『空間の問題』―ハイデッガーから和辻へ―紺田訳、関西学院大学社会学部紀要七八号所収。
(19) 前掲書、一一―一二頁。
(20) 前掲書、一三頁。
(21) 前掲書、一三―一四頁。
(22) 前掲書、一四―一五頁参照。
(23) 前掲書、一四頁。
(24) PléiadeIV, *Émile*, pp. 251-252, 訳文は以下『エミール』(今野一雄訳、岩波文庫)による。
(25) 中江兆民全集八、岩波書店、二〇七―二〇八頁。
(26) 中江兆民全集六、一一八―一四八頁参照。
(27) 中江兆民全集一、「解題」、二八九―二九〇頁。
(28) 中江兆民全集六、一三〇頁。
(29) 前掲書、一三一頁。

（30）*Émile*, p. 249.
（31）中江兆民全集六、一三一―一三二頁。
（32）前掲書、一一九―一二〇頁。
（33）拙論『ボン・サンスの教育論と理性の哲学』、社会学部紀要第七五号参照。
（34）*Émile*, p. 600.
（35）Ibid., p. 503.
（36）Ibid., p. 504.
（37）中江兆民全集一〇、一三三―一三四頁。
（38）中江兆民全集一一、六五―六六頁。

第II部

フランス哲学とアメリカ

第一章　知覚、イメージ、ことば

名称の機能は、具体的な事態をあますところなく指示するものではなく、たんにある側面を抜き出して、これに注意を向けることである(1)。

E・カッシーラー

一　選択と抽象

ことばは多かれ少なかれ、具体的な実在からの抽象である。一般意味論のS・I・ハヤカワはかれの師として仰ぐA・コージブスキーから学んだ考えをもとに「抽象のはしご」(2)というものを提示しているが、これによるとわれわれの知覚の世界における個物、たとえば「牝牛ベッシー」は、「ベッシー」と呼ばれることによってすでに知覚内容としての個物から一定の具体性が捨象され、「牝牛」となるとその抽象度は一層進んで他の牝牛との違いが無視され、さらに「家畜」、「農場資産」、「資産」、「富」等々の順で具体性はますますうすめられていく。しかもこのようにことばに置き換えられる以前の知覚対象としての「牝牛ベッシー」も知覚の世界全体から言えばすでに個物として抽出されたものであるし、さらにまたベルクソンなどが言うように、物自体としての宇宙を生々流転してやまない運動の世界として捉えるなら、それをさまざまな形や色をもった個体からなるものとして捉えているわれわれの知覚の世界そのものがすでに抽象である、と言わねばならないのである。抽象の営みは実にわれわれの実存のありとあらゆる領域におよんでいるということだ。

しかし事実がこのようだとすると今度は逆に、われわれはなぜこのように物事をさまざまな抽象の段階に分けて理解しようとするのか、ということをあらためて問わなければならないことになる。結論から先にいえばそれはもっぱらわれわれがみずからの生命を維持し、保存するためであると答えるより他はない。つまり自己保存の見地よりすれば、世界を世界としてありのままに捉えることによってはそうした要求を満足させることができず、かえって世界についての知識をわれわれの必要なものに限定し、それ以外のものはすべて閉め出すこと、情報の選択こそ重要な意味をもってくるということである。しかも実を言えば、こうした情報の選択ということは生物の世界では普遍的におこなわれていることであって、それぞれの生物は、われわれと同様、みずからに適した環境的世界を物自体としての世界から独立させているのである。たとえばいま行動がもっぱら本能に依存しているように見える昆虫の世界からファーブルが取りあげている昆虫の一つ、クマゴボウゾウムシを選びだしてかれらの行動を観察してみよう(3)。この昆虫のメスは六、七月頃に茂みのなかや、イネ科の植物に混じって生えるチャボアザミという特殊なアザミだけを選んで、その小花の集まった花の台のうえに卵を一つずつ生みつけていく。卵はそこで一週間ほどで幼虫にかえる。そして花の台の汁をなめたり、また花の台そのものをかじりながら成長をつづける一方、自分が排泄したふんでかべや丸天井のある見事な住まいをこしらえなどしながら、やがてサナギから成虫へとつぎつぎに変態をとげ、五月の暖かい季節になってようやく相手を求めてここを飛び立っていくのである。ところでクマゴボウゾウムシの一生はこのようにチャボアザミの花の台と、この種のアザミの生える茂みやイネ科の植物の密生する場所の限定されているのであるが、それはおそらく世界にたいして開かれたかれらの感覚器官が生得的にこれらの範囲のものだけを刺激として受容できるようになっているからである、換言すれば、かれらは種の段階ですでに自分たちの環境的世界をこのようなものとしてあらかじめ選びとっているからである、と考えることができるであろう。

むろん、環境的世界と一口に言っても、個体や種の保存にとって必要なものだけが知覚され、また、そうしたものにたいする反応の仕方までもがある意味で決定されているように見えるこうした昆虫の場合と、個体にかなりな自由が与えられているように見える人間の場合とでは事情はだいぶ様子が違っていよう。われわれが昆虫の行動に自由がないとする理由は、まずなによりもかれらにおける対象の知覚と、それにたいする反応との間隔があまりにも直接的、瞬間的であるように見えるからである。ベルクソンが本能においては、対象の知覚にあたって意識の一瞬の覚醒はあってもそれはただちに行動のなかへと消滅していく、と述べるとき明らかにしようとしているのも結局は同じであって、それは本能におけるこうした自由の欠如以外のものではない[4]。それゆえ本能を自己保存の見地より見た場合、その限界もおのずから明らかである。すなわちそれは本能による適応が一定のきまりきった環境をあまりにも前提にしすぎているため、環境の変化にたいしてはかえって無力にならざるをえないという点にある。自然で単純な生活を賛美するルソーでさえ、飢えた鳩がかたわらにある肉に反応できず、みすみす餓死していく例を挙げて本能における融通のなさを指摘しているように[5]、本能はあくまでもその環境が一定であることを不可欠な条件としている。生命の歴史は多くの種の滅亡の歴史でもあったことは周知のところであるが、これは滅んでいった種がかれらに与えられたある時期の特定の環境にたいしてみずからもそれにあわせるかたちであまりにも特化しすぎていたためである、と言わねばならない。ところで本能による適応のこうした硬直性と比較した場合、人間的適応の特色はなによりもその柔軟さにある、と言える。むろん、人間においても視覚や聴覚が一定の範囲内の波動や振動にたいしてしか光や音として知覚することができないところを見ても分かるように種の段階でいちおうの選択がなされているとは言える。ただしそれは本能のようにそれによって各個体の一生がほぼ完全に方向づけられてしまうような仕方によるものではない。種のレヴェルにおける選択はきわめて大まかなものにとどまっており、本能とは反対に個体の誕生後の選択に委ねられている部分はかなり大きい、といわなければならない。そしてこのことはわれわれの知覚が個体の身体を中心にたんに遠近法的に広がっているにすぎない場として展開されているにすでに明瞭に現れているということができる(6)。言い換えれば生命の保持にとって有益なもの、また、有害なものの取捨選択は個体の意識的な判断にもっぱら委ねられているということである。しかしそうすると人間的な適応と本能による適応とのあいだには結局のところあまり共通点らしいものはない、と結論づけてもよいであろうか。いやそうではあるまい。いったい、有益なもの、有害なものの取捨選択と簡単に言っても、そこにはやはりそうした判断の前提となるべきなんらかの知識がなければならないはずである。もちろんそれは本能におけるように先天的に与えられるものではありえない。すでに述べたように、人間の知覚は無数の可能な行動にたいして開かれている、としか言いようのないものである。したがってそのつど必要となる物事の選択のためにはそのための知識を後天的に獲得しておかねばならないことになる。そしてそれは個体自身による試行錯誤にもとづいてなされる場合もあろうが、それにもまして重要な意味を持ってくるのは冒頭にふれたことばの学習を通じてではないであろうか。なぜなら子どもは大人からことばを学習することによって、たんに物事にはそれぞれの一定の側面を抽象し、なんらかの範疇に類別していく名称のあることを学んでいくばかりでなく、一定の名称で呼ばれる物事にたいしてはその名称に相応しい反応の仕方があることを同時に学んでいくものだからである。一般意味論者たちが強調するように、こうした反応の仕方を指示することにこそ実はことば本来の役割があり、また、こうした反応の仕方にこそことばの意味と呼ばれているものの原型をみとめなければならないのである(7)。以下この点についてもう少し詳しく見ておきたい。

二　知覚における「対象」の成立

ことばの習得と一口に言っても、その条件は一見するほど単純ではない。第一にことばは右に見たような身体を中心に展開されている知覚の世界にたいしてただちに分節をほどこし、われわれにとって必要な行動の指針となってくれるわけではない。実際にことばがそうした機能を発揮できるためには、知覚の世界そのものが前もってことばの性質に見合うかたちに加工しなおされ、再編されていなければならないからである。すなわちそれはさまざまなニュアンスをもって連続的に広がっているにすぎない知覚の世界をいったん、個別の独立した対象の集まりからなる世界へと捉えなおす作業が先行していなければならない、ということである。

そもそもことばは記号であり、記号はわれわれの物を指さす行為の延長にあるということができる(8)。ところでこのように言語活動も含めた指さす行為が可能となるためには知覚の世界がまずわれわれの身体にたいして、そしてまた相互にも独立のさまざまな対象からなる世界として捉えられているのでなければならない。逆に言えば、知覚の世界がたんに「わたしの身体」を中心に遠近法的なパースペクティヴのもとに見られているかぎり、まだ、身体は知覚の絶対的な中心であって、そうした絶対的な中心としての身体から物事を見ているあいだは、対象は現実の知覚の構成にもっぱら依存する一定の機能的価値を担ったものとしてしか現れることができない。したがって同一の対象もパースペクティヴが変わればそのつど異なった性質のものとして現れてくることになる。別の言い方をすれば、この段階での知覚は身体の動きとどこまでも連動し、いわばそれと一体のものとして捉えられていると言える。

たとえば、メルロ=ポンティが自著に引用しているケーラーのチンパンジーの場合がまさにこれに該当する。すなわちかれらはみずからの身体を中心とするパースペクティヴをどうしても越えでることができないために、たとえば高いところに置かれた餌をそばの箱を踏み台にして取ることを学習したチンパンジーでも、場面が変わってそのうえに仲間が腰をおろしていたりすると、もうそのことだけで餌をとろうとする衝動は発動しなくなるのである。そして自分も同様に箱に体をもたせかけなどして、今度はそれをもっぱら体を休めるための道具として用いるようになる、という(9)。つまりチンパンジーの知覚においては、身体——知覚——餌がただちに一つの全体を構成する場合には箱は踏み台として出現することができるが、仲間が居合わせるだけでそうした全体はもはや構成されず、箱自身は踏み台とはまったく別のものになってしまうということである(10)。またこれと同様のことは、チンパンジーのいわゆる棒の行動からもいえるようである。すなわち檻の外に置かれた餌、たとえばバナナのようなものでも手許に適当な棒があればそれを使って自分の方に引き寄せるという程度の知能はチンパンジーにもあることは知られている。しかしケーラーの観察にしたがえば、こうした棒の行動も結局、箱の場合と同じく、チンパンジーの身体と棒およびバナナがただちに一つの全体を構成する場合にのみ可能となるのであって、棒の代わりにたとえば長さは適当であるが、少しまだ枝葉が残っているような灌木を与えると、もうそうした行動の発動は非常に困難なものとなってしまうのである(11)。

さて、チンパンジーの場合がこのようだとすると、われわれ人間はいったいどのようにして身体を絶対的な中心とする見方から解放されていくのであろうか。つぎにこの点についてもしばらくメルロ＝ポンティの述べるところを見ておきたい。

メルロ＝ポンティがかれの知覚論の出発点にゲシュタルト理論を置いていることは周知の通りである。すなわち、われわれが知覚の世界におけるある特定の部分を区別してそれに注目できるのは、その部分を「図」とし、残りの部分を「地」として分節すること、かれのよく使う用語で言えば、知覚をそのように「構造化」できるからにほかならない。たとえばわたしの前にある机のうえの白い紙は、一方に机の茶色を「地」としているからこそ「図」として浮かび上がることができるのである。むろん、なにが「図」となり、なにが「地」となるかはそのときどきのわれわれの関心によって変わってくる。たとえば右の白い紙のうえに小さな青いインクのシミがついているとしよう。そうしてさらによく見ると、この青い小さなシミと思った部分の中央に、ほんのわずかながら、白地の部分が残されているとしよう。この場合、まず、青いインクのシミが「図」となったのは白い紙がいまや「地」となって背景に後退したからであるが、シミの中央のわずかな白地の部分に注目するするさいには今度はその部分が「図」となり、インクのシミ自体はもはや「地」の役割しか果たしていないことになるのである。つまり知覚を「図」と「地」に分節するといっても、両者はあくまでも相対的なもの、交替可能なものであって、決して一義的絶対的なものとして与えられるのではない、ということである。

しかし「図」と「地」の交替ということがこれでいちおう理解できるとしても、つぎに知覚のある特定部分、たとえばいま窓から見えるある建物を「図」としてそれにもっぱら注意を固定し、他のたとえばこの建物の周囲を取り囲んでいる木立などを含む一切の部分を「地」とした場合を考えてみよう。われわれが注意をこの「図」としての建物に固定しているかぎり、建物はどこまでも「図」であり、周囲の木立などはどこまでも「地」でありつづけるように思われるかもしれない。しかしここが重要な点なのであるが、実はそうした場合でさえ、われわれは右に述べた「図」と「地」の関係を交替させる運動をやめないのである。すなわちメルロ゠ポンティによれば、知覚のパースペクティヴに現れるある部分に目を止めるとは、まずその部分にわれわれが「投錨する」[12]こと、そこに「住みつく」[13]ことに他ならないという。そしてその場合の「投錨する」とか「住みつく」の意味は、なによりもまず、われわれがみずからの身体の立場からもっぱら物事を見ていくとらわれた見方をやめて、その注視されている部分へといったん身を置き直すこと、そしてそこをいわばわれわれの第二の身体となすことによって、われわれ自身の身体をはじめとする知覚の世界の構成をあらためて見直しているのである。たとえばいまの例で言えば、わたしが窓の外に見える建物を注視することによってその建物にみずからの視点を移し、そこからその周辺の一切を眺めるようになる、ということである。したがって当初「地」として背景に退いていたはずの木立なども、この新たな視点より「図」として捉えなおされることも十分ありうることとなる。いな、事態はたんにそれに止まらず右と同じ理由から、このようにして捉えられていくそれぞれの「図」にたいしてもつぎつぎと第三、第四の身体としての視点の置き直しがおこなわれていく。あるいはこれをもう少し別な言い方で、われわれが知覚の世界においてある特定の「図」に注意を向けるとき、現在、それを浮かび上がらせるための「地」とされている無数の可能的な「図」にたいしても実はひそかに身の置き直しをおこなっているのであって、それらの可能的な「図」からも同時にこの当面の「図」を眺めているのだ、と言い直してもよい。そしてこうした手続きのすべての出発点となったわれわれ自身の身体からのパースペクティヴもまた、最終的にはこうした無数の可能な視点からのパースペクティヴの一つに過ぎないものとして捉えなおされていく。そして当面注視の的となっている「図」としての建物の方は、そうした無数の可能な視点からのパースペクティヴの総合としてまさに一つの独立な対象となるのである(14)。また、右に見たことはすべてわれわれの目の動きを一つの特定の「図」としての建物に停止した場合の記述であるとはいえ、われわれはいかなる「図」についても同じことができるのであるから、結局すべての「図」はわれわれにとってそれぞれ独立な対象となりうることを意味しているであろう。

ところで以上のことだけからすると、あたかもここでは物理的な意味に解された対象しか扱っていないように見えるかもしれない。しかし実を言えば、これと同様の議論はさまざまな価値を担うものとしての対象についてもそのまま妥当する。すなわちわれわれが世界において出会う対象は、物理的な意味で多様な側面をもったものとして現れるのと同様、価値を担うものとしてもさまざまな見方を許すということである。たとえば冒頭の「牝牛のベッシー」の例は、まさに一頭の牝牛にも数多くの価値の視点からする見方があることを示すものではないであろうか。むろん、知覚の対象として直接に経験される特定の牝牛が、やがてベッシーとなり、そしてたんなる牝牛、家畜、資産等々となると言われるとき強調されているのはあくまでも抽象のレヴェルの違いであって、パースペクティヴというような考え方はどこにも出てこない。抽象は具体と対立し、たとえばことばの抽象性が高まるとは、さしあたり、それが表現する中身が貧しくなることを意味するだけである。けれどもよく考えてみよう。物事を具体的に見るとは言い換えればそれを一つの基準からだけからでなく、できるだけ多くの視点から見るということ、そして対象のもつ無数の可能性とそれらが織りなす豊かな個性とをどこまでも大切にするということではないだろうか。反対に物事を抽象的にしか考えないというのは、それをごくわずかな視点からしか見ないということではないのか。S・I・ハヤカワがわれわれにおけることばとものとの同一視ということに、すなわちたんにことばを聞いただけで対象についてすべてを理解したかのように考えるわれわれの一般的な傾向にたいして警戒を呼びかけているのは、たとえ同じことばで呼ばれるものであっても、視点を変えれば物事は実にさまざまな違いを示すものであること、それぞれにまったく異なった多くの側面をもちうるものであることを示したかったからに他ならないであろう。

三　知覚とイメージ

しかしながらそれにしても、ことばが諸対象から抽象してくる側面とは、いったいなんであろうか。また、それをどのように抽象するのであろうか。まず言えることは、ことばが対象から抽象するのはあくまでもわれわれ自身の関心に応えることができる側面にかぎられるということである。また、この点と関連してただちにつけ加えておかなければならないのは、ことばは先にもふれたように、本能における必要物の選択的な知覚をあたかも模倣するかのように形成されるものであって、したがってことばが対象やそれらがもっている諸側面を指さすと言っても、それは他の多くの対象や、それらがもっている諸側面とも共通のものにかぎられるということである。言い換えればわれわれは同じ関心に応えてくれるところをもちさえすれば、異なった対象であってもそれらをすべて同種のものとみなして同じことばで呼んでいるのである。ところでことばがこのように対象にたいして選択的類別的に機能するものであるとすれば、それはそうしたことばを操作するわれわれの意識自体があらかじめそのように対象にたいして選択的類別的に機能できるように形成することが可能になっているのでなければならない。しかし実を言えば、意識というものはかりに言語活動を前提にしなくとも、すでにこうした方向に向かってみずからを形成していくものなのである。ことばは逆に、意識のそうした本来の傾向を前提とすることによってはじめて成り立っているものなのだ。それゆえ右ではものを指さす行為としてのことばが可能になるための客観的な条件として、もっぱら対象の成立ということについて検討を試みたが、つぎにこれとは逆に、われわれがそうした対象にたいしてことばを適用できるようになるための主観的な条件はなんであるかを明らかにしなければならない。そしてそのさいまず取りあげなければならないのは、それぞれの知覚対象についてわれわれがもつイメージについてである(15)。

さて知覚のイメージについて手許の哲学事典などで調べてみると、たとえば「以前に体験された感覚(より正確には知覚)のわれわれの意識における全般的に弱められた反復」(16)というように出ている。しかしこれだけではまだ重要な点でいくつか不明な点が残る。第一にわれわれが対象の具体的な知覚の他に、それの弱められた反復としてのイメージなるものを、もう一つ余分にもつ理由はいったいなんであるか。いな、そもそも「弱められた」という表現は程度を表す言い方であって、イメージとはヒュームの理解していたように知覚印象のたんに弱まったものとして理解すべきであるという意味であろうか。もしもそうだとすれば知覚は鮮明なイメージであり、逆にいわゆるイメージの方は不鮮明な知覚ということになるが、そのような理解でよいのだろうか。ところですでに見たようにわれわれの知覚の世界における対象というものは、知覚に現れる「図」にたいする無数の可能な視点からのパースペクティヴの総合として成立するものであった。しかしいうまでもなくこのことは対象の成立とともに、対象のすべての知覚が一挙に与えられることを決して意味するものではなかった。われわれが「図」をすべて対象として捉えなおすとは、言ってみれば知覚におけるカントの直観形式のようなものであって、われわれは物自体から触発されたものを、いわば対象の形式で受容する、というにすぎない。換言すれば無数の可能な視点からの知覚の総合として対象が成立するとは、現実の知覚の立場から言い直せば、対象はわれわれの将来の知覚にたいして無限に開かれている、ということに他ならないであろう。それゆえにこそサルトルのように、反対に「知覚対象はたえず意識からあふれ出ていく」(17)と言ったり、また「そこにはつねにわれわれが見ることができるものよりはるかに多くのものがあり、現在のわたしの知覚の豊かさを汲みつくそうとすれば無限な時間が必要」[18]などと言っても結局は同じことを表現していることになるのである。事柄を理解しやすくするために、ここでサルトルにならって一つの例を、たとえばいまわたしの横の戸棚のうえにあるルービックキューブについて考えてみよう。この小さな立方体の玩具に関しては、現在、青、黄、橙に色づけられた三面と七つの頂点とが見えているだけである。したがってわたしはこれをいちおう立方体として捉えてはいるものの本当にそうなのかどうか、また、たとえそうだとしても、いま見えていない各面はそれぞれなに色なのか。さらに一見したかぎりでは、各面がそれぞれにまた九つの正方形に分かれていて、したがってこの立方体は合計二七個のさらに小さな立方体の集合体のように見えるが、これも本当にそうなのかどうか、等々のことに関して、これを実際に手にとって全体を回して確かめたり、分解してみるまではなんとも言いようがない。すなわち知覚の対象としてのルービックキューブはどこまでも観察し、学習すべきものとして与えられているということである。

しかしここでいったん観察を中断し、目を閉じてこのルービックキューブをもっぱらイメージとして心に思い浮かべてみた場合はどうか。知覚のような鮮やかさはもちろんないにしても、三色の異なった色をもつさきほどの三つの面や、七つの頂点ばかりでなく、かつて念入りに観察したときの記憶をもたよりにしながら、残りの白や茶、緑に色づけられた他の三面や、もう一つの頂点、さらには内部の構造などもこのイメージを頭のなかでさまざまに回転させたり、また分解さえすることによって出現させることができるであろう。しかしこのように一見、知覚ときわめて似たところをもつイメージではあるが、そこには知覚との決定的な違いもおのずから明らかになる。すなわちそれは、われわれはもはや知覚におけるようにそれをあらためて「学習する」必要がないということ、言い換えればイメージとしてのルービックキューブにおいてわれわれがみとめるのは、われわれがあらかじめ知っていることがらばかりであって、このようなかたちで観察をいくら続けていってもルービックキューブについてのわれわれの知識はいっこうに増えないということである。サルトルが知覚の豊かさにたいして「イメージには本質的な貧しさがある」[19]としたり、イメージの観察は本当の観察とはならず、せいぜい「準観察」に止まる、とするゆえんである。

とはいえここでの知覚とイメージの比較とサルトルのおけるそれとはかならずしも全面的に重なり合うものでないことは断っておかなければならない。それはサルトルにおいては、イメージを知覚の再生として捉えるよりもむしろ、デカルトと同じく対象に関する純粋に知的な概念をたんに表象化したものとしてのイメージを考えているように見えるからである。すなわち立方体の例で言えば、それは六面と八つ頂点があること、各頂点は直角をなし、各面はそれぞれ正方形である、等々の数学的な概念を表象化したものがイメージだ、としているからである(20)。しかしサルトルのこうしたイメージの理解にもとづいてそれを知覚と比較してみても両者を本当の意味で比較することになるであろうか。なぜならこの場合イメージとはあくまでも立方体一般のイメージに過ぎないからである。立方体の知覚とイメージを比較するという以上は、イメージはあくまでもこの立方体のイメージでなければならない。われわれがイメージとして知覚の再生としてのイメージをまずもちだしたのもこうした理由による。しかもこの段階においてもイメージはすでにサルトルが述べているような特徴を示すことはすでに右に見た通りなのである。

四　イメージの本来の意義について

しかし知覚とイメージの区別がこれでいちおう明確になったとしても、イメージが表現する対象についての知識とは具体的にはなにを意味するのであろうか。またそのような知識をわざわざイメージとして表象化することの意味はなんであろうか。結論から先に言えば、この場合の知識とは知覚対象における主としてわれわれの関心を引く側面と対応した身体の運動図式ないしシェマのことである。言い換えればイメージは対象にたいして取るべき身体的行動をいわば擬似的な対象の形で前もってわれわれの意識内に素描するものだということである。もっともこのことは右のようにイメージを知覚と切り離して別個のものとして捉えているかぎりは必ずしも理解が容易でないかもしれない。そのような手続きをあえて取ったのは、イメージが知覚と根本的に異なっている点を浮き彫りにするためであり、ある意味でやむをえないことであった。しかし実を言えばイメージというものはそもそも通常の知覚が成立するためにもすでに不可欠の前提をなしているのである。というのもいかに瞬間的な知覚であっても、それは一定の時間のなかでなされるものであり、直前の過去の知覚、すなわち対象のイメージと、さし迫った未来からつぎつぎと流れ込んでくる本来の知覚との意識における時間的な綜合の過程として成立するものだからである。対象の受容とイメージの自発的な形成とは、実際の知覚においては一つの全体をなす一貫した過程としておこなわれていると言い直してもよい。そしてこの過程のなかにあってもとくにイメージの形成について言えば、知覚から与えられる情報にたいしてそのつどの関心にもとづいてとるわれわれの一定の身体的な構え、ないし態度と重要な関連をもつ。ベルクソンは知覚にともなうこうした態度のことを、われわれが対象にたいして反応しようとしながらも直ちには反応せず、そうした衝動がまさに発動しようとする直前に成立する「生まれつつある行動ないし可能な行動」[21]と呼ぶのであるが、われわれの考えによればイメージとは身体におけるこうした初動段階における動作をまさに意識のレヴェルにおいて表現するものなのである。

もっとも、ベルクソン自身は、イメージと「生まれつつある行動」とをわれわれのように同一の過程を表現するなどとはどこにも述べていない。ベルクソンも身体、とりわけその脳の働きの重要性にたいしてはかなり注目しているのであるが、ただその役割に関してはたんに身体をとりまく各対象の意識化にさいしてその枠組みを提供するにすぎない、としているだけである。しかしかりに事態がベルクソンの言う通りだとしても、脳が一つひとつの特定の対象にたいして枠組みを提供するというからには、脳自身、それに見合った形に特殊化できる構造のものでなければならないはずである。言い換えればいかなる対象であっても、その表象のためには脳組織における特殊な布置、ないし運動が対応しなければならないということである。そしてこのように考えてくると、ベルクソンの言い方によるにせよ、われわれの言い方にせよ、少なくとも現象に現れるかぎりでの事態の説明としては大して違ってはいないことになるのではなかろうか。

さて、以上見てきたところからわれわれは行動に先立ち身体のレヴェルでまず適当な反応を模索する作業をおこなうものであることが明らかになったと思う。もっとも、そうした作業の重要性についていちおう了解できたとしても、なお、いまひとつ解りにくいのは、そのように身体がある意味でもっぱら自分自身の働きとして完結させることができることを、あらためて意識という別のレヴェルで表象化することの意義についてである。この疑問に答えるためには、まず、われわれは必ずしもつねに知覚対象から一定の単一の側面のみを抽出するとはかぎらないということを理解しておかなければならない。言い換えればわれわれは場合によっては対象の一つひとつがもっている、複数の側面を同時にシェマとして抽出したり、それらシェマの新たな組み合わせ、ないし結合を考えることによって同一の対象についての新しい用い方を発見したり、さらには複数の対象のもっているそれぞれの側面の一定数のものを組み合わせて、文字通り新しい道具を発明したりもするということである。またそのさい、シェマの結合の手続きが直接的な試行錯誤の過程を通じてなされる場合もむろんあるであろうが、一般的にはむしろそれらのシェマがいったんなんらかのシンボルに置き換えられて、そうしたシンボルのさまざまな組み合わせの形でおこなわれるのが普通でないであろうか。そして実を言えば、こうしたシンボルのもっとも原始的な形態こそイメージに他ならないのではないか、ということである。一つないし複数の対象における諸側面のさまざまな結合をあらかじめイメージ相互の結合として構想し、後者をいわば仮説として知覚の世界に働きかけていく、というのがわれわれ人間に固有なシンボル行動の原初的な形態ではないかということである。ここでJ・ピアジェによる子どもの観察記録のなかからイメージ機能にかかわる一つの具体例を取りだしておこう。

ピアジェによると子どもは一般にさまざまな道具の使い方を既得のシェマの新たな組み合わせ、ないしは統合として習得していくものである。そして最初のうちはそれをもっぱら直接的な試行錯誤の過程を通しておこなうのにたいし、やがてもののイメージをたんに組み合わせるだけでそれができる段階に到達するという（普通は一歳一カ月から一歳六カ月頃）(22)。以下はそうした移行期にある子どものある日における観察記録の一部である。

「ローラン（観察の対象となったピアジェの三人の子どものなかの一人）はテーブルの前に坐っている。わたしはかれの前方の手の届かないところにパンの皮を置き、かれの右側に約二五センチの棒を置く。かれは棒には注意を払わず、まずパンを直接つかもうとし、うまくいかないとすぐにあきらめる。つぎに棒をかれとパンのあいだに置いてみる。棒はパンにふれていないが、明らかな視覚的な示唆を与えている。ローランはあらためてパンをじっと見つめ、棒にちらっと目をやり、それから棒を突然つかんでパンの方に差しのばす。しかし棒の端ではなくまん中あたりをつかんでいたため短すぎて届かない。かれは棒を机の上に戻し、手を直接パンの方へのばす。しかしすぐにそれをやめて、ふたたび棒を取る。今度は（意図的か偶然かは分からないが）端の方をつかんでちゃんとパンを引き寄せる」(23)。

ピアジェによると、これまでこの子どもにできたことといえば、直接的な試行錯誤の過程を通して学習した、ものを棒で叩いたり、ものさしを手をもちかえながらひっくり返してみたり、指で軽く押して床の上を滑らせたり、ということだけであり、また棒以外のものをもちいた行動で棒の行動に関係することといえば、ひとつのものを別のものの上に重ねて置いたり、ものをひっくり返したりということができるだけであった(24)。しかるに右の場合、棒でものを手前に引き寄せる、という動作がほとんど試行錯誤らしい過程を経ることなく――右の観察で棒の行動に関するような試行錯誤といえば、棒のまん中をつかんだために失敗に終わったことが一回あるだけである――できたのである。そしてこのことこそピアジェによれば、シェマの統合がもはや現実の対象のいちいちの側面に即すことなく、もっぱらそれらのイメージ相互の結合としてあらかじめ心内で実現されていることを示すものなのである。むろん、このようにただイメージを媒介とすることによってなされるように見えるシェマの統合も、結果から言えば前段階における直接的な試行錯誤によるシェマの統合作業を単純に延長しているに過ぎないように思えるかもしれない。しかし具体的なものの多分に偶然の僥倖をあてにした操作を通じてではなく、たんにそれの代替物としてのイメージの操作のみによって、いわば合理的にシェマの統合がなされているとすれば、そこに大いなる飛躍のあることも同時にみとめないわけにはいかない。そしてこれこそまさにシンボル行動がこの段階においてはじめて成立していることを示しているのである。すなわちイメージは、ここで後の言語や記号の役割を先取りする形ですでにそれ自身、シェマの象徴となっているのであって、言語学のいわゆる「能記《シニフィアン》」にも相当し、形成されつつあるシェマ、上の例で言えば棒で手の届かないところにある目標物を手前に引き寄せる、というシェマは、まさにイメージのそうした組み合わせが表現しようとしている新しい意味、すなわち「所記《シニフィエ》」に他ならないであろう(25)。

しかしここに疑問がないわけではない。それはピアジェがシェマとその表現としてのイメージについて語るさい、両者の結合をすでにかなり偶然的なものと考えているように見えるからである。すなわち「シェマが自発的に、つまり直接的な試行錯誤の外で機能しはじめ、心内で結合するようになると、シェマは知覚の残した痕跡［すなわちイメージ］に意味を付与し、これによってその痕跡をシェマの象徴に転化させる」(26)（［　］内の語および傍点は筆者）というのがピアジェの実際の言い方である。しかしこれだとシェマはすでに心内に存在しているイメージにたいし、たんに外部からあらためて意味を付与するに過ぎず、シェマとそれの象徴としてのイメージの結合には必ずしも必然的な理由はない、ともとれるであろう。むろん「能記」と呼ばれるものも、本来的に象徴としての性格しかもたない言語や記号の段階になると、それらと意味としての「所記」との結合にほとんど必然性らしいものはみとめられなくなるというのは事実である。しかしイメージとシェマの結合の段階においても事態はすでにそのようなものになっている、とはたして断言できるであろうか。われわれはむしろすでに述べたように、両者は依然として内的なつながりによって深く結ばれており、意志的に表象されるものであれ、非意志的なものであれ、知覚についてもたれるイメージはすべて、最初からそれらの表象された対象にたいする態度、ないしシェマを直接表現するもの、と考えたい。

ところで右の子どもの場合、棒の行動は一本の棒にたいする複数の可能なシェマのなかから目下の要求にもっとも見合ったシェマの発見によって実現をみたわけであるが、場合によっては必要な行動が複数の対象における適当なシェマの組み合わせとして実現されることもあるであろう。残念ながらピアジェによる子どもの観察記録のなかにそれに対応する適当な例を見つけることはできなかった。しかしたとえば自分の背丈より高いところにある目標物を手に取ろうとして子どもがたまたま身のまわりにあるなにか適当なもの、たとえば二つの木箱を積み重ねて、いわば新しい道具としての踏み台に代わるものを考えつくような場合、われわれ大人と同様、それら木箱における必要なイメージの組み合わせのみによってそれをおこなった、といえるようなケースも十分考えられるのではなかろうか。

五　イメージからことばへ

さて、以上イメージの積極的な意義を明らかにしようとして発達段階における子どもの行動の学習過程における創造的と呼べるような一面をピアジェにしたがって見てきた。しかし実を言えば、諸種の行動がこのようにもっぱらかれらの自発的な創意工夫の結果として習得されていくわけではなく、むしろ大部分は両親や兄弟、仲間、それに教師といった周囲の人びとの行動の模倣によっておこなわれているというのが実際のところではないであろうか。そしてそれはいうまでもなく、われわれがたんに自然的な環境的世界にではなく、すでに人為の加わった世界のなかに生まれてくるということ、またそれゆえにわれわれはなによりもまず、そうした文明の水準にまでできるだけ速やかに到達する必要があるからである。換言すればわれわれをとりまく人為の所産、あるいはもとはたんなる自然物であったものでもすでにその取り扱い方が定まっているような数多くの対象にたいして、それぞれに相応しい対応の仕方をできるだけ効率よく学んでいかなければならない、ということである。もっとも、そのさいわれわれにとって幸いな点が一つある。それはかりに他の点で多くの違いをもつ対象であっても、われわれの同一の要求を満足させてくれるものであれば、われわれはつねにそこに一定の類似を見いだし、同様な行動でもってそれに応えていくことができる、ということである。ちょうど本能が生物の同一の要求に応える対象を瞬時にして同種のものとして判別し、それに反応するのと同じである。ただ違いはわれわれはそれをもっぱら後天的な学習を通じておこなっているというだけである[27]。そして右に見たように、イメージが特定の対象についてもつわれわれのシェマの、たんに個人の意識内における表現でしかなかったのにたいして言えば、それぞれが一定範囲の対象にたいしてならどれにたいしても適用可能で、しかもそれらが他の人びとによっても共有されているという点が重要である。そしてわれわれが共有し合うこうしたシェマを各人の意識内に止めおかず、相互にも表現し合い、指示し合うことを可能にしているものこそまさにわれわれのことばにほかならないであろう。しかしこのように本能を模倣するような装置を後天的にせよいったん身につけてしまうと、われわれが個人として本来もっている、考える自由の多くの部分をなくしてしまうことにはならないだろうか。なぜなら本来ならわれわれの無数の行動にたいして開かれているはずの知覚の世界の大部分が、これらのことばが表現する既成のシェマの枠組みを通してしか捉えられなくなってしまうからである。

ところでもしもソシュールが言うように、ことばがもっぱら制度として個人を一定の思考法や行動様式のなかへと取り込んでいくだけの、かれのいわゆるラングとしての側面しかもたないとすれば、まさにそうした心配は的中することになる。しかしながらソシュールも言うように、ことばは他方、それをさまざまな状況のなかで用いる個人により、あるいはその使用範囲が拡大されたり、また、場合によっては、まったく新しい用例が生みだされもする。そしてそれがかれのいわゆることばにおけるパロールとしての側面、ことばの流動的な側面に他ならない[28]。換言すれば、ことばはすでにできあがった制度として諸個人を拘束する一方で、その適用にあたっては、つねに個人にたいして一定の自由をみとめてもいるということである。先に述べたことに戻って言えば、ことばの機能の第一はなるほど物事のなかに類似を捉えることではあるが、他方、それはそのつどの状況のもっている特殊性をも同時に踏まえるものであるということ、そしてこの後者の側面にこそ人間のことばに固有の柔軟性が、パロールとしての側面が明らかになるのである。ベルクソンは物事の類似に固執する人間をもっぱら本能を模倣する人間の意味で「衝動的人間」、また逆に物事の特殊性にのみ心を奪われがちな人間を「夢想家」というように二つの両極に考えられる人間のあり方の理念型を示している[29]。「衝動的人間」とは、S・I・ハヤカワの言い方にしたがえば、ことばとものとを同一視する人間、いったんあるものの名称が見つかるとそのものをこうした名称が表現する意味、すなわち、その同じ名称で呼ばれているものすべてにたいする共通の反応の仕方に他ならないシェマの見地からしかもはや見ず、他にも無数の見方がありうることなど考えようともしない人間のことである。かれらはしたがって水のなかで動き光るものならなんでも自分たちの大好物の餌と見なしてしまい、その結果、人工の仕掛けにもつい欺かれて釣りあげられてしまう魚たちのことを決して笑うことはできないことになる[30]。一方、これにたいし後者の「夢想家」は眼前の対象の示す豊かさについ心を奪われて、そうした対象をことばの一般性へと媒介する手続きをかぎりなく将来へと遅らせていく人のことである。言い換えれば「夢想家」とは一切の判断を中止し、必要な行動がまったくとれなくなってしまった人間、したがって実際面では大いに苦労を覚悟しなければならなくなる人間のことである。ベルクソンのいわゆる「ボン・サンスの人」すなわち「良識人」とはまさにこの両者の中間に身をおく人のことであって、変化する状況のなかにあってもつねに最善の判断ができ、したがってそのつどもっとも望ましい行動ができる人のことを言う。

【註】

（1）E. Cassirer, *An Essay on Man* (Yale University Press), p. 134.『人間』宮城訳、岩波現代叢書、一八八頁。

（2）S. I. Hayakawa, *Language in Thought and Action* (G. Allen & Unwin LTD), p.169. 『思考と行動における言語』（大久保訳、岩波現代叢書）一七三頁。

（3）ファーブル『昆虫記』岩波文庫、第一三分冊、九〇―一四〇頁参照。

（4）Cf. H. Bergson, *L'évolution créatrice*, P.U.F., p. 146.

（5）Cf. J.-J. Rousseau, *Discours sur l'origine et les fondements de l'inégalité parmi les hommes* (Pléiade), p. 141.

（6）Cf. H. Bergson, *Matière et mémoire*, P.U.F., chap. I.

（7）Cf. S. I. Hayakawa, *Symbol, Status, and Personality*, Harcourt, Brace & World, INC, I. How words change our lives.『言語と思考』（四宮訳、南雲堂）一、ことばの働き。

（8）クワント『言語の現象学』（長谷川・北川訳、せりか書房）第三章、とくに九五頁参照。

（9）Cf. Merleau-Ponty, *La structure du comportement*, P.U.F., p. 124.

（10）Cf. ibid., p. 127.

（11）Cf. ibid., pp. 123–124.

（12）Merleau-Ponty, *Phénoménologie de la perception*, P.U.F., p. 81.

（13）Ibid., p. 82.

（14）Cf. ibid., p. 81.

（15）もっともイメージと言っても、夢に現れるイメージをはじめとして、文学や芸術において新たに創造されるイメージ、また科学者が自然に関する新しい理論を構築していこうとするさいにもつイメージなどもあるだろう。こうしたイメージはすべて多かれ少なかれ、それを心に浮かべる人たち自身を表現するものであり、イメージを問題とする以上、避けて通るわけにはいかないテーマではある。しかしこれらについては以前公刊した論集『フランス哲学と現実感覚』（関西学院大学出版会）の第二部「適応行動と表現行動」でベルクソンを中心に多少の考察を試みたことがあるのでそれを参照されたい。

（16）A. Lalande, *Vocabulaire technique et critique de la philosophie*, p. 464.

（17）J.-P. Sartre, *L'imaginaire*, P.U.F., p. 25.

（18）Ibid., p. 24.

（19）Ibid., p. 23.

（20）Ibid., pp. 21–23.

（21）H. Bergson, *Matière et mémoire*, p. 83.

（22）J・ピアジェ『知能の誕生』（谷村・浜田訳、ミネルヴァ書房）付録の図表参照。

（23）前掲書、三四八頁。

（24）前掲書、三四七—三四八頁参照。

（25）前掲書、三六六—三六七頁参照。

（26）前掲書、三六六—三六七頁。

（27）Cf. H. Bergson, *Matière et mémoire*, p. 178.

（28）Cf. F. Saussure, *Cours de linguistique générale* (Payot, 1955), pp. 37–39,『言語学原論』（小林訳、岩波書店）三〇—三二頁。

（29）H. Bergson, *Matière et mémoire*, p. 170. ただし「夢想家」に関しては、ベルクソンは知覚のレヴェルのこととしてよりもむしろ、それのトータルな再現としての、かれのいわゆる日付をもった記憶の観照という形で示している。

（30）Cf. S. I. Hayakawa, *Symbol, Status, and Personality*, pp. 10–11,『言語と思考』、一二二頁参照。

第二章　H・ベルクソンとW・ジェイムズの言語論

第一節　シンボル的認識と直観的認識

フランスのある研究者は、ベルクソンがみずからの哲学の方法を明らかにしようとした論文、「形而上学入門」において、実に三八回にもわたってシンボル（symboles）という語を用いていることを明らかにしているが(1)、これはまさにベルクソンがこの語が表すものにたいしていかに重大な関心を払っていたかを示すものに他ならないであろう。しかしこの場合のかれの関心とは具体的にはどのような性質のものであったのであろうか。これに答えるために、まず右の論文の最初の数行を読み返すことから始めたい。「形而上学の定義や絶対的なものの概念をたがいに比較してみた場合、われわれはあるものを認識するにさいして哲学者たちは外見上の違いにもかかわらず、二つの根本的に異なった方法を区別する点で一致していることに気づく。すなわちその第一は、このものの周囲をめぐることであり、第二はこのものの内部に入り込んでいくことである。第一のやり方は、われわれの視点と表現にさいして用いるシンボルとに依存している。第二のやり方は、いかなる視点にもたたず、また、いかなるシンボルにも依存しない」(2)。ところでものを認識しようとするさいのこの第二のやり方こそ、実はかれのいわゆる直観に他ならず、もしもそれが本当に採用されるならば、当のものについてわれわれに絶対的な認識をもたらすと言われる。一方、第一のやり方は一般に分析と呼ばれている方法のことであるが、これはわれわれの日常的な思考から科学的な思考までの実に広い範囲にわたって用いられてはいるものの、所詮は相対的な認識しかもたらさない。したがってシンボルもこの文脈から言えばわれわれの相対的な認識にもっぱら関わり、絶対的な認識とは無関係、ということになる(3)。しかしそれにしてもいったい、どのような理由でこのような断言が可能となるのであろうか。

ベルクソンがこれら二つの認識の仕方の違いを明確にするためにこの論文で最初に取りあげているのは物体の運動に関するものである。そしてシンボルはまず、われわれが運動体を外部の一視点より捉え、その動きをつぎつぎにそこへと翻訳していく座標ないし目印となる軸の意味で用いられている(4)。つまりベルクソンによれば、われわれが通常、ある物体の運動を捉えたというとき、実際には運動そのものではなく、その物体がみずからの運動にともなって一定の空間内に残していくと考えられる軌跡を捉えているに過ぎないのである。本来の運動がここでは軌跡というシンボルによってすっかり置き換えられている、というわけだ。もっとも、われわれがこのように運動をそれ自体としては捉えず、右のように空間内のそれぞれの位置のあいだの関係に置き直しているとしても、そうした自覚が十分にあるかぎりは特別問題はない、と言うべきかもしれない。しかし現実は必ずしもそうでないところからさまざまな問題が、しかも本来なら問題となるはずのないような問題、すなわちベルクソンのいわゆる「似非《えせ》問題」までが生じることとなるのである。たとえばベルクソンは処女作『意識の直接与件についての試論』、すなわち通称『時間と自由』以来、おりにふれてエレア派のゼノンによって提出された運動にまつわる詭弁を取りあげるのであるが(5)、それは運動にたいする日常化した見方についてのわれわれの無自覚性とその根深さをみごとに映し出している例だからではないだろうか。すなわちゼノンの議論とは、駿足のアキレウスでもいったん亀よりあとから出発するといつまでもその亀を追い越すことができないことを論証しようとするものである。すなわちゼノンによればアキレウスが亀の出発した地点まで来れば、亀の方はたとえわずかにもせよその地点より先に進んでいるはずであるし、さらにアキレウスが亀の進んだ地点にまで達したとしても、その間に亀はまたさらにわずかながらもその先へと進んでいるだろうから、というものである。この議論は初めて聞く人にとっていつも一見もっともらしく、したがってまたその分だけ難問らしく見えてしまうのであるが、それはベルクソンによれば実は、われわれが生活の便宜上おこなっている思考法、すなわち時間が経過するなかで生起するものをいつも空間内の場所の移動の形に置きなおして思い浮かべ、運動を静止するものによって理解することを至極当然のようにおこなっている思考法の盲点をまさにつくものだからである。なぜならこの議論はアキレウスと亀のそれぞれ実際には不可分で独自な運動を、かれらが空間上に残していくと考えられる軌跡、すなわちどのような仕方ででも分割や再構成の可能な線分とまず同一視したうえ、ひそかにアキレウスの歩幅をもう一匹の別の亀の歩幅とすりかえることによって、すなわち本来はアキレウスと亀の競争であったものを、いつのまにか二匹の亀どうしの競争に置き換えることによって成り立っていると考えられるからである。もっとも、話がこのようにたんなる運動の議論に止まっているあいだは、そこにはまだたいして深刻な問題の出てくる心配もなさそうである。しかしこうした思考法がいったん、現実の具体的な人間の理解にまで適用されるということになってくると事態の様相は一変する。なぜならたんなる運動体（アキレウスの身体も亀の動きと単純に比較されているかぎりはたんなる運動体とみなすことができる）の場合だと、その運動がどのように表現されようが、それによって運動体自身がなんらかの影響を受けるなどとは考えられないが、具体的な人間が対象となってくると、その人間がどのように表現されるかによって実際にも大いに影響を受けると考えられるからである(6)。

「形而上学入門」においてベルクソンが運動一般のシンボル化ということに引き続いて取りあげるのは、人間のシンボル化、とりわけ人間の言語表現にまつわる問題である。かれはこれをまず、作家による小説の登場人物の描写と関連づけて論じる。たとえば「登場人物について語られる一切のことは、その人物にたいする同数の視点をわたしに与える。また、当の人物を描いてはいるけれど、わたしがすでに知っている人物あるいはものとの比較によってしかわたしにその人物のことを認識させることのできない特徴は、すべてそれによって多少ともシンボル的に当の人物が表現される記号である。したがってシンボルと視点とはわたしをその人物の外部に位置づけるものであって、その人物に関して他の人たちと共通にもっているもの、かれに固有でないものしか提示しない」(7)などというように。むろん、小説の場合、登場人物が作家の想像力のなかでいったん自由で独自な個性をもつ存在として構想され、誕生すると、かれの一連の行動は一定のリズムと流れをもった文章のなかでさまざまな動的なイメージをともなったことばを通して表現されていくことになるから、そうした手法にたすけられてわれわれ読者の方もたんなる相対的な表現手段としての言語のレヴェルを一挙に飛び越え、作家の捉える人物と一体化するようになる(8)。つまり言語を媒介にすると言っても、この場合は、その人物の実質をなす通約不可能な内面の動きを直接に捉えるすでに直観となっている、ということだ。しかし問題は、普段の生活においてもわれわれは果たしてたんなることばの相対的なレヴェルを越えてひとや自分自身を捉えているだろうか、ということである。ことばの向こう側にある動的で個性的な人間を捉えようとする代わりに、むしろ人間をことばの側に引き寄せてこれとすっかり同一視し、人間をもっぱら固定的一般的な範疇のなかに閉じこめてしまってはいないだろうか、とベルクソンは問うのである。

ことばがわれわれに関してさし当たりそれしか表現できない、と言われる他の人とも共有できる側面とは、われわれの自己にあってもっぱら社会的に規定されている部分、ベルクソンのいわゆる「社会的自己」においてみとめられる側面のことである。そしてどうしてそうなるのかと言えば、ことばはもともとものが一個の客観的な対象として静止的に、また同時にそれが一定の類を代表するものとして出現できる場合にしか適用できないようにできているからなのである。したがってわれわれにおけるそうした扱いを許す側面とは結局、われわれが生活をともにする人びとの目によって外から捉えることができるかぎりでのわれわれ、すなわち社会的に規定されたかぎりでのわれわれでしかありえないことになる。実際、われわれはそれぞれの誕生以来、両親を始めとするさまざまな他者の視点からの規定を受けながら成長する。たとえばまず生物学上の特徴にもとづいて男女いずれかに分類されるとそれに相応しい名前が与えられ、やがてわれわれの社会や時代のもつ一般的な男性像や女性像に一致するような仕方で一定の躾や教育がほどこされていく。そして一通りの学習過程が終了するとともに、つぎにいよいよ社会人として一定の役割が与えられるのである。また一方、われわれがいかなる社会集団のメンバーとなったのか、ということも上記の規定以外の規定としてつけ加えられる場合もあるであろう。しかしわれわれがそのつどのような規定を受けるにせよ、それはつねにわれわれをなんらかの類に属する一員として一般的な範疇によって示すことができるだけである。

　また、われわれがこうした外部からの規定をみずからを表すものとして自覚的に受け容れているような場合でも事情は本質的に変わることはない。すなわち当初は他者の目を通して見られるだけの自己であったものでも、ある年令に達するとそれをわれわれ自身でもあらためて捉えなおすことができるようになるし、またそこには、ある種の自覚が、すなわち社会的に一定の果たすべき責任を負った存在としての自覚も生まれてくるであろう。それはいわゆる役割意識、ペルソナとしての自覚に他ならないが、われわれの現実の行動の大部分は実はそのような種類の自覚によってもっぱら導かれていると言える。むろん、こうした役割意識をたんにその受動的な側面のみで捉えようとするのは間違いであろう。なぜならそこにはＧ・Ｈ・ミードも言うように、すでに社会組織のなかに組み込まれ、対象的に捉えることのできるものとなった自己としての“me”の自覚ももちろんみとめられはするが、それと同時に、与えられた役割をあらためて引き受けなおし、みずからの創意と工夫とにもとづいてそのつどあたえられる問題と積極的に取り組んでいこうとする主体としての自己、すなわち行動の発動者として決して対象化することのできない“I”の存在が同時にみとめられるからである[9]。また一方、一般意味論のＳ・Ｉ・ハヤカワがいみじくも述べているように、こと人間の行動に関するかぎり、他の生物のようにたんに自己保存の要求のみにもとづけることによっては説明しきれないものが数多く存在し、それらはすべて自己保存ならざる「自己概念」（The self-concept）保存の要求とでも呼ぶべきものによってはじめて了解できるものとなるのである[10]。そしてその極端な例としてたとえば戦時に輩出する各国の英雄たちや、平時における探検家らの行動を挙げ、人間はときとして生命の要求によりもむしろみずからの名を、すなわち「自己概念」を高めようとする要求にあえてしたがいさえするものであることを強調している。しかし主体性にせよ、「自己概念」を高めようとする要求にせよ、大きくは社会によって各個人に期待される役割に本質的に依存するものである以上、それの根源的にもっている他律性は覆うべくもない。またその意味ではこうした個人における積極性はかえって個人における本当の意味での自発性の抑圧となっている場合さえ考えられないことではない。たとえばE・フロムが近代人の行動に関して、それがいかに情熱的に遂行されているように見える場合でも、（たとえば「工場主」とか「労働者」といった）たんなる社会的な役割意識に発しているにすぎないときは、かれの全体的な自己はそのために縮められ、パースナリティ全体の他の部分を閉め出す結果になっていることがある、と述べているのはまさにこれに当てはまるであろう(11)。けだし人間にはたんに思考能力や意志だけでなく、感覚や感情、直観能力等々といった他の多くの側面も同時にそなわっているからである。

以上ベルクソンの議論からやや話がそれてしまったが、人間を言語的に表現しようとするさいに生じる諸問題に関して多少とも明らかになったのではないかと思う。ところでこの点に関するベルクソン自身の見解の表明は、運動についてと同様、実は『時間と自由』にまで遡ることができるのであって、この書においてもすでにわれわれの内面をどのように記述するべきかという問題との関連で、ことばというものがいかに物事の一般的な側面しか捉えることができないか、という点やその固定的に物事を処理しがちな性質についてはっきりと指摘している。たとえばつぎのような有名なくだりがある。「わたしが一輪のバラの香りを嗅いだとしよう。そして幼かったころの色々な思い出がそれと一緒になってたちまちのうちに記憶に蘇ってきたとしよう。本当を言うとこれらの思い出はバラの香りによって呼び起こされたものではまったくない。わたしは香りそのもののなかにそうした思い出を嗅いでいるのである。香りはわたしにとってはそれらの思い出のすべてなのだ。

他の人たちはまた違った仕方でその香りを感じることだろう。『香りはいつも同じなのだが、ただ異なった観念と連合されるだけだ』と言われるであろうか。わたしはそのような言いまわしで表現されても別にかまわないと思う。しかし忘れてならないのは、その場合、バラがわれわれの一人ひとりにおよぼす印象、それらの印象の個性的な点が最初から排除されていることである。バラの客観的な側面、バラの香りのなかで共通領域に属しているもの、要するに空間に属しているものしか保存されていない。もっとも、このような条件においてのみバラやその香りに名称を与えることができたわけだが……［いずれにせよ］（［ ］内は紺田、以下同様）ここで言われる連合なるものは、そのように言う人にしか、そして一定の説明の仕方としてしか存在しない。それはちょうど多くの言語に共通なアルファベットのいくつかの文字を並べることによって、ある特定の言語に固有な音を［何とか］写しとることができるようになるにしても、これらの文字のなかのどれ一つとして音そのものを構成するのに役立ったわけでないのと同様なのだ」(12)。われわれが直接経験できるみずからの意識にはどこにもはっきりとした切れ目というものがない。それはたえず質的に変化を遂げていく独自な流れ、すなわち純粋な持続をなしている、ということをさまざまな局面を通して明らかにすることがそもそも『時間と自由』の中心テーマであった。言い換えれば、われわれがそのつどの意識のなかから一定の部分というものを切り離そうとしても、それぞれの部分の周辺には必ず他の部分が——それが前者と較べていかに異質なものに見えようとも——それと相互に浸透し合うように連なっているから、結局のところ明確な区分ができないということなのである。むろん、こうした見方はわれわれの意識にたいする通常の見方ではない。しかしベルクソンによればそれはわれわれが意識について観察する事柄を述べようとするさい、たいていの場合、自分たちの用いることばによって欺かれてしまうからにすぎない。すなわちことばは通常、意識自身に向かうよりも、意識がみずからの内容としている安定した対象に注目するようにできているから、意識自身と向かい合わなければならない場合でも、ややもすると対象の側に引き寄せられて、あたかも意識もまた対象同様、容易に言語表現を許すものであるかのように扱ってしまう、ということなのである。右の例はこうした言語にまつわる問題点を一つの明確な例で示そうとしたものと言える。

ところで、われわれがみずからの意識を見つめなおす目をひとたび獲得できれば、意識は不可分の質的な流れとして出現する、というような右のような言い方は、別の言い方で言えば、意識はそれ自身としては有機的全体的な動きであるということである。したがってそのときどきのどのような顕現にも全体がつねにその背後に控えているということになる。事実、ベルクソンは共感や反感、愛情や憎しみといった一般的なことばで表現されるような感情でも、それらが十分深いものである場合にはわれわれの心の全体を反映することができる、などとするのである。しかもベルクソンの場合、こうした意味での自己表現にこそ実は、われわれの本来の自由がみとめられる、とする[13]。すなわちベルクソンによれば、われわれは果たして自由なのか、それともたんに宿命的な必然の法則にしたがっているにすぎないのか、といったこれまでの自由をめぐっての議論がいまだに決着を見るにいたっていないのは、自由を肯定する者も否定する者もともにことばの一般的なものへの根源的な指向性や、その固定的要素的に物事を把握していこうとする特性に無自覚、無批判であることにもとづく、とする。たとえばS・ミルやA・ベインのような連合論の立場に立つ決定論者は、自己を言語で表現可能なさまざまな心理状態の集合と見なしたうえ、それらのなかのもっとも強度の強いものが主要な影響力を発揮して他のものを必然的に導いていくという形で議論を進めているし、また、フイエのように決定論に反対する立場の人でさえ、自由はまず自由の観念に発すると考え、そうした観念が他の観念に対抗して主導権をにぎり、われわれの行為の動機となるときわれわれは初めて自由な行為をなしえるというような議論の立て方をするのである[14]。しかし決定論者の言うような個別的で言語的にも表現可能な意識の諸状態などはもとより存在しないし、またその反対者の言うように意識が相互に独立した諸観念から成り立っているものでも決してない。意識をあくまでも意識として直接に捉えようとする努力を続けるかぎり、それはつねに質的で不可分な全体をなす流れ、ないし過程として現れる。そしてそのような意識の全体、言い換えればわれわれの魂の全体から生まれる行為こそ自由な行為だ、とベルクソンは言う。なぜならそこでは自己だけが行為の主体であるし、そうした自己の全体がもっぱら表現されているからである。

言語が意識や自由の理解をいかに妨げるものであるかについてのベルクソンの見解がいちおうこれで明らかになったと思うので、つぎにその原因となっている言語の一般的なものへの指向や固定的に物事を捉えようとする理由のよってきたるところを明らかにしておかなければならない。言い換えれば言語とはそもそもなんであり、またなんのために存在してきたかということである。この問いに答えるためにはベルクソンではまず人間の行動がたがいに異質な二種類のものにはっきりと分けて考えられているという点を指摘しておかなければならない。残念ながらベルクソンのなかにそれらを明確に区別する用語が見つからないのでいま便宜上、アメリカの心理学者A・H・マスローのことばを借りて言い表せばそれらはそれぞれ「適応行動」(coping behaviors) および「表現行動」(expressive behaviors) ということになるであろう[15]。ベルクソンの自由はまさにこの後者の「表現行動」に当たるが、しかしわれわれはこの段階に到達するまでにまず生物としてとして環境的世界のなかでみずからの身を守る方策を講じておかなければならない。すなわち「適応行動」というものが「表現行動」の不可欠な前提をなしているのである。もっとも、人間の場合、各個体が直接に環境に適応するのではなく、蟻や蜜蜂などの昆虫と同じく仲間たちとの協働を通して自然と向かい合うことになるので、われわれがさしあたり適応しなければならないのはむしろ社会にたいしてである。また環境的世界もすでにたんなる自然でなくすでに人為の加わった世界である。そしてこうした社会生活や人為の加わった環境的世界で生きていくためのもっとも重要な手段を提供してくれるものこそ言語というものなのである。言語は一方で仲間たちとのコミュニケーションの媒体の役割を果たすとともに、とくに子どもたちにたいしては環境的世界における行動に必要な指針を与えている。ちなみに子どもたちがものの名称を学んでいくさい、それぞれの名称で呼ばれるものにたいしていかなる反応をしなければならないかを同時に学んでいくのではないであろうか。そしてそれこそことばの意味と言われているものの実質をなすものではあるまいか。もっとも、子どもたちがことばを学習することができるためにはそれなりの条件があらかじめかれらにおいてもととのっている必要がある。すなわちそれはJ・ピアジェのいわゆる感覚・運動的知性（l'intelligence sensori-motrice）[16]の存在であって、ベルクソンにおいて言語論を見ようとする場合、実は、このレヴェルにおける研究がもっとも大きなウェイトを占めていると言える。また同様な立場に立ってことばの問題をより正面から取りあげているのはベルクソンよりもむしろ生前ベルクソンと親交があり、思想面でたがいに深い影響をおよぼし合ったW・ジェイムズの方であろう（補足1）。以下に個体レヴェルにおける言語成立の諸条件をベルクソンの『物質と記憶』[17]のなかでまず見たうえ､引き続いてW・ジェイムズの『心理学の諸原理』[18]や『哲学のいくつかの問題』[19]などに現れる言語論（補足2）の順に見ていくことにしたい。

（補足1） ベルクソンとジェイムズの交流ということについては多少慎重を要する点もあろうかと考えられるので、ここで現在残されているベルクソンの生前の書簡などに表れている文章を通しておおよその見当をつけておくことにしたい。たとえば一九〇三年一月六日付けのジェイムズ宛ての最初の書簡[20]と思われるもののなかでベルクソンはまず、ジェイムズから贈られた『宗教的経験の諸相』からきわめて深い感動を受けたことを述べたあと、実は、自分は一〇数年来ジェイムズの熱烈な支持者であったし、またこのことに関しては自分の受講生らがすべて証人であるむねを告白している。またさらに、『時間と自由』執筆当時はジェイムズの論文としてはまだわずかに『努力の感情』[21]しか知らなかったとはいえ、時間観念の分析などを通して結果的には心の営みについてのジェイムズの心理学（『心理学の諸原理』）にたいへん近い考え方に到達していたとか、ジェイムズが『物質と記憶』の心身分離ならびに両者の結合に関する考えに賛同してくれたことほど嬉しいことはなく、『人間の不死』[22]において示されているのが心身関係についてのジェイムズの考え方だとすれば、この点においても自分たちの立場は非常に近いもので、いずれは一つになるはずである、などとも述べている。ところでこのようにベルクソン自身がジェイムズとのあいだの類縁関係を積極的に肯定し、そのことを大勢の受講生を前にたえず公言していたことが逆に人びとの誤解を生むことにもなったようである。一九〇五年七月一〇日付けの『哲学雑誌』[23]の編集長宛の手紙[24]では同誌の掲載論文[25]にはつぎのような文章が見えるがこれは正確ではないので訂正して欲しいむねの申し入れをおこなっている。すなわちこの文章とは「『時間と自由』の著者があの有名な内的な流れという考えに導かれたのは、まず主としてウォード（Ward）の影響のもとにおいてであり、若干はW・ジェイムズの影響のもとにおいてであった。……［しかし］もしもわれわれがアメリカから心理学を導入したとすれば、おのずからなる交換によってわれわれはかの国にたいして哲学をもたらしたし、またそれゆえにこそW・ジェイムズの講義のなかで実践の優位性についてのベルクソンの考え以外のものをみとめることができなかったのである」というものであった、というが、第一の点に関しては『時間と自由』執筆中はウォードの論文はおろか、その名前さえ知らなかったし、また『心理学の諸原理』は一八九一年の出版であるが、『時間と自由』は一八八九年の出版で影響を受けようにも受けようがなかったではないか、と反論するとともに、第二のジェイムズにたいするベルクソンの影響という点については『物質と記憶』が出た時点でジェイムズ自身、自分はもう何年も同様な方向で仕事を続けているむねの手紙をベルクソンのもとによこしており、これも第一の点同様、問題にならない、としている。そして一九〇八年七月二三日付けのジェイムズの『多元的世界』[26]寄贈にたいする礼状のなかではこうした状況を踏まえたうえでのことであろうが、「われわれの思想をたがいに一致させている〈予定調和〉」[27]ということばを用いることによって相互の独立性をも明確にした表現をするようになるのである。しかしそれにしても二人の思想家の関係を表そうとするこうした言い回しは、なるほどベルクソンがジェイムズの『心理学の諸原理』をまだ知らず、また、ジェイムズもベルクソンの『物質と記憶』の存在を知らなかった時期における双方の思想の一致を指摘するものとしては問題はないとしても、両者がたがいの重要な著作を知るようになってからのちのことについてもなお妥当性をもち続けていると言えるのであろうか。ベルクソンは同じ手紙のなかでジェイムズの『多元的世界』がベルクソンの思想を紹介するためにわざわざ一章をさいてくれていることにたいへん感激している、と述べるとともに、この章ではすぐれた版画家が凡庸な画家の作品からえてしてすばらしい複製を生み出すことがあるように、ジェイムズは自分の思想の根本を決して歪めることなく、むしろそれを「よりいっそう美しいものにし」（transfigurer）てくれている、として心からの感謝の意を表明している。ところで複製という表現がかならずしも適当でないとしても、両者がたがいの存在を知ったのちは少なくとも相手からの影響をまさにうえの喩えが示すようなやり方でそれぞれがみずからの世界へと摂取し、同化していったというのが本当のところだったのではなかろうか。〈予定調和〉という表現をなおそれでも生かし続けなければならないとすれば、両者においてそれまではたんなる可能性としてうちに秘められていたたがいに似通った傾向が、また場合によってはたがいに相手の足りないところを補い合うような傾向が出会いを契機にして顕在化するようになった、と言い直してもよい。われわれがベルクソンに引き続いてジェイムズを取りあげようとしている理由もまさにこの点にある。

（補足2）また念のために言っておけば、ベルクソンの『物質と記憶』は一八九六年、ジェイムズの『心理学の諸原理』は一八九〇年に刊行されており、ジェイムズの方が先行しているし、ベルクソンがこのジェイムズの著作を実際に読んでいたことは『物質と記憶』のなかで参考文献として挙げているところからも確認できる(28)。ただし、ことばの成立する過程という点に注目する立場からわれわれはまずベルクソンの方から取りあげざるをえなかった。したがってもちろん（補足1）で述べたような形でではあるが、ベルクソンがここでジェイムズより学んだとみとめられるようないくつかの点が実際には指摘できる。たとえば以下にも述べることであるが、『物質と記憶』の第一章いわれわれの知覚に現れる対象はその一つひとつをそれ自体として見ればまさに宇宙の全体と関係を有しているはずでであるが、しかしわれわれは生活者としての立場から通常、もっぱらそのその一部にかぎって意識化しているにすぎないとする〈選択〉の考えや、言語とくにものの名称の前提となる一般観念の成立の背景に「類似の知覚」と「差異の知覚」という相反する性格のもののあいだのダイナミックな綜合の過程を捉えていこうとしている点などがまさにそうである。

第二節　適応行動と言語

a. ベルクソンの場合

さて、『物質と記憶』における思索の出発点は、われわれが日常経験しているきわめてありふれた知覚的経験の世界である。すなわちわれわれが目を開けば知覚し、閉ざせばいったんその姿、形は見えなくなりはするが、しかしそれだからといっていましがた知覚した通りに存在していることをつゆほども疑わない世界である。またこの世界にはつねに変わることのない一つの中心をなすものがあって、その中心こそ実はわたしの身体に他ならない。言い換えれば知覚の世界を構成している諸対象はそのときどきで著しい変化を見せはするものの、それらはつねにわたしの身体を中心に遠近法的な順序で展開されているという点では変わることがない。ところでベルクソンがまず問うのは、こうした知覚内容の遠近法的な配列の理由である。答えは至極簡単、すなわちわれわれが身近に知覚する対象はそれらにたいするわれわれの反応がそれほどの時間的な間をおかずに遂行が可能であることを示しているのにたいし、逆に遠くなるほど時間が必要となることを示しているにすぎない。また、一方、同じ理由から当面われわれの行動と関わりのない他の無数の対象は、われわれの知覚野からすっかり閉め出されてしまっている。つまり知覚というものは科学者のいわゆる純粋認識などとは異なり、元来、われわれの生物としての自己保存の要求を満足させるための行動と深く結びついた認識、身体的行動の可能な世界を開いてみせている認識だ、ということである。科学者が物事のあくまでも客観的で理論的な認識を目ざすという一般におこなわれている言い方に合わせて言うなら、知覚は未だ物事が主客に分けて把握されるよりも以前の世界についての認識、生命体としてのわれわれの行動にもっぱら対応した環境としての世界についての認識であるということができる。ところで右にわれわれの知覚の領野に入ってこない対象群についてふれたが、これはなにもわれわれが知覚を無限大の方向に拡張していこうとしてそれができなくなるときの話にかぎったことではない。なぜならわれわれの身近にある対象をなにか一つ取りあげてみただけの場合でも、この対象それ自身としては無限な宇宙のあらゆる方向からの影響を受けているわけであるから、実際にはわれわれの知覚を無限に超えるものを内に宿していると言えるからである[29]。ライプニッツはモナッドの一つひとつはそれぞれの視点から宇宙を映している鏡である[30]、と言ったが、われわれはこれとまったく同様のことを身の回りのどんなささやかな対象についても言うことができるわけである。したがってこれらのことをここでもう一度あらためてわれわれ自身の立場から捉えかえすならば、知覚というものは、その全体としてだけでなく、部分においてもまた選択だ、ということになるであろう。そしてこれら二方面での選択の目ざすところはいずれも同じであって、それはすでに述べたように、われわれの身体的行動と知覚の世界を具体的に関係づけるところにあるのである。換言すれば、知覚はなによりもまず、われわれの反応にたいする対象の側からの直接的な問いかけであり、要請[31]であるということだ。

もっとも、われわれは通常、かならずしもそのようには考えない。それはややもするとわれわれが身体というものを環境とは独立なシステムと見なしたうえ、神経組織のはたらきこそがまず知覚を生み、引き続いて身体の運動を生むと考えがちだからである。しかしわたしの身体に刺激をもたらす対象と、やがてわたしがなんらかの反応をすることになるかも知れないこの同じ対象とのあいだに介在する神経組織というものは、実際には運動を伝えたり、それを分割したり、また禁止したりするだけのたんなる伝導体にすぎない[32]。したがってもしも表象としての知覚が成立する場所をなおも問題にし続ける、というのであれば、われわれはむしろそれを普段、素朴に信じているように、対象の知覚が成立しているまさにその当の場所、すなわち知覚対象が存在しているところにこそ求めなければならないことになる[33]。つぎにこの点と関わりをもつベルクソンの文章を引用しておこう。文中のPとはいま光を発し、わたしの知覚内容となっているある光源のことである。「意識のなかで形成され、やがてPに投影されることになるような拡がりのない心像のようなものは［ここには］なにひとつ存在しない。本当を言えば、P点やそれが放射する光線、網膜やそれに関係する神経組織はたがいに連帯関係をもった一つの全体をなしているということ、……また、Pのイメージが形成され、知覚されるのはまさにP点においてであって他の場所においてではないということなのである」[34]。むろん、この場合でもたとえば中枢へと連なる視神経がその一部で切断されたりすると、知覚もまた消滅することは否定できない。しかしそれは表象を生む器官が損傷を受けたためであるとする必要は少しもない。対象から発せられた刺激がもはや中枢に、またしたがってそこから運動神経へと伝達されなくなるというにすぎない。言い換えれば、知覚はこの切断によってたんに無効になっただけなのである。実際、この点に関するベルクソンの考え方は徹底しており、物質的世界の知覚はかりに神経組織の協力や感覚器官がなくとも十分成立が可能である、というところまでいく[35]。むろん、現実にはそれは不可能である。というのもこの種の知覚はなんの役にも立たない以上、いつまでも無意識のままでいなければならないからである。しかしこの場合の無意識とは決して意識が存在しない、ということではなく、たんに可能的な意識を意味するにすぎず、ベルクソンはこの点でもまたライプニッツ的な考え方を踏襲するのである。

知覚についてのベルクソンの考え方がこれでほぼ明らかになったと思うので、つぎにこうした知覚に対応するとされる二種類の記憶の問題に移っていかなければならない。すなわち一方はいちおう記憶という名称で呼ばれはするものの、実は身体に形成される運動習慣のことであり、もう一方は本来の記憶、すなわち過去の知覚の現在における再現としての表象的記憶のことである。さて、まずは運動習慣についてであるが、これが確認できるのは多くの日常化した行動や動作などにおいてのように、われわれが対象を知覚するやいなやただちに反応するような場合である。当初はいずれのケースにおいても幾多の試行錯誤を経ながらの反応であったものが、反復されるにしたがってしだいに運動機構のなかに一定の反応形式として習慣化され、いまや一瞬の知覚だけで的確な反応ができるようになっているのである。またここでとくに注意しなければならない点は、こうして習慣的となった反応形式は必ずしもつねに同一の対象のみに適用されるわけでなく、場合によっては感覚のレヴェルで一見相当違っているように見える対象にも適用されることがある、ということである。そしてなぜそのようなことが起こりえるのかといえば、それは外見上の違いをこえて、たとえばこの後者の対象が先の対象と同様、われわれの同種の傾向や必要を満足させるからに他ならない(36)。換言すれば、われわれにとって同種の傾向や必要を満足させる対象にたいしては、感覚的に見て多少の違いはあっても、反応はもっぱら同じ形式のもとでおこなわれる、ということである。しかもこうした反応の同一性はやがて対象の側にも投影されるようになり、最終的にはかえって逆に対象相互間の類似として捉えなおされるようにもなる(37)。いわゆる「類似の知覚」(38)がこれに他ならない。ベルクソンは、こうした事情は草食動物たちがかれらの生得の本能にしたがって「牧草一般」を知覚することにも通じるものであるとする。なぜなら、そのつどかれらのおかれる食物の状況がわれわれから見てどれほど多様なものであっても、そこにかれらの同じ要求に応えてくれる草がありさえすれば、かれらはおのずからそれらにいつもの魅力を感じとり、引き寄せられていくからである(39)。

しかし人間の行動がいかに日常化し、習慣化しようとも、動物の本能的な行動、換言すれば知覚と反応が直結しているいわゆるシグナル行動と重ね合わせられるほどに似通ってくるケースは実際には非常にまれである。むしろ知覚と反応のあいだの時間的な間隔がいかに短くなろうとも、われわれの行動にはつねに一瞬の逡巡がみとめられるものであると言わねばならない。それは人間の行動にはたいていの場合、右のような物事の類似をもっぱら把握させる習慣としての記憶とは別に、それらの差異や個性を把握させる表象としての記憶の介入があるからに他ならない。つぎにこの点を見ておきたい。

先刻、もとの無限な宇宙からわれわれの身体的行動の必要からその一部分にかぎって意識化されたものが知覚であるとするベルクソンの見解を見たのであるが、実はこうして捉えられた知覚は決してその場かぎりで消滅していくのではなく、他方で、現在の一定の幅をもった意識のなかに表象的記憶ないしイメージの形で同時に保存されていくものでもある、という事実に注目しておかなければならない。たとえばいま眼前のある対象をわたしが注視するとき、そこにはつぎつぎと対象の新たな属性を発見していくという未来的な側面とともに、対象の直前の過去のイメージからすでに一定時間経過した過去のイメージにいたるまでを、一つのまとまりのなかに保持し続けている側面のあることも分かるのである。いな、たんにそれだけには止まらない。現在の対象のイメージの他に、必要に応じて過去に経験したことのある類似した他の対象のイメージまでもが実際には動員されるのである。ところでこれらのイメージであるが、知覚が対象をたんに受容するだけなのにたいし、意識の自発的な側面(40)として、与えられた知覚内容にたいする確認、ないし問い合わせとしての働きを示している(41)、ということができる。ベルクソンが注意というものを一般的に論じるさい、重要な至急電を受信した電信士が、正確を期するためにそれをもう一度発信元に一語一語打ち返して再確認していく作業に言及している(42)のは、まさにイメージのこうした役割を明らかにしようとするために他ならない。いったいいま自分はなにを知覚しているのであるか、他の類似する対象といったいどこが違っているのか、要するに現在知覚している対象の個性や独自性にあくまでも注目しようとするのがこの種のイメージの構成や再現の意義なのである。それゆえ対象間の類似にのみ注目する習慣的記憶たいしてもつこれら表象的記憶の相補的な性格はいまや十分明らかであろう。つまり習慣的記憶が、類似する対象同士といえども、なお、多くの場合存在し続けているに違いない差異を一切無視して、ひたすら機械的に同じ反応を繰り返そうとするのにたいし、表象的記憶の方はいったんそうした反応をひかえさせ、対象間の差異にも十分われわれの注意を向けさせたうえで、あらたにそのつどの対象に相応しく修正された反応を準備させるものである、ということだ。一言で言えば前者の対応の硬直性にたいし、あくまでも柔軟性を確保させようとするのが後者の役割なのである。

さて、問題の言語に関してであるが、その本質を明らかにするためにはこうした習慣的記憶や表象的記憶、さし当たってはとりわけ前者との密接な関連に注目しなければならない。すなわちベルクソンによれば、言語、なかでももの名称は、それぞれ人為的に作られた無数の一般観念としての類概念を表すものである。そしてこうしたことが可能なのも、実はわれわれの自然のうちにすでにそれを成立させる条件がととのっているからであって、それがまず習慣的記憶である、と言うのである[43]。すなわち習慣的記憶とは、右に見たように、一見異なった対象であってもわれわれの同一の要求を満足させる場合にはおのずから発動される運動機構における同一の反応形式のことであった。また、こうした同じ反応形式がくり返し発動されることによって、結果として対象の側にも一定の類似をみとめさせることになることもすでに見た通りである。もっともこうして成立する類似の知覚はベルクソン自身も草食動物の行動などと比較して見せている通り、まだたんに感じられ、生きられているにすぎないもの、自動的に遂行されるにすぎないものであった[44]。しかしこのように人間は習慣によって動物の本能を模倣する一方で、ある時点から「そうした［習慣の］働き自体にたいする反省」[45]もまた可能になったのである。こうした反省はまず習慣を構成するそれぞれの自動運動にたいしてあらたにわれわれの注意を向けさせる一方、その各形態ないし図式をもって一定数の個物を包摂する類概念を表すものとしても捉えさせたであろう[46]。すなわち本来なら、異なった対象にたいする反応における態度や運動の共通性にこそ類概念の基礎をみとめるべきところを、実際的な必要からそれらは対象のもつ共通的な性格の記号として逆転的に捉えられるようになった、ということである。そしてこうした類を表現する記号としての運動習慣がやがて任意の記号に置き換えられるとき、そこに成立してくるものこそわれわれの言語というものなのである[47]。むろん、実際の言語においては、もはや記号とそれが表す意味としての類概念の関係しか直接的にはみとめられない。しかし右に見た経緯からも分かるように、類概念はわれわれの運動習慣における反応の同一性ということをあくまでもその基礎にもっている。そしてこの観点からもう一度事柄を見直すならば、言語は類概念を介してわれわれにおける一定の反応形式をも同時に指示している、ということができるであろう。

言語がこのように類概念を指示し、類概念はまたわれわれの運動習慣における反応の同一性を前提としているといっても、これらが適用される対象は相互に異質な無数の側面をも同時にもち合わせている。ところで先に知覚にたいして身体の反応が準備される局面で習慣的な反応形式にのみ依存する場合の硬直性を回避するために表象的記憶がどのような役割を果たすのかを見たが、こうした事情は言語のレヴェルで見てもまったく変わらない。言い換えれば、言語使用が柔軟であるためにはここでも表象的記憶の介入が必要となるということだ。すなわち、同じ概念で把握される対象であっても、それはあくまでもわれわれのある特定の関心からいって、そうなっているにすぎず、いかなる対象もそれ自体として見れば無限に個性豊かな存在である。換言すれば、言語が示す共通性の観点のみから対象を見るのでなく、同時にそれら相互の間にある差異にも注意を向けなければならないのである。そしてそうすることによって初めて、少なくともわれわれは対象の名称を聞いただけでその対象をすっかり理解したかのように思いこむいわゆることばとものの同一視、という即断は避けることができるのである。いな、警戒しなければならないのはたんにそれに止まらない。言語の学習は判断力のまだ十分備わっていない子ども時代におこなわれるから、社会が対象の名称とともに教える対象にたいして取るべき態度、すなわち価値評価についてもあらためて見直す余地がつねに残されていよう。デカルトではないが、批判的な吟味を経ることなく取り込まれた分類概念のなかには多くの謬見や偏見なども数多く含まれているということである。

b　W・ジェイムズの場合

言語が個体において成立するにいたるまでの諸条件としてベルクソンが取りあげているところはだいたい右にみてきた通りであるが、つぎに見るW・ジェイムズの場合は、すでに言語が成立している段階からあらためてそれと知覚との関係を問い直すという、いわばベルクソンが取った順序とは逆を行くような形で議論を進めているように思われる。したがってたとえば、ベルクソンで宇宙全体を映すものとして知覚対象それ自体がもつと考えられた無限性は、言語の限定性とただちに比較されるというようなことにもなるわけである。すなわち、いかなる対象といえども直接間接に宇宙の一切の対象と関係をもっており、そのおのおのの関係が対象の特質をなすのであるから、一つの対象を知ることとは結局、全宇宙を知ることと同じであり、本来なら際限のない仕事となるはずであるが、実際にそうならないのは、われわれがそのときどきの関心にしたがってしかものを見ないからである、とする点でジェイムズもベルクソンと同じである。しかしジェイムズの場合はさらに細かく、われわれが一つの対象にはただ一つの本質、すなわちわれわれの当面の要求に応えてくれる側面と、それを表すただ一つの名称があるだけだ、と考えるからに他ならないという点がただちにつけ加えられる(48)。つぎにジェイムズの議論に沿いながらかれ自身の考え方についても一通り見ておきたい。

さて、たとえばいまかれが文字を書き込んでいる原稿用紙であるが、さし当たっては印刷所に送る原稿用の紙片としての本質と原稿用紙としての名称しかみとめることができない、という説明から始める。そしてその理由として、そうした側面が他の無数の諸特質（たとえば可燃物、薄いもの、炭水化物など）が取るに足りなく見えるほどわたしの現在の関心を引きつけているからに他ならないとする。ジェイムズにとって、ものの通常の名称やそうした名称が暗示するような特質は、実際にはなんらその対象の唯一絶対な属性を意味するのでないのはもちろん、それらはものの性質ですらなく、かえってわれわれ自身の性質を表していると考えなければならない(49)。むろん、われわれが全宇宙の運行を司る神だというならいざしらず、つねに有限で実際的なわれわれの本性が課してくる必然性(50)にしたがわなければならない以上、物事をこのようになんらかの側面から分類し、したがってその意味ではまたつねに物事にたいしては「偏頗」であり、「不公平」で「排他的」であることは避けがたい(51)。われわれの思考は終始行動のために働き、一時に一つのことしかなしえず、たえず「強調」と「選択」とを余儀なくされている(52)。しかし大事なのは、われわれはいつもそのことをどの程度自覚しながら生きているか、ということなのである。

ジェイムズにおけるこうした議論は、実は、人間に固有な能力とされてきた理性の推理能力というものを解明する過程でなされている。すなわち推理とは、いま問題として与えられた具体的な対象をS、そしてSの本質をなし、またSが他の多くの対象とも共有すると考えられる属性をM、そしてその属性自身の特性をPとすれば、すでに一般的に承認されるところとなっている命題、「MはPである」を大前提とするとともに、「SはMである」を小前提の命題として発見することによって、この両命題から媒介Mを消去した結論の命題「SはPである」にいたる、いわゆる定言的三段論法でもって代表されるような思惟の過程をいう。そしてジェイムズによれば結論の「SはPである」を成立させるべく、さし当たりまずSのなかにPへの媒介Mを探る手続きこそ右の「強調」と「選択」の具体的な意味に他ならない。すなわちわれわれは、当面の必要からSのなかにP、またはこれに似た特質を期待するのであるが、それをただちに確認できないときは、次善の策としてSのなか抽象的一般的知識としてPと結びつくことを知っているMを模索することになる、というのである。

ところでこの媒介Mの発見の手続きであるが、それには「類似連合」というものが非常に重要な役割を果たすと言われる(53)。すでにベルクソンにおいても見たように、事物のなかに類似を知覚するという能力に関してだけならこれは人間以外の動物においてもみとめられることである。ジェイムズの場合には、水鳥が氷上や陸上に降りようとするときと、水上に降りようとするときとでは明らかに異なった降り方をするという例を引き、これは、かれらが水や氷が自分たちが取ろうとしている行動にたいして示すであろう性質をあらかじめ弁別し分類している証拠だとしている(54)。むろん、こうした弁別や分類は意識的におこなわれているのではない。ジェイムズはこの点に関してもベルクソンと同様な考え方をする。すなわちかれらはそうした対象の性質をせいぜい「受け容れている」(obey)程度であろうとしている(55)。つまりベルクソン的に言えば、それはまだ反省された類似の知覚に進むよりも以前の、たんなる生きられる類似の段階に止まっているということになろうか。また、こうした分類はかれらの直接的な生の要求、すなわち生得の本能的な関心に直結しており、したがってその数もおのずから限られている。一方、人間の場合はまさにこれと反対であって、必要に応じて、そのつどさまざまな角度からこれらを自由に、そして客観的概念的に取りだすことができる(56)。いな、たんにそればかりではない。われわれ人間の著しい特色は、すでに見たように、たとえすぐさま概念的に確定できない対象であっても、一定の手続きを通して最終的にはそれを確定させることもできるという点である。そしてジェイムズはこうした手続きを可能にしているものこそ「類似連合」だ、と言うのである。すなわちこれはたとえば天才的な科学者などにおいてことに顕著な形で現れることであるが、かれらははた目には一見どこに共通点のあるのかも分からないような事例を数多く集めることによって、ついにはそれらに共通する性質を理由とか法則の形で発見するにいたるのである。ところでこうしたことがかれらにおいて可能になるのも、右の推理の手続きに即した言い方をすれば、実は、当面の課題Sにひそかに含まれる媒介Mが、そのさい同じくこれを含む点でSに類似する対象、T・U・V・W……を相次いで喚起するからであって、Mはそのさいこれらの共通項としてかれらの前に「転がり出る」からに他ならない(57)。もっとも、ここで見落としてはならない重要な点が一つある。それはこうした対象間の類似点の把握は、あくまでも他方における対象相互間の差異の把握をも同時に前提しているということである。というのもここに喚起されてくる対象T・U・V・W……にもしも相違点がどこにもないのなら、すべてが共通ということになって、なにが最も重要な共通点であるかが明瞭になりようがないからである。ベルクソンにおいて表象的記憶が習慣的記憶にたいし相補的に機能することを見たが、事情は大分異にするとはいえ、やはり差異を把握させるものとしてのイメージの果たす重要な役割は見逃すわけにはいかない。ジェイムズは、イメージ化されるよりも以前の対象それ自身の知覚と、対象がわれわれにたいしてもつ一定の意味を表すものとしての名称との関係に言及しながらつぎのように述べている。すなわち「一つの性質も特に強調されない具体的な対象が一方にあり、他方には他のすべてのものから一定の名称によってはっきりと区別して捉えられる属性がある。ところで少しも分析の手の加わっていない具体的な事物と完全な分析との間、含まれる性質の抽象のまったくないことと完全な抽象の間にはあらゆる中間段階があるに違いない」(58)と。そしてこの中間段階と呼んでいるものについて「漠然と抽象され、一般化された対象の種類の観念」(59)という言い方で、一方で一定の名称で呼ばれはするものの、他方では場合によってはそれ以外の名称によってでも呼ばれることが可能な側面を含んでいることを暗示するような説明をおこなっているのである。ところで右のSの知覚を契機にして喚起されると言われるこれに類似した他の対象のイメージとは、まさにこうした中間段階と呼ばれているような形で表象されるイメージのことではないであろうか。すなわちそれらは一方でSと共通な性質をもちながらも他方では、なお、差異を表す側面をも残しているような対象のイメージであるということだ。事実、ジェイムズもベルクソンと同様、イメージについて全体的想起、部分的想起、焦点的想起というような言い方でその復元の程度に段階を設けているのであるが、右のようなイメージはそのなかのまさに部分的想起に対応するものと考えることもできよう(60)。

以上、ベルクソンやジェイムズにおいて言語や概念がどのように理解されているかを主として両者の議論がそれぞれレヴェルを異にしながらもきわめて接近してくる場面において見てきた。最後に先にベルクソンにおいて見たような持続としての意識とこれらが、いったいどのような関係に立つのかを簡単に見ておきたい。

実を言うと、この点に関しては、ベルクソンよりもむしろジェイムズにおいての方がより一貫した取りあげ方がなされていると言える。なぜならベルクソンの場合、知覚について検討するに当たっては、すでに見たように、それをもっぱら個々の独立な対象よりなるものとして捉える常識の見方をいちおう容認したうえで出発するのにたいし、ジェイムズの方は知覚を取りあげるさいにもあくまでも「意識の流れ」の立場、すなわちベルクソンの持続する意識の立場を堅持しようとしているからである。すなわちジェイムズによれば、われわれの外界の知覚もまたそれが意識の一つのあり方であるかぎりは、みずからのうちに多様性を含みながらも、全体としては単一な流れをなす連続体としてまずみずからを顕わにするものなのである(61)。ジェイムズは個別の対象の知覚に先だって存在しているこうした根本的な経験を言い表すために「多即一」(62)、というような概念を用いることは周知の通りである。もっとも、知覚がたんにこうした状態に止まっている間はまだわれわれにとってはなにものをも意味せず、ただ存在していると言えるだけである。ここでは感覚器官を通して受容されるものと、われわれの内面から生起する自発的なものとがまだ分離されず、渾然一体をなしたままである。ジェイムズは流動する意識について"It rains."とか、"It blows."という表現があるように、"It thinks."というような表現が許されるならばこれが一番ぴったりとそのあり方を表す、と述べている個所があるが[63]、これは日常の意識における主体のあり方とは明らかに異なったあり方がもう一つ別にありうることを暗に指摘しようとするものである。いわば自分であって自分でないような自己、自分があらためてそれと合体するのでなければ自分のものとはならないような自己、日常の自己とくらべて比較にならないほど大きく、いわば日常的な自己もそこから生まれてくるような全体的な自己、それこそこの意識の流れというものである、という主張が実はここでなされているのである。ベルクソンではこうした流れとしての意識からおのずから出現してくる行為にこそわれわれの本来の自由がある、とされたわけである。とはいえ、A・H・マスローも言うように、「表現行動」は「適応行動」が首尾よく遂行されてはじめて可能となるものである。そしてそのためには発達心理学が教える通り、この大いなる自己がいったん主体と環境的世界に分裂し、主体はみずからと相対するものとなったこの環境的世界から必要なものを取り込み、有害なものを斥ける選択という行動をまず学習していかなければならないこととなる。ジェイムズはこうした手続きの第一段階ではまず流れとしての意識から注意作用によって個々の対象を独立させることである、と述べているが[64]、この段階では同時に対象のイメージの成立もみとめてよいであろう。ところでついいましがたも見たように、イメージは対象をきわめて忠実に復元するものからそのほんの一部だけを抽出するに止まるものまで無数の段階をなしている。そして対象が自然物であろうと、人工のものであろうと、はたまた人間であろうと、それぞれの文化が注目しなければならないものとして個人を指導する抽象段階ごとに一定の名称が与えられることになる。いわゆる概念化の手続きがこれに他ならない。たとえばS・I・ハヤカワが例に引いている「牝牛のベッシー」は、知覚の流れにおかれているかぎりではまだ具体的な経験の対象に止まったままであるが、やがてわれわれの目につくかぎりの特徴の総体として抽出されると「ベッシー」となり、引き続いて「牝牛」、「家畜」、「農場資産」、たんなる「資産」、「富」の順で次第に抽象度の高い概念へと上っていくことになる[65]。しかしそうすると、われわれの注意や概念化の手続きというものは結局のところ、本来の流れとしての知覚に区分を入れ、また区分されたものをさらに抽象化し、固定化するということにつきるのであろうか。こうした疑問にたいしてジェイムズはつぎのように答える。「知覚と概念の重要な相違点は、知覚が連続的で概念は不連続である、という点である。ただし行為としての概念化の手続きは連続的な流れの一部分に他ならないから、概念はその存在において不連続なのではなく、その意味においてたがいに不連続なのである」[66]と。つまりこれを逆に言えば、流れとしての意識の特質は概念の抽象がおこなわれる場面においてもなお存続する、ということであり、われわれは普段、このことにあまり気づかないだけだ、ということになる。いな、ことはたんにそれだけには止まらない。たとえばすでに見たように、われわれが当面するなにかある課題の解決をはかろうとして推論の媒介を求めるさいには、課題としての対象とさまざまな事象との間にある類似はもちろん、それらの間にある差異にもまた同時に注目していかなければならないのである。換言すれば、注意や概念化という過程を通して意識をもっぱら狭隘化させるだけでなく、これと並行してもとの豊かな世界との関係を取り戻していく手続きもまた同時に必要になってくる、ということである。心理学のいわゆる創造的退行という概念の通常の使用法ではないかもしれないが、知性の働く領域においてもまた前進のためにはある種の退行が必要であるということかもしれない。

【註】

(1) Cf. A. Grappe : *Bergson et le symbole* (Bulletin de la Société Française de Philosophie, 1959), p. 123.

(2) *La pensée et le mouvant*, P. U. F., (以下 P. M. と略す), pp. 177–178.

(3) ただし、絶対的な認識をもたらすとされる直観といえども、その内容が人に伝えられるためには、なんらかの仕方によるシンボル化の手続きは避けがたいことであろう。この点についてはあとでも少しふれるが、拙論「適応行動と表現行動」（『フランス哲学と現実感覚』関西学院大学出版会、２００２、所収）も参照されたい。

（4）Cf. P. M., p. 178.

（5）*Essai sur les données immédiates de la conscience*, P. U. F.,（以下 D. I. と略す）, p. 184.

（6）これはC. ロジャーズなどが「自己概念」の考え方のなかで大いに強調する点であろう。

（7）P. M., p. 179.

（8）Cf. P. M., p. 95.

（9）Cf. G. H. Mead, *On social Psychology* (Selected Papers, The University of Chicago Press), pp. 228–233, 邦訳『精神、自我、社会』（稲葉他訳、青木書店）一八六―一九一頁。

（10）Cf. S. I. Hayakawa, *Symbol, Status, and Personality* (Harcourt, Brace & World), IV Self-concept, pp. 36–50, 邦訳『言語と思考』（四宮訳、南雲堂）四　自己概念像、五〇―六〇頁参照。

（11）E. Fromm, *Escape from freedom*, Avon Books, p.130, pp. 137–139, 邦訳『自由からの逃走』（日高訳、東京創元）、一二六頁、一三四頁。

（12）D. I., pp. 121–122.

（13）Cf. D. I., pp. 124–125.

（14）Cf. D. I., pp. 119–120.

（15）Cf. A. H. Maslow, *Toward a psychology of being* (D. Van Nostrand Company, Inc.), p. 172.

（16）Voir par exemple J. Piaget, N. Chomsky : Théorie du langage, Théorie de l'apprentissage (Seuil), p. 61.

（17）Matière et mémoire, P. U. F.,（以下 M. M. と略す）

（18）W. James, *The Principles of psychology* (Harvard).（以下 Pr. Ps. と略す）

（19）W. James, *Some problems of philosophy* (Harvard).（以下 S. P. P. と略す）

(20) *Ecrits et paroles*, P. U. F.,（以下 E. P. と略す）
(21) Cf. D. I., p.16.
(22) W. James, *Various aspects of religious experience* (Harvard) に所収。
(23) *Revue philosophique*.
(24) E. P., Tome II. pp. 238–240.
(25) 正確には Gaston Rageot という人の論文。
(26) W. James, *Pluralistic universe* (Harvard).
(27) E. P., Tome II. p. 304.
(28) Cf. M. M., p. 109.
(29) Cf. M. M., p. 33.
(30) Cf. M. M., p. 36.
(31) Cf. M. M., p.45.
(32) Cf. M. M., p. 43.
(33) Cf. M. M., p. 45.
(34) M. M., p. 41.
(35) Cf. M. M., p. 43.
(36) Cf. M. M., p. 176.
(37) Cf. M. M., p. 178.
(38) M. M., p. 173.
(39) Cf. M. M., p. 177.

(40) Cf. M. M., p. 112.
(41) Cf. M. M., p. 112.
(42) Cf. M. M., p. 111.
(43) Cf. M. M., p. 179.
(44) Cf. M. M., p. 179.
(45) M. M., p. 179.
(46) Cf. P. M., pp. 56–57.
(47) Cf. P. M., pp. 56–57.
(48) Cf. Pr. Ps., p. 959.
(49) Cf. Pr. Ps., p. 961.
(50) Cf. Pr. Ps., p. 960.
(51) Cf. Pr. Ps., p. 960.
(52) Cf. Pr. Ps., p. 960.
(53) Cf. Pr. Ps., pp. 970–973.
(54) Cf. W. James, *Psychology : Briefer Course* (Harvard).（以下 Ps. B. C. と略す）
(55) Cf. Ps. B. C., p. 319.
(56) Cf. Ps. B. C., pp. 319–320.
(57) Cf. Ps. B. C., p. 317. ただし、科学者による理由や法則の発見の場合、推論は通常の場合とは逆に結論部分がむしろ出発点となって、小前提、大前提の順に進むであろう。
(58) Ps. B. C., p .318.

(59) Ps. B. C., p. 318.

(60) Cf. Ps. B. C., pp. 546–547.

(61) Cf. S. P. P., p. 31.

(62) S. P. P., p. 32.

(63) Cf. Pr. Ps., p.220.

(64) Cf. S. P. P., p. 32.

(65) Cf. S. I. Hayakawa, *Language in thought and action* (Harcourt Brace Janovich, Inc.), p. 153, 邦訳『思考と行動における言語』（大久保訳、岩波書店）一七三頁参照。

(66) S. P. P., p. 32.

第三章　ベルクソンのボン・サンスとアメリカ心理学の一系譜

第一節　ベルクソンのボン・サンス

一般意味論学者のS・I・ハヤカワはある論文(1)のなかで安全の追求の仕方には二つのやり方があるとし、一つは牡蠣のように硬い殻を作ってそのなかに閉じこもる方法であり、もう一つは、高速道路を毎日のように走ってもなんらの不安を感じることなく運転を続けることができる腕前のよいドライバーのように、そのつど変化する状況に柔軟に対応していく方法である、とのべ、ひきつづいて、心理学者のA・H・マスローの「自己実現的人間」と心理療法家のC・ロジャーズの「充分に機能する人間」とを綜合するかたちでかれのいわゆる「真に正常な人間」(the "genuinely sane person")についてのイメージを描き出している。それによるとこうした人たちは、(1)普通いわれる意味で適応できた人たち、すなわち順応主義者ではないし、また、反対に社会がかならずしも自分の満足のいくような状態になくともこれに徹底的に反抗を企てるのでもない、いわば社会にたいして付かず離れずの態度で臨むのをつねとする人たちであること、(2)自分のうちなる感情、情緒、怒りや緊張、好悪の情を的確に認知でき、防衛機制のゆえに自己欺瞞的になったりするようなことはけっしてないということ、(3)未知のものにたいして脅威も恐怖も感じることなく曖昧さに平然と耐えていくことができること、(4)つねに言葉よりも言葉が表すものを重視する外在的な考えの持ち主であること、(5)ある目的にたいする手段と考えられるような事柄についてもつねに子どものような遊び心をもってそれを楽しむことができるということ、(6)創造的であること、(7)もっとも深い意味で倫理的であること、などが特徴として挙げられるという。

ところでS・I・ハヤカワの「真に正常な人間」をこのように見てくると、ベルクソンがかつて「ボン・サンスの人」(l'homme de bon sens)と呼んだ人間とのあいだにかなりな類似点が浮かびあがってこないであろうか。すなわちベルクソンもハヤカワと同様な言い方でボン・サンスというものの一般的な性格についてまずつぎのようにのべるのである。すなわち「ボン・サンス(le bon sens)の適応の仕方は、行動を危険なものと考え、行動を避けることで安全を確保しようとする臆病な人びとのやり方とは……反対に、むしろ行動を好み、改革をもっぱら……自然なやり方で実現すべく、段階を踏んだ前進を心がけるものである」[2]と。そして右のハヤカワによるロジャーズとマスローの要約と比較しやすいようにベルクソンのボン・サンス論をまとめてみるとおおよそ以下のような項目になるであろうか。すなわちボン・サンスにしたがう人間は、(1)社会の慣習に惰性的にしたがうことも、また、逆にみずからの理想に一面的にしたがうこともせず、一方の理想に促されながらも、社会的現実が容認しうる範囲についてつねに的確に判断できる能力を持ち合わせているということ、(2)自我の社会化された側面のみをもって自我の全体とすることなく、みずからの内面にたいしてもつねに心を開いているということ、(3)社会的に出来《しゅったい》してくるあらたな事態にたいして恐怖心からいたずらに既成の見方にしがみつこうとはせず、素直にそれを受け容れていこうとするものであること、(4)われわれの既成概念の貯蔵装置のなかでももっとも重要なのは言語であるが、あらたな事態に直面するごとに言語に含まれている既成概念の修正でこれに対応していこうとする柔軟な精神の持ち主であること、(5)日常生活の反復のなかにあっても新鮮な好奇心をけっして失わないこと、(6)創造的であること、(7)言葉の実質的な意味で倫理的であること、以上である。

一　柔軟な精神としてのボン・サンス

ベルクソンによれば、われわれの社会にとって、一方の「習慣に凝り固まった精神」(l'esprit de routine)と、他方の「妄想に取り憑かれた精神」(l'esprit de chimère)ほどの大敵はない[3]。なぜなら、法律というものに最終的な表現を見いだすこととなるような常識や習慣に固執するあまり、いっさいの変化を拒もうとしたり、また、それだからといって、逆にこうした習慣をただちに乗り越えさせるような奇跡的な変化をたんに夢想するだけでは生命にふさわしい的確な実践はとうてい期待できないからである。前者が眠れる精神であるとすれば、後者は眠りつつさらにそのうえ夢を見ているという違いがあるだけである。これに反してボン・サンスは眠ることも夢見ることもしないかわりに、一方で「最善を目ざそうとする大いなる理想と、他方、世間の事情が許す範囲についての正確な判断」[4]をつねにともなっている。ボン・サンスが漸進的な「進歩の精神」[5]であるといわれるのはまさにこの意味においてなのである。しかしこの点についてはもうすこし詳しく見ておく必要がある。

まず、常識や習慣に関してであるが、これらは現在はともかく、いずれももとは生き生きとした精神活動の果実として生みだされたものであったということはみとめなければならない。換言すれば、それらは集団的もしくは個人的なレヴェルにおいて、そのときどきの社会的な状況にもっとも相応しい行動や思考の形式として形成されたものだ、ということである。また、社会的な状況にたいするこうした思考や行動の型の成立は、そうした状況に適応している集団や個人にたいしてかれら自身についての一定の安定したイメージ、ないし概念を与えずにはおかないであろう。

集団のメンバーとしての自覚とか、自己像の形成などと呼ばれているものがまさにこれに相当する。しかし問題は当初それがいかに活発な精神活動の果実として生まれたものであったにせよ、やがてもとの木の枝を離れて地上に落下し、やがて干からびてしまわざるをえなかったということ、その柔軟さを欠いてしまったこわばりのなかでついには精神活動の名残をわずかにとどめるだけのものとなってしまわざるをえなかったということである(6)。当初、これらは集団や自己自身についてたしかな観念を、それらについて大変便利な地図を提供してくれたものではあるが、やがて変化する世界との関わりのなかでしだいに実態とはかけ離れたものとなり、あらたな課題にたいして的確な対応をできなくしていく(7)。

ところで、こうした常識や習慣であるが、われわれ自身もその形成に与ることがあるとしても、それはわれわれが集団の中に一定の役割を獲得するようになってからであって、とりあえずはまず出来合の観念として社会から与えられるのが普通である。そしてそのさいそれは大部分、言語の習得をとおしておこなわれる。いな、われわれはいまなおそれらを日々まるで空気を吸い込むのと同じように無意識的無批判的にみずからの内に取り込みながら暮らしているのである。しかし「こうした観念はけっしてわれわれの実質に同化することはなく、死せる観念として「いたずらにそのこわばりと不動性とに固執する」(8)ばかりである。ベルクソンによれば、こうした出来合の観念にもっぱらしたがって生きるのは、せっかくパリまでやってきたのに目の前の史跡や美術館をろくに見て回ることもしないで、ガイドブックにばかり見入っている観光客と同じである。しかも考えなければならないのはわれわれのなかの多くの者が、もっぱらこうしたガイドブックのなかで読みとることができる公式的な考えにしたがって人生を送り、自分の目で確かめながら生きることをすっかり放棄している現実がある、ということなのだ(9)。ベルクソンはこれにはわれわれの精神がときたま放心することがあるというより以上の理由があると考える。すなわちわれわれが出来合の観念をまず受け容れ、そうした観念の保護のもとにしばらく生きるということは人間として避けることのできない運命だからではないか、というのである(10)。とはいえそれはあくまでもわれわれがより高く上り行くための一つの足場でしかない。そうした観念が役立ってくれるのは意志の働きによって精神がふたたび自己を取り戻すまでのあいだのことであって、やがてわれわれは言葉よりもむしろ物そのものへ、言語のなかで冷たく凝固してしまった出来合の諸観念を乗り越えて、生命の熱気と運動性そのものの探求へと向かわなければならないからである[11]。しかもそれを可能にしてくれるのもまたベルクソンによればボン・サンスなのだ。なぜならボン・サンスは「われわれがあらゆる問題を新たなものとして受け容れ，新たな努力でもってこれに敬意を払うことを要求する」ものであるし，また，一方，「われわれが自分のなかに作りあげてしまっている考えや、準備ができているものとしてすっかり安心している問題解決法のときには苦痛にみちた犠牲を要求する」[12]ものでもあるからである。ベルクソンは、ボン・サンスというものは、日常のきまりきった生活にあってもけっして無意識的になったり、自動的になったりするものではなく、つねにこれとの「親密な仲間づきあい」[13]を継続するものであって、そのため状況のわずかな変化も見逃すことはないし、必要な場合にはいつでも適切かつ迅速な対応ができる、としている。ボン・サンスは中途半端な知識に安住するくらいなら、むしろみずからの無知をはっきりとみとめ、みずからの内面や外部の世界の変化にたいしてつねに注意を怠ることがない、ということだ。そして現実に新たな問題が出現したさいには、そうした問題そのもののなかにもっぱらそれにふさわしい解決の道を探りだそうとするであろう。「わたしは……ボン・サンスのなかに出来合の観念を追放して、形成されつつある観念にたいして場所を空け、ねばり強い注意の努力によって現実にみずからをかたどりながら、たえずおのれを取り戻していく知性の内的な能力をみとめる」[14]とベルクソンはのべている。

ところでこのようなボン・サンスに導かれた生き方が創造的であるのは明白であるが、ベルクソンはそれがまた同時に倫理的なものであることにも注意している。すなわちベルクソンによれば「ボン・サンスの人」は同時に「正義の人」でもある、というのだ。もっとも、ここで「正義の人」とはたんに正義について理論的抽象的な知識をもっている人のことではもとよりない。むしろ正義が受肉しているといえるような人、その内面にあって正義が生きて働いているような人のことであって、どのような状況であろうと、そのなかにたえず参入しようと身構えていると同時に、みずからがなそうとしている行動と予想される結果とをたえず秤にかけ、スピノザが『エチカ』のなかでのべているように、善きものをより一層悪しきものと交換することのないようおのずと正しい判断ができる人のことなのである。「正義が正義の人において実現されるさいには実践的真理に関する一種の繊細な感覚ないしヴィジョン、あるいは機転といったようなものとなる。それは正義の人がみずからにたいして課さねばならないことや、ほかの人びとから期待できることについての正確な見当を与えてくれる。それはもっともたしかな本能がするだろうように、望ましいもの、実現可能なものに向けてまっすぐにかれを導いていく」[15]とベルクソンはのべている。

しかしそれにしてもボン・サンスによって右のようなことがどうして可能になるのだろうか。ベルクソンによればそれはボン・サンスが「正義の人」においてかれの社会化された部分のみをもってかれの人格全体と見誤らせることがけっしてなく、内面からもたらされる要求にもつねに耳を傾けさせているからなのである。しかもそうした内面の要求とはたんに平素、生活の必要からやむをえず抑圧されている個人的な要求にとどまらず、普遍的な生命から委ねられた人間としての責務までもが含まれているであろう。ベルクソンはなによりもそうした「生命の理解」[16]が「正義の人」における正義の柔軟性の前提をなしている、と考える。

さて、以上みてきたことからボン・サンスというものは、自己の内外の現実にたいする「感受性」において、言い換えれば一方の習慣や常識の惰性に流されないだけの気配りによってはじめて維持可能な現実感覚と、他方の善きものにたいして深く感動できる能力とのあいだの調和[17]において成立することが明らかになった。ベルクソンの各著作はある意味で、そのときどきの関心にもとづいてこれらの両側面のいずれかに強調点をおきながら書き進められていった、といえるであろう。すなわち、『時間と自由』、『創造的進化』、『道徳と宗教の二源泉』は社会化された自己と内的な自己との関係を主としてあつかい、『物質と記憶』は外界の知覚というきわめて限定された場面においてではあるが、たえず変わりゆく状況と、われわれの側に形成される習慣とのかかわりを問うたものであった。つぎに右に見たベルクソンのボン・サンスについての考え方との関連を念頭におきながら、これらの著作でなされた議論を簡単にふり返っておこう。

二　「社会化された自己」と「本来の自己」

まず、第一の点に関してこれをひじょうにうまく言い表していると考えられる有名な隠喩の引用から始めよう。「水草というものは、水面にまで背丈を伸ばしてくると、たえず流れに合わせて身を動かすようになる。そしてそれぞれの葉は水面上でたがいに一緒になり、重なり合うことによって一定の安定を獲得する。けれども、それよりも一層の安定を得ているのは根っ子の方であって、これは土中深くしっかりと根をおろし、それぞれの葉を下からしっかりと掴まえているのである」(18)。ここで水草とはわれわれの意識の全体をさす。そして水面に身を浮かべながらたがいに支え合っている葉は各人の社会化された側面を表し、もう一方の水底の土中深く下りた根の部分は、普段気づかれないまま見過ごされてはいるが、必要な場合には水面に身を浮かべている社会的な自己をはるかに越えた重要な仕事をする深層の自己、無意識を表している。ところでこうした自己の二つの層について『時間と自由』ではこれとはやや異なったニュアンスでつぎのように表現されたのだった。すなわち「われわれは自己自身と向き合うよりもむしろ外の世界と向き合って生きている。われわれは考えるよりもむしろ話す。われわれは自分から行動するよりも、行動させられている。自由に行動するとは自己自身をもういちど取り戻すことである」(19)と。ここで外の世界とは『時間と自由』の中身からいって自然界のことなのか、社会のことなのか、あるいは両者を同時に指しているのか、かならずしも明らかではないが、あとの「話」したり、「行動させられ」たりする世界は明らかに社会と考えてよいであろう。いな、人間も蟻や蜜蜂などの昆虫などと同じく、環境的世界としての自然と関わるさいにも、もっぱら一定の集団の構成員として他の構成員と協力し合うことによってはじめて生物としての自己保存の要求を満足させることができるのである。ただし昆虫社会のメンバーは生来その役割が有機体の構造としてすでに書き込まれ、あらかじめ指定されているのにたいし、人間社会ではまず各人における言語の学習を通して社会がその時点までに構築してきた文明の水準に見合った知識を後天的に習得し、それぞれの能力に応じた役割の配分がなされるようになっている[20]。しかも人間社会が昆虫社会と決定的に異なるのはこのようにして各メンバーが一定の役割を引き受けることになった段階で、他の仲間たちと協力しながら、前の世代が到達した段階を新たな出発点として、より一層合理的な適応形態を目ざして努力することになるという点である。言い換えれば、昆虫社会は全体としても本能によってあらかじめその形態が決定されており、世代から世代へとほぼ同じ様式の生活が繰り返されていくのにたいし、後天的に役割の配分がなされる人間社会は同時に各個体における新たな創意工夫をも可能にし、その結果社会組織の面でも種々な変化を受け容れていくということである。もっとも、人間社会の形態がいかに可塑的なものでありうるとしても、われわれ人間はなんらかの集団のなかでしか生きていくことができない[21]。そしてそのためにどの社会もまず各構成員をそれまでに形成されてきた一定の共通の思考と行動様式の枠のなかに取り込んでいく。なぜならベルクソンによれば「重力が身体におよぼしているのと同じような力が、個々人の意思を同一方向に傾斜させることによって集団の団結を確保して」[22]いかねばならないからであり、そしてそれこそが常識というものにほかならないからである。常識は一部法律などとして明文化される場合もあるが、実質は要するに一連の習慣であり、たいていの場合、社会の各構成員によって無意識のうちに受け容れられているものである。われわれが生まれて間もないころから習得していく言葉というものがなににもましてこうした常識の重要な伝達手段となっていることはすでに見たとおりである。われわれが母親の背中で聞く言葉、いわゆる母語にもすでにその社会が蓄えてきた出来合の意味、すなわちそれを受け容れる個体の思考や行動にたいして一定の方向付けをおこなう力が含まれている。

ところで常識がこのようにすでに当該の社会における構成員の思考や行動に一定の方向性を与えるものであるとすると、右にふれた役割意識はとくにそれら各個人レヴェルにおいて個別にそれぞれの方向性を与えているものであるといえる。なぜなら各個人が分担する役割というものはそれ自身、大なり小なり、われわれ一人ひとりを社会から期待される枠組みのなかに取り込もうとするものだからである。また、こうした役割意識にはそうした任務の遂行にたいする自他の評価の結果形成されるC・ロジャーズなどのいわゆる「自己像」なども含めてよいかもしれない。しかし一般的なレヴェルにおいてにせよ、また個別のレヴェルにおいてにせよ、ベルクソンが問題にしなければならないのはこうした各個人における社会化された側面が全体としての自己に統合されないまま、一面的に強固なものとして形成されてしまう場合である。ベルクソンは権威主義的な教育などによって各個人のうちに全体としての人格から切り離された形で独立な人格が別個に形成される「寄生的自己」(23)の問題に言及している。そうした自己に閉じこめられているかぎり、われわれは催眠術師に操られる人間と変わりなく、実質は自動人形ないしロボットにすぎないものとなる。しかし自己にはたんにその社会化された側面のみならず、その奥深いところには普段われわれの気づかない広大な無意識の領域が存在している。もっとも、ベルクソンの無意識といってもかならずしも単純ではなく、『時間と自由』ではC・G・ユンクならおそらく個人的無意識と呼びそうな内容のもの、換言すれば、個人の社会化の過程でやむをえず一時的に抑圧せざるをえなかった個人の種々の可能性や希望の集積する領域として、『創造的進化』では普遍的生命の進化の歩みが物質的世界の抵抗のためにつねにその部分的な実現しか果たしえず、そのためうちに蓄えられる一種の衝動、ないし推進力のようなものとして、そして『道徳と宗教の二源泉』では人間社会の閉鎖性をうち破る可能性を秘めた人類愛の根源として理解されている。純粋持続やエラン・ヴィタル、エラン・ダムールといった用語がこれらそれぞれを順番に表す語として用いられていることは周知のとおりである。

三　類似と差異

さて、ここでベルクソンのボン・サンスを考えるうえで見過ごすことのできないもう一つの重要な著作『物質と記憶』に議論をうつすことにしよう。この著作のなかでとくに取りだしておかなければならないのは、すでにのべたように知覚と習慣との関わりについてである。最初に知覚であるが、これはベルクソンにおいてもデカルトにおけるのと同じく、物質的世界についての純粋な認識をもたらすものではなく、むしろ身体をもった存在としてのわれわれが外界と交渉していくさいに必要な知識、すぐれて実際的な知識をもたらすものと考えられている。すなわちベルクソンはわれわれが知覚する世界を身体の「可能的行動」の場と規定しなおすことによって、この世界にはすでにわれわれの主体の側の要素が入り込んでいる点を明確にする。また、他方、かれはこうした知覚をイマージュと呼びなおしたうえ、このイマージュは「観念論者の表象と呼ぶものよりは多くの内容をもち、実在論者の物と呼ぶものよりは内容の少ないある存在、『物』と『表象』との中間に位置する存在」[24]と規定し、知覚の世界は物事が主観と客観とに分かれる以前の、いわば主客未分の根源的な世界であるとの見方も同時に明らかにしている。しかしいまこれらの言い方のどちらを採るにせよ、大切なのは知覚におけるわれわれの側の主観的な要素と、物の側の客観的な要素とをはっきりと区別することではないであろうか。なぜならわれわれの経験においては新たな要素というのはもっぱら主観を超えた物の側から与えられると考えられるからである。

ところでこのように知覚から通常そこに含まれていると考えられる主観の側の要素、すなわち記憶をとりのぞいて考えるならばわれわれはカントのいわゆる物自体をむきだしのかたちで捉えることにならないであろうか。ある意味ではそうだともいえなくはないが、それでもなお主観との関わりが依然として残るであろう。もっとも、この段階においては主観的な要素といってもそれはもはやその内実に関してではなく、もっぱらその外枠に関わるだけである。すなわち主観的な要素としての記憶をどれだけ徹底的に取り除いたとしても、それがわれわれの知覚であるかぎりにおいては、かならず一定の選択が入っている、ということである。それゆえ記憶をまったく排除した知覚、ベルクソンのいわゆる「純粋知覚」はなるほど物質そのものではあるが、ただしその全体ではなくわれわれの身体的行動の可能な場としてその一部にとどまる、ということになる。

もっとも、知覚がこのように物質界の一部に限定されている、とベルクソンがいうとき、実はそこに二つの段階が考えられている。すなわち『物質と記憶』という書物はわれわれの日常的な意識のあり方の検討から始められているため、物質界それ自体がまず、個々の独立なイマージュの相互作用の総体からなるものとされ、知覚はしたがってそうしたイマージュの総体から特定のイマージュ群が選択されて成立する、とされるのが第一段階であり、そうしたイマージュ群がさらに身体という特別なイマージュを中心に遠近法的な秩序に配列され、それぞれのイマージュの現れ方に濃淡の差がでてくるとされるのが第二段階をなしている。物質界全体から知覚の対象となる世界がまず切り取られ、それがさらにわれわれのとるべき行動の緊急性の度合いにしたがって眼前の対象の具体的な把握から遠くの対象の抽象的な把握へと区別がなされていくというのである。そしてカントにならって、これらが知覚における受容性の側面のすべてをなしている、といってもよいかもしれない。そしてベルクソンにおいては知覚におけるこの段階を超えるとそこにただちに主観の側の積極面が、右と同じくカント的な言い方をすれば自発性の側面が出現してくることとなる。しかもここでも二つの段階を区別しなければならないであろう。すなわちその第一は知覚をそのつど細大漏らさず保存しつつ同時にそれを知覚へとなげ返していく記憶、すなわちベルクソンのいわゆる表象的記憶の介入の段階であり、第二はそれにさらに身体内に形成される習慣がつけ加わってくる段階である。つぎにこうした知覚における主観の積極的な働きについてしばらく見ておこう。

記憶に関して、まず、知覚から受けとった情報を時間の順序にしたがって刻々に把持していくとともに、それを知覚へと順次なげ返しながら再確認をおこなっていく意識の独自な作用としての表象的記憶の働きに注目する必要がある。いったい、知覚とは、ベルクソンによれば、身体の知覚器官に到達した対象からの刺激が、求心神経を通り中枢にまで達したあと、ふたたび同じ回路を通って対象までなげ返されるさいに成立するものである。知覚はあたかも蜃気楼のごときものである、とベルクソンがいうのはまさにこのことを指す[25]。ところで通常、なんらかの対象が知覚された場合、それがいかに短時間のものであっても、一定の幅をもった時間的な継起のなかでなされるものである以上、右の刺激の循環のような事態は何度も繰り返されている、と考えなければならない。事実、このことがもっともはっきりと現れる例として注意作用を取り上げることができるが、それが単一の対象に向けられる場合であろうと、一つの状況の全体に向けられる場合であろうと、時間の経過とともに対象や状況のもっている新たな側面がつぎつぎに明確になっていく。注意作用とは一種の探求の過程にほかならない。ベルクソンが注意を説明するさい、「重要な至急報を受けとった無線士が正確を期するために、発信人まで一語一語電信文を打ち返す操作」[26]に喩えているのはまさに注意作用におけるこの探求的な性格を明確にするためであると考えられる。

しかし知覚にせよ、またとくに注意作用にせよ、これら意識作用の意義はすべて最終的にわれわれの身体のとるべき行動を的確に導く、というところにある。ここで的確な行動とはさしあたってはわれわれの生命の維持にとって役立つものを求め、その害となるものを避けることであるが、われわれは当初は多少ともためらいながら一連の手探りを通してそれを果たしていくよりほかはない。試行錯誤ということがいわれるが、この場合がまさにそれに相当する。しかしたとえどのように困難をきわめるように見える行動も、同様な過程が幾度も繰り返されることによって、やがてそこにもっとも効率的な反応の形式が習慣として形成されてくる。そしてこの場合、同じ要求に応えてくれる対象には外見上の違いを超えてつねに同一の反応をもってするようになるので、こうした要求や反応の同一性が次第に対象の側にも投影されることになる。そして対象に投影されたこのような要求や反応の同一性こそ、われわれが通常、もののあいだの「類似の知覚」[27]、すなわちものの種類として理解しているものなのである[28]。むろん、類似がたんに運動のレヴェルで捉えられているあいだはまだ充分意識的であるとはいえず、いわば「感じられ、生きられる類似、自動的に遂行される類似」[29]でしかないであろう。しかし人類はこうした自然の営みを模倣するかたちで知的、意図的に類似を捉える方策を編み出したのである。すなわちそれこそ「分節された言語」[30]にほかならず、一定数の人為的な運動装置を使って無数の対象に当たらせているのである。むろん、事情がこのようだからといって、言語が意識的無意識的の区別さえ除外すれば、あたかも塩酸がチョークであろうと、大理石であろうと、そこに含まれている炭酸カルシウムにはかならずこれを選別のうえ、反応するのと同じである、などといわれているのではない。物事のなかに、求める類似がいったん見いだされても、表象的記憶の働きによってそれぞれがもっている特徴的な側面もまた同時に確認されていくからである。すなわちたとえばある状況や対象の名称が判別できたとしても、そのために同時に見いだされる他の要素や未発見の要素が無視されるわけではなく、これらはいわば状況や対象がもつ豊かな個性の中身や可能性として、言い換えれば他の同種の状況や対象から明確に区別する差異としても同時に捉えられていく。ベルクソンがわれわれにおける過去の保存の仕方を二種類のものに分けるのはまさにこうした事態を原理的に説明するためであった、といえる。そしてこのことは言語のレヴェルにおいて物事の名称が一方でそれらの一般的な定義を与えるものとしての内包の側面、すなわち類似を表す側面と、他方、その特殊性のどれをも見落とすことなく拾いあげていこうとする外延の側面の両面からなっている事実に明確な根拠を与えることになるであろう[31]。われわれの行動が原始的な動物におけるように決して衝動的なものとなることなく、あらたに出現してくる変化にたいしてもつねに柔軟に対応できるのは、まさにこうした類似と差異を同時に捉えさせてくれる仕組みのおかげである、といわねばならない。そしてベルクソンにおいてボン・サンスという語が狭い意味で使用される場合にはもっぱらこうした言語使用を原点とする知性の柔軟な仕組みを指していたのである[32]。

第二節　ベルクソンと「人間性の心理学」

一　ベルクソンとC・ロジャーズ

以上ベルクソンにおいてボン・サンスが成立するための前提として考えられている、内外二方面に向けての経験の拡大ということについて見てきたわけであるが、つぎに二人のアメリカの心理学者、C・ロジャーズとA・H・マスローについても同様のことが言えないかどうかを見ておきたい。そしてそのさい、ベルクソンの考え方との一致が果たしてたんなる偶然にすぎないのかどうかについても確かめておきたいと思う。

まず、この二人の心理学者に共通なのは、ベルクソンがいちおう二方面に分けて考えている経験の拡大ということを実は同時に起きるものだ、としているところであろう。たとえばマスローはかれのいわゆる「自己実現的人間」に関して、「自身の深層にある自己をみとめ受け容れると世間の現実の姿を大胆にみとめることができるようになり、かれの行動は自発的なものとなる」(33)と述べているし、ロジャーズは、みずからの内的な現実をありのままに受け容れることのできる「充分に機能する人間」はじつはマスローの「自己実現的人間」の仲間に他ならないとしたうえ、世界にたいしても「敏感に開かれており、環境と新しい関係を作る能力を信頼しているから、かれは創造的な生産と創造的な生活をする人間」(34)であり、「進化論の学者から見れば、変転する諸条件のもとでもっともよく適応し、生き残っていくタイプの人間」(35)であろうとしている。しかしこの二人の心理学者の議論をつぶさに読んでいくと、そこにおのずから両者の心理学における専攻領域のちがいに発すると思われる微妙な相違点も明らかになる。すなわちマスローにおいては、右の二方面の経験がわりあいにバランスよくとりあげられているのにたいし、ロジャーズの場合は隠された感情とか願望といったいわゆる深層心理の解放ということの方に重点がおかれ、環境的世界についての認知問題についてはそれほど積極的には論じられていないように思われるからである。そしてこの点はおそらく、マスローの方は「自己実現的人間」と見られる人たちを対象におこなったアンケートに重点をおいた調査の分析をとおしてかれらのパースナリティのすべての側面に万遍なく照明をあてようとしたのにたいし、ロジャーズの場合は、あくまでも心理療法家として眼前で悩み苦しんでいるクライエントの治療という実際的な観点からつねに物事を見ていたということと深く関連していよう。以下ベルクソンと比較した場合、こうした両者の立場上の違いが果たしてどのようなかたちで現れるかを見ていきたい。

さて、自己というものをたんに社会的に限定された側面のみで捉えるのでなく、無意識の広大な領域をも含む総体として捉えていくという経験拡大の第一の方向についていえば、マスローよりもむしろロジャースのほうがベルクソンとより強いつながりを示しているように思われる。そしてこのことはすでに述べたように、前者がアンケートをとおしていわば間接的に被験者に迫るという方法を主としてとるのにたいし、後者はあくまでもクライエントと直接に向かい合い、「クライエントと非常に深い個人的で主体的な関係に入っていく」(36)という手法上の違いと密接に関連している。すなわちロジャーズの場合、クライエントにたいして治療家はたんに科学者として研究対象に対するように関係するのではもちろんないし、また、医師として客観的な診断と治療を目ざして関係していくのでもなく、あくまでも一人の人間としてもう一人の人間と相対するという関係のなかでクライエントの理解がまず始められる、ということである。言い換えればクライエントのもっている条件とか、行動とか感情などがどのようなものであろうと、これらをすべて尊重し、受け容れ、そのことによってクライエントをどこまでも直接的共感的に理解していくということがこの治療の大前提をなしている、ということである(37)。ところでロジャーズの採用するこうした方法は、ベルクソンが論文「形而上学入門」において自然科学の方法としての「分析」にたいして掲げた哲学の方法としての「直観」とまさに重なり合うものではないであろうか。もちろん、ベルクソンの場合、方法として掲げられる「直観」には先刻見たような純粋持続や生命、愛の理解というかたちで示されることとなるような、二〇世紀における形而上学の再構築というところに狙いがさだめられていたのであって、その点、ロジャーズのようにクライエントの治療という実際的な関心を目標としているのとはおのずからおもむきを異にしていることは否定できない。ロジャーズにとってクライエントが治療家にたいして心を開くようにするため、治療家が細心のこころ配りをしなければならない理由は、なによりもクライエントの内面に形成された間違った「自我像」に接近し、その誤りについてともに考え、あらしく真実の「自我像」を作り直す手助けをするためである。しかし外見上の違いに欺かれてはならない。なぜならロジャーズにおいてはたしかにまちがった「自我像」のゆえに神経症などの精神的な病に苦しんでいるクライエントの救済が緊急の課題ではあるが、しかしベルクソンにおいても、日常の社会生活のなかでややもすると与えられた役割のなかに埋没しがちなわれわれにたいし、もういちど自己の内面との接触を取り戻す方法を示してくれるとともに、つねに全体的としてのパースナリティを忘れずに生きることを教えてくれている、という意味で、かれはあらかじめわれわれに治療家の門をくぐらないでもすむようにしてくれているともいえるからである。ロジャーズとベルクソンの近さにはじっさい、われわれの想像以上のものがある。

しかしロジャーズについてはもうすこし詳しく見ておこう。右のような手法を用いることによって具体的にクライエントの内面にいったい、どのような変化が生じてくるのであろうか。「自己が本当にそうであるところの自己となること」というキルケゴールの有名な命題を表題に掲げた論文のなかで、ロジャーズは治療の最初の段階で、まず、クライエントがそれまでの自己がたんなる見せかけの自己にすぎなかったという自覚をもつ、という事実を報告している。これは正確に言えば、本当の自己を治療家に知られることについての恐れ、たとえば「わたしが本当に考えているわたしについて話したくありません」(38)のようなかたちで言い表されるが、ロジャーズはこれを治療家に代表される他者がみとめ、かつ、かれらの目を通してみずからもそのようなものとして受けとめてきた自己が、実はいつわりの自己にすぎなかったという告白にほかならない、と解するわけである。また同じような傾向のものとしてたとえば、両親などの価値観をそのまま受け容れてきた結果，みずからのうちに形成された「……でなければならない」[39]で表されるような強迫的なイメージ、いわゆる「良い子」であることからの解放ということも治療の初期段階における重要な変化として挙げられている。ところでこれらの例はクライエントを直接に取り巻いている何人かの特定の個人の期待に合わせようとして自己を見失ったケースだといえるが、この他に文化の側からの圧力、とくに現代においてはホワイトのいわゆる「組織のなかの人間」として期待されている人間像に合わせようとして知らず知らずのうちに自己疎外に陥る場合もある。そして実際にはこうしたいわば常識として受け容れてきた生き方と、みずからの内面における本当の願望とのあいだの乖離というかたちで疎外を自覚する場合の方が一般的のようである。ロジャーズのクライエントの一人はつぎのように語っている。「わたしは長いあいだ、他の人びとには意味があったけれども、わたしにはまったく意味の分からないものにしたがって生きてきました」[40]と。ところで以上の証言はすべてロジャーズのクライエントが最初の段階で示す治療の消極的な側面であるが、つぎにそれではこうした治療の積極的な側面はどうなるのかを見てみよう。ロジャーズによればその第一は、クライエントが徐々に自発的になってくることである、という。自分はいったい、どのようなことを目的としたいのか、「どんな活動や行動の仕方が自分にとって意味があるのかをかれみずからが決定するようになる」[41]といわれる。もっとも、このように言われるからといって、クライエントが最初から自信をもってそうした方向に進んでいくわけではない。ロジャーズは「自己自身であることへの自由というのは恐ろしいほどの責任をともなった自由であり、人間はそれに向かって用心深く、びくびくしながら動いていくのであって、最初はほとんどなんらの自信ももちえない」[42]と述べている。

さて、このようないわば手探りの段階がすぎると、つぎにやってくるのは、クライエントが自己を過程や流れ、変化などとして受け容れるようになることである、という。みずからの内面にむけて扉を開くことに成功したあるクライエントが、つぎに自分はなにを語るのだろうかということさえ予見できないほどつぎつぎと新しい思いが心のうちに出現してくる、と語る生の声を紹介したあと、ロジャーズはキルケゴールのつぎの言葉がこの段階のクライエントのありようをもっともうまく表現するとして引用している。「実存する人間はつねに生成の過程にある……。そしてみずからの思いをすべて過程の言葉へと翻訳する。かれの思いがかれとともにあるのは……あたかも著作家の思いが著作家とそのスタイルとともにあるのと同じである。なぜならこれまでになにごともなし終わった、ということがなく、みずからが新たにはじめるたびに『豊かにたたえられた言葉の水を動かしていく』人間だけがスタイルをもつからである。そしてその結果もっともありふれた言い回しもかれには新たな誕生の新鮮さを帯びて出現してくるのだ」[43]。この段階のクライエントはまさに一個の実存として蘇っている、ということであろう。しかもこの場合重要なのは、ひとたび過程として時間の流れのなかでみずからを捉えるようになったクライエントが「そのつど自分自身のすべてでありたい、という願い」（傍点はロジャーズによるイタリック）をもつ、とされている点であろう。治療家はややもすれば、クライエントが心を開いてくるにしたがって、一方で共感を覚えるとともに、他方で反感を抱きがちである、とされているのであるが、ロジャーズによれば治療家はそのいずれかだけでもってクライエントと接するようなことは決してあってはならないという。なぜならそうした選択は、おのずから治療家によるクライエントの理解を一面的なものにするとともに、クライエント自身による自己把握をも不可能にしてしまうからである。ロジャーズによれば、クライエントにおける複雑な心境はあくまでも複雑なままで受け容れなければならない。そうすることによってはじめてクライエントもみずからの内なる経験にたいしていっそう開かれ、親しみを増し、みずからの経験に密着しながら生きていくことが、すなわちかれが「本当にそうであるところの自己となる」[44]ことができるからである。

二　ベルクソンとA・H・マスロー

ロジャーズがクライエントの内面に迫るさいに用いる方法がこのようにベルクソンの直観に酷似する面を示しながらも、ロジャーズが直接ベルクソンに言及している個所も、また、かれからなにかを学んだことを示すようななんらかの形跡をうかがわせるものさえ発見することができない。ただロジャーズとベルクソンのあいだに強いて関係らしいものを求めるとすれば、それはロジャーズがたびたび引用するマスローをもっぱら介してであるということは言えるかもしれない。マスローの方は、ホワイトヘッドやW・ジェイムズなどとともに、ベルクソンの認識論からも非常に多くのものを学んでいるからである。たとえばマスローが『動機づけとパーソナリティ』(45)のなかの「個別的なものと類的なもの」という題目のもとに展開している議論では冒頭からベルクソンの『創造的進化』のつぎの文章の引用をおこなっている。「理性がみずからにぴったりなのかが分からないからだけである、と考える。いつでも引き出し対象を知らないと告白する場合でさえ、自分の無知は、ただ昔からある範疇のどれがこの対象にぴったりなのかが分からないからだけである、と考える。いつでも引き出しは開けられるが、いったい、そのどれにそれをおさめればよいのであろうか。すでに仕立てあがっているどの服をそれに着せてやればよいのか。あれか、これか、それとも別のものなのか。しかも〈あれ〉とか〈これ〉とか〈別のもの〉とかはわれわれにはいつでもすでにその観念を所有しているもの、既知のもの、なのである。あらたな対象のためにあらゆる素材を用いてあらたな概念を、おそらくはあらたな思考法を創りだしていかなければならなくなるかもしれない、などということは考えるだけでもほとほといやになってしまうのだ。しかし哲学史というものがあり、われわれにいつはてるともない体系間の葛藤や、現実にたいしてわれわれの出来合の概念という既製服を着せて満足でいることが不可能であること、実際に寸法をとって仕事をする必要があることを示している。しかしわれわれの理性は、こうして窮地に落ちこむよりも、傲慢な謙遜さで、みずからは相対的なものしか認識できず、絶対的なものはその領分ではないときっぱり断言しようとする。そしてこのあらかじめなされる宣言が、なんのためらいもなく従来の思考法を用い、絶対的なものには触れていない振りをしながら、すべてのことにたいして絶対的な判断を下すことを可能にしているのだ。プラトンは実在を認識するとはそのイデアを見いだすことであるということ、すなわち実在を認識するとは、あたかも暗黙のうちに普遍的な知識をもっているかのように、自分たちの自由になる既存の枠に物事を強引に当て嵌めてしまうことであるということを理論化した最初の人であった。もっとも、この信念は既存のどの項目のもとにあらたな対象を分類するのがよいかということにつね専念している人間知性には無理からぬことであって、われわれはすっかりプラトン主義者に生まれついているといえるのかもしれない」(46)。ところでマスロー自身がこのような認識の問題を取りあげることになった直接の動機というのは、アメリカの心理学において一般に採用されている方法があまりにも主知主義的な方向に偏っていることにたいする反発からである、という。マスローは言う、「一般的に言って、たいていのアメリカの心理学は、あたかも現実が変化し、発展するよりもむしろ固定され、静止したものであるかのように(過程であるよりもむしろ状態であるかのように)、また、相互に結合し合い、模様状になっているというよりもむしろ、非連続で、つぎつぎに継ぎ足されていくものであるかのような手続きの仕方をしている。現実の動的で全体的な様相にこのように目を向けていないことが学問としての心理学の多くの弱点や欠陥の原因となっている」(47)と。また言う、「現実は動的であるのに西洋近代の人間は静止的なものしかうまく認識できないために、われわれの注意や知覚、学習、記憶、思考といったものの多くは、実際には現実そのものよりもむしろ現実からの静的な抽出物、ないしは理論的な構築物にかかわるものとなっている」(48)とも。そしてこれらの文章に引き続いてマスローが具体的に取りあげているのもまさにこの注意、知覚、学習、思考などにまつわるさまざまな問題点なのである。いま、詳しく取りあげる余裕はないが、つぎにこれらのなかから、とくに重要と思われる点にかぎって見ておくこととしたい。その内容が先刻のベルクソンの『物質と記憶』の議論に驚くほど近いものであることが分かるであろう。

まず、マスローは注意に関して一般に「注意を払う人の心のなかにすでに存在している一連の範疇の外界における……再確認」(49)がそのすべてであるかのように見なされがちであるが、じつは注意にはもう一つ別種のものがあって、後者は事象の独自な側面にもっぱら向けられる点を強調している。すなわちマスローによればこの事象の独自性に向けられる注意とはフロイトの「自由に浮遊する注意」(50)と同じであって、これは普段われわれがやるやり方、すなわち現実の世界にたいして一連の期待を押しつけるやり方とは反対に、あくまでも控えめに、また受動的にこれと向かい合い、現実がわれわれになにを告げようとしているかを見いだすことにのみ関心をいだき、われわれが知覚するものをもっぱら、素材の本質的な構造に委ねることにおいて成立している。言い換えれば、経験というものを「それがどのように理論や考え、概念などにあてはまるかを確かめるのではなく」、逆にどこまでもそれを「唯一のものとして、この世界の他のいずれのものとも似ていないものとして」ただひたすらに「それ自身の本質を理解するべく努めなければならない」(51)ということなのである。マスローは前者の注意を「自己中心的」、後者を「問題中心的」として区別する。また、この点についてはベルクソンがしばしばおこなったように、そして実際にもベルクソンに言及しながら、芸術家と科学者の経験にたいするアプローチの仕方の違いを明らかにすることによって示そうとしている。すなわち「科学者は経験に名前をつけたり、ラヴェルをはったり、しかるべき場所においたり、要するにそれを分類しようとする傾向が強い。芸術家はこれに反し、もしもかれが芸術家たるべき資格をみたしているならば、ベルクソンやクローチェなどが言うように、みずからの経験のもっている唯一で特異な性格にもっとも興味を抱くものである。芸術家はどの経験も個性的なものとして取り扱う。リンゴ一つひとつが個性的であり、他とは異なっている。また、同じことがどのモデルについても、どの木についても、どの顔についても言える。他のものとまったく同じものなど存在しない。ひとりの批評家がある芸術家について語ったように、〈かれは他の人たちがたんに一瞥を与えるにすぎないものにじっくりと見入るのだ〉」(52)などと。ところでマスローのこうした一方の物事をたんに既成の範疇に分類していくだけの注意と他方のそれぞれをその独自性において捉えていくとされる注意との違いは、まさしくベルクソンの運動習慣と表象的記憶の違いに対応しているということができるであろう。しかもベルクソンにおいてはいったん区別されたこの二つのものがボン・サンスにおいてふたたび結びつけられたように、マスローも物事の諸範疇への分類を全面的に否定するのではなく、それがいつも物事の独自性をも同時に踏まえているかぎり、問題はないとして、両者が結局のところは相補的な関係のものであることを指摘するのを忘れていない(53)。つまり、一見すると事物の独自性の認識がマスローにおいてはもっぱら強調されているような印象をもつが、それは通常、われわれが物事の分類を一面的に重視しすぎていることへのバランスをとる必要からであって、一種の表現上の問題と考えておけばよいであろう。つぎの知覚に関するマスローの議論においても同様なことが言えそうである。

知覚についてもまず第一に言われるのは、それが経験を吟味するよりも分類したり、札をつけたり、ラヴェルをはったりすることの方が多い、という点である。そしてマスローはここでとくに一般意味論の学者たちと同じく、人間を分類するさいに生じる問題点を主として取りあげる。すなわちたとえばある人に引き合わされて、その人を新鮮に感じたり、独自な人間として現存する他の誰とも似ていないものとして理解したり、感じたりしようとすることはあるかもしれないが、しかしわれわれがそれよりも一層よくやっていることは、その人間に札をつけたり、ラヴェルをはったり、一定の範疇に位置づけたりすることだとしたうえ、そうしたことが当の人間にとっていかに心外なことであるか、マスローはW・ジェイムズの若干ユーモアを交えたつぎの文章の引用から始める。すなわち「知性がある対象にたいしてまず第一におこなうことは、その対象を別のなにかと一緒に分類することである。しかし対象がひじょうに大切で、われわれの尊敬の念を呼び起こすような場合には、独自で唯一なものと感じられるであろう。たぶんカニさえもわれわれがなんの造作もなく、弁明もなしにそのカニを甲殻類と分類し、それでかたづけてしまったとしたら、自分自身の身に関わる侮辱を受けたと感じて〈わたしはそのようなものではない、わたしはわたしであり、あくまでもわたし自身である〉と言うであろう」(54)。マスローによればカニがこうした反応をするのは、じつは、一般意味論の人たちが言うように、ひとたびある個体が一定の範疇に分けられてしまうと、他の個体はもはやその個体を個体として見ることをやめ、もっぱらその個体が属するとされる範疇にたいして反応するようになるからなのである(55)。

しかもときとしてわれわれをこのカニのような怒りに導くこともある分類という操作は、ベルクソンにおいても見たとおり、大部分は後天的に一定の学習過程を経て獲得された習慣にもとづくものである。すなわちわれわれをとりまく環境的世界にはわれわれの側の同一の要求にもとづく働きかけにたいしてつねに一定の同じやり方で応えてくれる物事があることを経験をとおして知るようになり、そうした物事にたいしてわれわれは次第に同じ名称を与えるようになるということである。言い換えればわれわれの物事にたいする働きかけがそれまでに形成された型で間に合う場合はそれらはつねに同一の名称や範疇のもとに分類されるということだ。マスローはこのことを自分の言葉で「習慣とは現在の課題を以前にうまく解決できた方法を用いて解決しようとする試みのことである」(56)と要約したうえ、このことはまず現在の課題をある範疇に位置づけること、そしてつぎにこの特定の範疇に位置づけられた課題にもっとも効果的な解決法を選択することの二つからなる、としている。しかしいかに変化せず、もっぱら反復しているだけのように見える場合であっても、実際にまったく同じものが再度出現するなどということはありえない。この世界は一見そうでない部分も含めてたえず生々流転している。一つひとつの経験や出来事、行動がいかなるものであれ、この世界ですでに起こったことのある、または、これから起こるであろう他のすべての経験や出来事、行動とは異なっているのである(57)。それゆえ一定の範疇に分類されるようなすべての反応は、たえず変化してやまない世界の動きをもっぱら処理しやすくするためにそれを「凍結し、固定し、止め」(58)ようとする努力にほかならないとも言える。なぜならわれわれがこの世界を適当に処理できるようになるのは、世界がその動きを停止しているときだけのように思えるからである(59)。しかし幸いなことに、こうしたことがわれわれの学習のすべての議論なのではない。マスローによれば、右のようなことはもっぱら「断片的で再生的な学習にのみ、すなわち断片的で特別な反応の再認と再生」(60)とには当てはまるにすぎない。しかし学習にはそれ以外にわれわれの人格全体に影響をおよぼすような性格学習、ないし内発的学習というものがある。すなわちそれは、われわれのすべての経験が性格におよぼす影響の全体のことであって、とりわけ人生における深刻な経験は人間全体をすっかり変えてしまうものなのである。「たとえば、ある悲劇的な経験がもたらす影響は、未熟な人間を一層成熟した人間に、より賢明でより寛大、より謙虚な人間に、成人の生活でぶつかるいかなる（傍点はマスローのイタリック）問題でも解決できる人間に変える」[61]ということなのだ。もっとも、議論がここまでくると内なる経験と外界におけるそれとの先刻来の区別がはなはだあやしいものとなってくる。なぜならここでは外なる世界が内なる世界に、内なる世界が外なる世界と深く結びついてくるように思われるからである。しかしここでも言葉に欺かれてはならない。そもそも内とか外という語は、そのときどきに応じて人格の部分や全体を表すことができるものであって、いわゆる内的な経験も実際には外部よりもたらされる人格とっての部分的な経験にすぎなかったり、逆に外的と思われる経験でありながら内なる人格全体に深く影響をおよぼしていくといったことは大いにありうることだからである。重要なのはむしろ、全体の変化はかならず部分の変化をもたらす、と言えるのにたいし、部分の変化はかならずしも全体の変化をもたらさない、ということではなかろうか。

【註】

（1）Cf. S. I. Hayakawa, *Symbol, Status and Personality* (Harcourt, Brace & World. Inc.) V. (pp.51–69). S・I・ハヤカワ『言語と思考』（四宮満訳、南雲堂）第五章。

（2）H. Bergson, *Ecrits et Paroles, Tome I*. P.U.F.,（以下 E. P. と略す）p. 87.

（3）Cf. ibid., p. 87.

（4）Ibid., p. 87.

（5）Ibid., p. 87.

（6）Cf. ibid., p. 86.
（7）Ibid., p.87.
（8）Ibid., p. 90.（カッコ内は筆者）
（9）Cf. ibid., p. 90.
（10）Cf. ibid., p. 90.
（11）Ibid., p. 91.
（12）Ibid., p. 86.
（13）Ibid., p .86.
（14）Ibid., p. 88.
（15）Ibid., p. 88.
（16）Ibid., p. 88.
（17）Cf. ibid., p. 94.
（18）H. Bergson, *Les deux sources de la morale et de la religion*, P.U.F.（以下 M. R. と略す）pp. 7–8.
（19）H. Bergson, *Essai sur les données immédiates de la conscience*, P.U.F.（以下 D. I. と略す）p. 174.
（20）Cf. H. Bergson, *L'évolution créatrice*, P.U.F.（以下 E.C. と略す）pp. 158–159.
（21）Cf. M.R., p. 283.
（22）Ibid., p. 283.
（23）D. I., p. 125.
（24）H. Bergson, *Matière et mémoire*, P.U.F.（以下 M. M. と略す）p. 1.
（25）Cf. M.M., p. 35.

(26) M. M., p. 111.
(27) M. M., p. 173.
(28) Cf. M.M., p. 178.
(29) M. M., p. 179.
(30) M.M., p. 179.
(31) Cf. M.M., pp.174-176.
(32) Cf. M.M., p.170.
(33) A. H. Maslow, *Toward a Psychology of Being*, D. VAN NOSTRAND Co. Inc. 1962. p.132（邦訳『完全なる人間』上田吉一訳、誠信書房）。
(34) C. Rogers, *On becoming a person*, Houghton Mifflin Co, Boston. p.193（邦訳『人間論』村山正治編、岩崎学術出版社）。
(35) Ibid., p. 194.
(36) Ibid., p. 184.
(37) Cf. ibid., pp. 184–185.
(38) Ibid., p. 167.
(39) Ibid., p. 168.
(40) Ibid., p. 169.
(41) Ibid., p. 171.
(42) Ibid., p. 171.
(43) Ibid., p. 172.
(44) Ibid., p. 173.

(45) A. H. Maslow, *Motivation and Personality*, Harper & Brothers 1954.
(46) Ibid., pp. 261–262, E. C., pp. 48–49.
(47) Ibid., p. 262.
(48) Ibid., p. 263.
(49) Ibid., p. 263.
(50) Ibid., p. 265.
(51) Ibid., p. 266.
(52) Ibid., pp. 266–267.
(53) Cf. ibid., p. 262.
(54) Ibid., p. 271.
(55) Cf. ibid., p. 268.
(56) Ibid., p. 271.
(57) Cf. ibid., pp. 271–272.
(58) Ibid., p. 272.
(59) Cf. ibid., p. 272.
(60) Ibid., p. 273.
(61) Ibid., p. 274.

第四章　H・ベルクソンのボン・サンスとW・ジェイムズのプラグマティズム

一　ベルクソンのボン・サンス

前章(1)において、アメリカの二人の心理学者A・H・マスローとC・ロジャーズがそれぞれにおいて立てていた理想的な人間像を綜合する形で一般意味論のS・I・ハヤカワが新たに提出し直した人間像、「真に正常な人間」が、ベルクソンの「ボン・サンスの人」と深い類縁関係を示す点に照明を当ててみたが、今回はこれとの関連でまず、ベルクソン自身がそれではそもそもこのボン・サンスというものをどのようなものとして捉えていたか、というところから見ていくことにしたい。この場合にもやはり、ソルボンヌの大講堂で行なわれた『講演』、「ボン・サンスと古典学習」が大変貴重な資料を提供してくれる。

ベルクソンはここでボン・サンスとわれわれの感覚（サンス）一般との比較から始めている。すなわちこの講演の翌年公刊されることになる『物質と記憶』の知覚論を先取りするようにまずつぎのように述べる。「われわれの感覚の役割は、一般的に言って、物質的対象を認識させることよりもむしろその有用性をわれわれに知らせるところにある」(2)と。ものの味や匂い、暑さや寒さ、光りや影はものの性質ではなく、もっぱらものがわれわれにたいして有している都合、不都合を知らせるにすぎない。それらは科学によりもむしろ生活に向けられており、なによりもわれわれの生活空間における行動を方向づけるものである。ところで生活空間とは、たんにわれわれが生物として有している環境的世界を意味するだけでなく、同時に社会的な環境の意味をも有していよう。換言すれば、われわれが周囲の環境的世界からのシグナルにしたがっておこなう行動は、まずわれわれ自身に直ちに跳ね返ってくるだけでなく、われわれが生活を共にする仲間たちにも多かれ少なかれ影響を及ぼすことにならざるをえない。そして「こうした仲間たちに及ぼす行動の結果を予め見通したり、もしくは予感したりすること、行動に関して本質的なものと付随的なもの、ないしは無関係なものとを区別すること、さまざまな可能な手段のなかからたんに考えられるというのでなく、まさに実現可能な最大限の良い結果をもたらすにちがいないものを選びとること、これこそがボン・サンスの役割だ」(3)、ということになる。この意味でボン・サンスとは一種の感覚には違いないけれども、他の感覚がもっぱらわれわれをものと関係づけるのにたいし、ボン・サンスはわれわれの仲間たちとの関係においてとりわけ重要な役割を演じているという点ですぐれて社会的な感覚であるということができる。さて、ベルクソンが感覚に引き続いてボン・サンスの比較の対象としているのは天才である。すなわちベルクソンによれば、天才が働くときには一般に真偽に関する微かな予感のようなものがあり、これが厳密な証明や最終的な実験に先立つはるか以前に、物事の間の隠された両立不可能性とか、思いがけない親和性を見出させているという。そしてわれわれの日々の生活においても実は、あたかもこれと同様、すべての詳細がことごとく把握できていなくとも、そのつどの状況の全体を把握させ、ためらいを取り除き、困難を一刀両断にしてくれるものが存在しているのであって、これもまたボン・サンスというものにほかならないとする(4)。そしてこのようなことが天才やボン・サンスにおいて可能になるのも、両者がともに、精神の積極的能動的なはたらきに他ならないからなのである。なぜなら天才が自然について一定の見通しをもつとすれば、それは前提としてかれが「自然とのごく親密な仲間づき合い」(5)のなかで生きてきたからであるし、ボン・

サンスはボン・サンスで絶えず目覚めつづけているある種の精神的な働きを、「新しい状況にたいしてたえず新たにされる一種の調整」[6]のごときものを要求するものだからである。逆に言えば、ボン・サンスにとって、ことばが通常内に蔵しているようなレディメイドの考え方、いわゆる常識的な考え方ほど恐るべきもの、斥けなければならないものはない、ということである。むろん、常識といえども、もとは生き生きとした精神活動によって生み出された果実ではある。しかしそれはまもなく「木から落ち、乾からびてしまったのであって、その柔軟さを欠いたこわばりのなかで、精神活動の残滓をわずかにとどめているにすぎない」[7]。これにたいしボン・サンスの方は、「われわれが［自分のなかに］（［　］内は紺田、以下同様）作り上げてしまった［習慣的な］考え方や出来合いの問題解決法のときには苦痛に満ちた犠牲を要求する」[8]。したがってまた、ボン・サンスは百科事典的な博識とよりもむしろ「学ぼうとする意志をともなった無知の自覚」[9]、いわゆる無知の知と呼ばれるものとより多くの関係をもつ、といわれることにもなる。どこまでも経験にたいして開かれた心、これがボン・サンスというものなのである。ところで「その決断の速やかさ」[10]や「本性として持っている自発性」[11]という点からいうと、ボン・サンスはまた本能との類似性を示す、ともいわれる。ただし本能と違っているのは、ボン・サンスには「手段の多様性」[12]とか「形態の柔軟性」[13]ということがあるし、そしてなによりも「知的な自動運動」[14]からわれわれの身を守るためにボン・サンスがつねに怠ることなく続けている「執拗な監視」(la surveillance jalouse)[15]ということがあるであろう。ところでボン・サンスの「現実にたいする配慮や、諸事実とあくまでも接触を保ち続けようとする点」[16]からいうと、それはまた科学とも共有する性格である。もっとも、科学が「普遍的な真理」(la verité universelle)[17]を目ざすのにたいしていえば、ボン・サンスはもっぱら「現時点における真理」(la verité de l'heure présente)[18]を目ざすにすぎない、という違いがあるし、また、「科学がいかなる経験的事実も、推論のいかなる帰結もゆるがせにはしない」[19]のにたいして「ボン・サンスは選択する」(Le bon sens choisit.)[20]。要するに対象の広さという観点からいうと、ボン・サンスはちょうど本能と科学の中間に位置を占めていることになる。

さて、こうしたボン・サンスを論じた『講演』がベルクソンの重要な著作の一つである『物質と記憶』の出る直前のものであることはすでに述べた通りであるが、つぎにベルクソンが取りあげている事柄もこの著作における議論と深い関わりを持つものである。すなわちベルクソンはここでまず、ボン・サンスとはなによりも「生活へと向けられた注意」[21]であるがゆえに、その最大の敵はすでにわれわれの身につき一定の見方しかできなくなってしまっている精神、すなわち「習慣的精神」(l'esprit de routine)[22]と、現実から遊離して夢をひたすら追い求めるだけの「空想的精神」(l'esprit de chimère)[23]であるとする。ところで、これは『物質と記憶』において「行動の人」[24]というものをつねに習慣に自動的にしたがうだけの「衝動的人間」[25]と、その反対に過去の想い出に浸りきりとなり、行動をすっかり忘れてしまっている「夢想家」[26]との中間領域に位置づけているのとまさに対応していると言える。もっとも、一見して明らかなように見えるこうした類似にもかかわらず、これら二つの議論のあいだには実はよく見るときわめて大きな相違のあることにも気づく。すなわちそれは夢想の理解にもっとも顕著に表われているのであるが、まず、『講演』においては、夢想が現実を踏まえない、いわばドン・キホーテ的な理想の追求として斥けられているのにたいし、『物質と記憶』においては、たんに現実を直視しようとしない過去への逃避として斥けられているに過ぎない、ということである。こうした違いはいったいどう考えればよいのであろうか。結論から先に言えば、ベルグソンには狭義のボン・サンスと広義のボン・サンスの二つの使い方があるということである。つまり『物質と記憶』の場合は事態をあえて単純化し、人間をもさし当たっては一生物にすぎないものとしてその環境的世界への適応という側面からもっぱら取りあげているのにたいし、『講演』の方はすでに人間をみずからに固有な文化的社会的な価値を追求する存在としてあくまでも具体的総体的に捉えていこうとする視点に立っているということである。したがってボン・サンスという同じ語が使用されていても、前者においてはそれのたんに技術的な性格のみが注目されることとなり、夢想も環境への適応力を喪失したものとして、そうした技術的なレヴェルでの頽落形態が問題にされているにすぎないのにたいし、後者においてはその頽落が倫理的な意味をも帯びてくることになるわけである。ところでボン・サンスの頽落形態としての夢想が両者においてこのような違いがみとめられるとすると、それらの対極にあるとされる習慣化した形態についても同様なことが言えるのではなかろうか。すなわち『物質と記憶』の「衝動的人間」においてはその行動の性格がたんに本能に類似している点が指摘されているだけなのにたいし、『講演』の「習慣的精神」はやがて『道徳と宗教の二源泉』で強調される「閉じた社会」を維持補強するものとしての法律の閉鎖的性格などとも結びつけられて理解され、社会を開放的な性格のもの、「開かれた社会」へと変えていく愛の原理とは明らかに対立的なものとして理解されているということである(27)。したがって『物質と記憶』のボン・サンスでは、環境の変化にたいする柔軟な対応能力としての規定がせいぜいのところであるのにたいし、『講演』のそれは「最善を目ざしての力強い希求と世間の事情が許す範囲についての正確な判断」(28)を含み持つところの「進歩の精神」(29)というかなり内容のある規定を獲得することにもなっている。さらに別な言い方をすれば、『講演』のボン・サンスは「正義の精神」(l'esprit de justice)(30)でもある、ということである。むろん、ここでいう正義とはたんに理論的、抽象的な意味での正義ではない。ベルクソンによればそれはまさに「正義の人」(l'homme juste)(31)において受肉した正義、換言すれば、それは生きて働くあくまでも具体的な正義でなければならない。それは「さまざまな事態のなかに入りゆこうとつねに注意を払いながらも、行動とその予想される結果をたえず天秤にかけ、良きものをそれよりもより大きな悪しきものでもって購うことをなによりも恐れる」(32)とされる。また一方、正義は、それが実現されるさいには「ある種の繊細な感覚、実践的な真理についての一つの見方、ないし感触のようなもの」(33)となり、これがまさに「正義の人」にたいし自分はいったいなにをしなければならないのか、そしてまた他人からはなにが期待できるかについての正確な見当を与えてくれる、という指摘もなされている。「もっとも確かな本能がするだろうように、望ましいもの、実現可能なものに向けてまっすぐに導いていく」(34)ものこそまさにここで言われる正義の意味なのである。日本語のいわゆる「勘」が道徳的行為のレヴェルで働くような場合を思い浮べればよいのかもしれない。

しかしいずれにせよこのように見てくると、西洋哲学が伝統的に知性と意志、道徳と認識、思想と行動などとしてはっきりと二分法的に区別して理解してきたものには実は共通な起源が存在していたということが分かるのであって、それこそボン・サンスだということになる。すなわち、われわれの行動にたいしてつねに合理性を付与するとともに、思想にたいしては逆に実践的性格を与えているもの、これこそベルクソンによればボン・サンスというものにほかならないのである[35]。しかしながら、こうした道徳的な意味を担ったボン・サンスをベルクソンの哲学の全体的な流れのなかに位置づけようとすると、それは実際にはかれの最晩年の著作『道徳と宗教の二源泉』において「偉大なる神秘家たち」についての記述がなされるときまでまたなければならないであろう。換言すれば『講演』で説かれたようなボン・サンスは、ベルクソンのそのときどきの思索の根底にあってつねに導きの糸となっていたには違いないが、一たんは表面から姿を隠して他の思索に場所をゆずらねばならなかった、ということである。しかしなぜそのような必要があったのであろうか。それは『講演』で述べられているような一応の結論をさらに広い視野のなかで、またより徹底した根拠の問い直しを通して明らかにしようと考えたためである、ということができるかもしれない。しかしそのためには一旦斥けられた二元論的な考え方をふたたび採用しなければならなくなるであろう。なぜならボン・サンスのような根源的なものは、さし当たってはその主要な現われを通じてしか捉えることができないからである。そして事実、ベルクソンは『講演』において、一方でボン・サンスの一元的な性格を強調しながらも、他方、その説明においてはすでに二元的な扱い方もあえてしているのである。すなわち例えば「私は……〔一方で〕ボン・サンスのなかにつねに自身に打ち克って出来合いの観念を排除し、形成されつつある観念に広い場所を開けてやり、辛抱強い注意の抜かりのない努力によって現実にみずからを合わせていく知性の内的な働きをみとめるとともに、「他方で」強力な道徳的な中心から発せられる知的な輝きを、正義の感情に合わせて作られる観念の正しさを、要するに性格によってたえず正されていく精神をみとめる」[36]、というような述べ方をしたり、あるいはこれをもっと簡単に、ボン・サンスとは、「現実感覚と、善にたいし深く感動することのできる能力との調和」[37]である、としたり、また、「観念の明断性、ゆるぎのない注意力、自由で無理のない判断がボン・サンスの物質的なうつわをなしているとすれば、その魂はまさに正義にたいする情熱である」(38)、などとしているのである。そうしてこうした二元論的な扱いをベルクソンの主著のなかでたどろうとすると、前者の側面がすでに見たようにまず、『物質と記憶』の狭義のボン・サンスにおいて明らかにされ、『創造的進化』においてその生命の歴史から見た意義が知性論として深められていくのにたいして、後者のそれは『時間と自由』のわれわれの日常的意識の拡大によって明らかになる「純粋持続」としての意識の直接与件の捉え直しに始まり、『物質と記憶』の狭義のボン・サンスが機能するさいに伴うとされるわれわれの「全記憶の現前」としての純粋記憶の考えを経て、やがて『創造的進化』の「意識一般」、そして最終的には『道徳と宗教の二源泉』の「神秘家」における「愛」の自覚へと深められていくと言えるであろう。しかしベルクソンの主要な著作を通して行なわれるボン・サンス論の深化については前著『フランス哲学と現実感覚』(関西学院大学出版会)でやや詳しく論じておいたし、また、本書の補遺でも不充分ながら論じているので今回はそれを繰り返すことはやめ、つぎに前章のベルクソンのボン・サンスとA・H・マスローやC・ロジャーズの心理学との類縁性について比較を試みた点に立ち戻り、こうした類縁性は実はW・ジェイムスとの関係にまで遡るものであるらしいことを明らかにしてみたいと思う。そしてそのさい有力な手がかりを与えてくれるのはなによりもW・ジェイムスの『プラグマティズム』の仏訳(一九一一年)に付されたベルクソンの『解説』であろう。なぜならベルクソンはここでW・ジェイムスの思想を右に見たような意識の拡大とプラグマティクな真理観の総合からなるとし、W・ジェイムズの心理学もまたいわばボン・サンスの哲学へと発展する可能性を秘めもったものとして捉えようとしているからである。

二　ベルクソンとW・ジェイムズの交流

しかしこの問題に入る前に少し疑問になる点があるのでそれから先ず見ておきたい。すなわちそれは二人の文章を比較して見るとただちに明らかなことであるが、ジェイムス自身による『プラグマティズム』の序文では、この著作は、かれがそれまで「根本的経験論」として発表してきた考え方と結びつけて考える必要はまったくない、としているのにたいし、ベルクソンの『解説』では「根本的経験論」の考え方は、ジェイムズのプラグマティックな真理観を理解するうえで不可欠な前提をなしている、とするまったく相対立する見解が表明されている点である。すなわちジェイムズのほうはまず、序文の末尾の部分でつぎのように述べる。「少なくとも一つの誤解を避けるために以下のことを言っておきたい。すなわちわたしが理解するようなプラグマティズムとわたしが最近『根本的経験論』として述べてきた考えとの間にはなんらの論理的な関係もない、ということである。後者はそれ自身の基盤に立っている。まったくこれを斥けてもひとはなおプラグマティストたりうるであろう」[39]と。しかるにベルクソンは「実在一般について通常いだかれている考え方を変更することから始めることなしにはジェイムズの理解は難しい」[40]として「根本的経験論」に含まれるジェイムズの実在理解から取りあげようとするのである。この両者の間に横たわる奇妙なズレを一体どのように理解すればよいのであろうか。この疑問を解く鍵は『プラグマティズム』の原著の出版されたのが一九〇七年であったのにたいし、仏訳はそれに遅れること四年目の一九一一年になってようやく出版された、という事実に求めることができるであろう。つまりこの仏訳の出版の二年前の一九〇九年には、ジェイムズがベルクソンの主知主義批判に大いに鼓舞されて成った著作『多元的宇宙』が出版されており、ベルクソンが『解説』を執筆した時点ではすでにこの著作を詳細にわたり目を通していた、ということである。逆にジェイムズの立場から言えば、かれの『プラグマティズム』がアメリカではじめて出版された頃は、まだかれのなかで実在認識についての主知主義的な立場についての批判が徹底されておらず、したがって折角の「根本的経験論」も『プラグマティズム』のなかでは充分に生かされる事ができなかった、というのが真相のようなのである。しかし新たにベルクソンの『創造的進化』や『形而上学入門』を、そして一旦はその独創性を評価しながらも、多くの疑問点を残したままになっている『物質と記憶』を『時間と自由』と再度併せ読むことによって(41)、みずからの思索とベルクソンのそれとの近しさをあらためて確認することとなった。そしてとくにその徹底した主知主義批判に触れることによって、みずからの「純粋経験」の、実在の直接的な把握としての意義に改めて思いを致すとともに、こうした実在を知性的に処理することの不当さが今更のごとく痛感されることとなったのである。しかしいずれにせよベルクソンの『解説』は『プラグマティズム』だけの『解説』というよりも、『多元的宇宙』を介して『根本的経験論』(42)と『プラグマティズム』を内面的につなぐ論理まで明らかにしようとしている点で、かつてのジェイムズをその後のいわばベルクソンに非常に接近したジェイムズの観点からあらためて捉え直したものと見ることができるであろう。

ベルクソンがジェイムズのプラグマティズムを論じるにさいしてまず注目するのは、知性が実在を把握するさいの枠組の狭さと、その反対に実在そのものが示す驚くべき豊かさについてジェイムズが指摘している点である。ところでこうした実在、あるいは自然の豊かさと、知性の貧しさ、あるいはその抽象的性格への言及は、たしかに『プラグマティズム』にも『根本的経験論』にも認められるものではあるが、これをもっともはっきりと論じている、という点からすると、実は、この二著よりもむしろ『多元的宇宙』の方である、といわねばならない(43)。「意識［＝経験、自然］のいかに小いさな部分の状態といえども、具体的に取りあげるならば、それ自身についての定義からはあふれ出てしまう。概念のみが自己同一的であり、「理性」だけが閉じられた方程式を扱うのである。自然とは過剰に付された名前にほかならない。自然におけるどの部分も口を開けてより豊かなもののなかへと流れ込んでいく……」(44)そしてベルクソンは恐らくこのジェイムズの個所を思い浮べながらであろう、つぎのように解説する。「われわれの知性は、その節約の習慣にしたがい、結果をその原因にたいして厳密に釣り合ったものと考えるのにたいし、浪費家の自然は、原因のなかに結果を生むのに必要なものよりはるか以上のものを置く。われわれのモットーは、〈ちょうど必要なだけ〉なのにたいし、自然のそれは、〈必要以上のもの〉、すなわち、あれやこれやであふれかえることなのだ。ジェイムズが認める実在は無駄だらけで、ものであふれている」[45]と。また同じことを巧みな比喩を用いてつぎのようにも述べている。すなわち、一切の無駄が斥けられて、ひたすら一つの結末に向かって進行していくドラマと異なり、「実人生においては、無数の無駄口が叩かれ、無数の余計な仕種が行なわれ、明確な状況などというものもほとんど存在しない。何事もわれわれが望む通りに単純にも、完全にも、また、すっきりとした形にも、起こってくれはしない。場面場面はたがいに侵食し合っている。物事は新しく始まりもしなければ、もうこれでお終い、ということもない。すっかり満足できるような解決もなければ、これが絶対的というような決定的な仕種も、有効適切で、そこに安住し続けられるような名セリフもない。結果はことごとく形なしにされていくのだ」[46]と。ベルクソンが取りあげるつぎの点も、また、『根本的経験論』でも『プラグマティズム』でも論じられているものではあるが、しかし『多元的宇宙』においてはより包括的な見地より捉えなおされている、といえる点である。すなわち、われわれの経験においては、たんに個々の物事が与えられているだけでなく、同時にそれら相互の具体的な関係もまた与えられている、とするジェイムズの主張がそれである。ジェイムズはこれを主知主義者たいしてだけでなく、かれが好意を寄せる経験論者にたいしてもおこなう。なぜなら経験論者も、かれが反対する主知主義者と同じまちがった前提、すなわち、実在は個々の独立な要素からのみ成り立つと考えているからである。しかしジェイムズによれば、われわれの経験においては、たんに個々の物事が実在的なものとして現われるのみならず、それらの関係もまた、同時に、実在的なものとして現われているのである。しかもジェイムズによれば、物事が流動的であるのと同じように、それらの関係もまたたえず変化していくものなのだ。ところでジェイムズのこれらの主張がとくに『多元的宇宙』において明確にされる理由であるが、それはすでに見たように、ベルクソンの影響のもとにようやくかれ自身の世界観が確立しつつあった、ということをおいてはない。ジェイムズはこの書においてはじめて、みずからの世界観を大いなる展望のもとに示しえた、ということである。すなわち、こうした流動的な物事や関係からなる世界とは、そもそも「一つの方向に流れているのか、あるいは流れているのがはたしてつねに、そしていたるところで同じ川なのかどうかさえ分からない」(47)ような世界であって、主知主義者たちの一方で個々の物事が相互にきちんとした関係において捉えられると同時に、他方で一つの大いなる全体の中にはっきりとした位置づけを与えられているあの完結した世界とはまさに正反対の世界なのである。個々の物事が多元的に存在しながらも同時に関係し合い、相互に関係し合いながらまたそれぞれにおいても変化を遂げ、したがってまた、こうした関係そのものも変化していくような世界、これがジェイムズのいわゆる「多元的宇宙」に他ならない。ベルクソンはこれをさらに別な言い方で、古代人の有限な宇宙も、近代人の無限な宇宙もともに人間の主知主義的な要求にしたがったもので、われわれの経験と合致するものではないこと、ジェイムズの「純粋経験」ないし「根本的経験論」の立場からすれば宇宙は「有限」でも「無限」でもなく、むしろ「無際限」なものとして現われる、と解説している(48)。ところでわれわれの宇宙がジェイムズの言うとおり、知性が期待するほどに明快なものでない、とすると、知性はそれだけ欲求不満に陥らざるをえないことになるであろう。また、知性の重要性もそれに合わせて減じないわけにはいかないであろう。しかしそれでよいのである。なぜなら知性のかわりに「人間自身の重要さが、知性だけでなく、意志も感性も併せもった全体としての人間の重要さがそれだけ増大することになる」(49)からである。ジェイムズは『多元的宇宙』のなかで一切の有限者をみずからのなかに呑み込んでしまう一元的宇宙の「よそよそしさ」(foreignness)を繰り返し強調し、多元的宇宙の「したしさ」(intimacy)と対照させる理由はまさにここにあるであろう。「絶対主義者［一元論者］たちがもっとも強調するのは絶対者の無時間的な性格である。一方、多元論者たちにとって時間はなににもまして実在的なものである。宇宙においてなんらかの歴史を持たないでもおれるほど偉大であったり、静止的であったり、永続的であったりするようなものはなに一つ存在しない。ところでわれわれ各人が心ゆくまでくつろぎを覚える世界とは、その歴史がわれわれの歴史のなかにも参入してきて、変化の過程においてわれわれ自身が手を貸してもらうと同時に、われわれもまた手を貸してあげられるような人々からなる世界のことである。こういった満足は、絶対者がわれわれにたいしてまさに拒んでいるものである。われわれは絶対者にたいしては手を貸すことも、その仕事の邪魔をすることもできない。なぜなら絶対者はわれわれの歴史の外に立つものだからである。哲学においては、われわれが送っている当の生活を現実的で真剣なものとして示すことは、たしかに一つのメリットとなる。多元論は絶対者を追い払うことによって、われわれがそのなかでくつろぎをえているただ一つの生活を非現実的なものにしてしまう、あの途方もない存在を追い払ってくれるのであって、かくして実在の本性を本質的なよそよそしさから救いあげてくれるのである。目的や動機、欲求や嫌悪の対象、われわれの感じる悲しみや喜びの基盤はすべて、この有限な多様性の世界のうちに存在している。なぜならこうした世界においてのみなにかが実際に生起するし、そこにおいてのみさまざまな出来事が経過しゆくものだからである」(50)。知性がそれなりのやり方で世界を照らしだしてくれているとすれば、感性はもう一つ別なやり方で、知性だけではとうてい明らかにしえないような部分を照らしだしてくれている、ということだ。また右の「根本的経験」に立ち戻って言えば、われわれが全面的に信用できるのは、ただこうした経験がもたらしてくれるものについてだけである、ということになるが、ただそのさい、われわれはこの経験をどこまでも総体として受け容れてゆかねばならないのである(51)。換言すれば、こうした経験には感情も含まれており、ベルクソンが解説するように、これもわれわれの知覚と同様の資格で、したがっていわゆる「もの」と同じ資格で受け容れていかねばならないのである。ところでベルクソンによると、このように感情面の重要性を強調するジェイムズにおいてもとくに注目しなければならないのは、宗教的な体験にさいして顕になるような感情面にたいしてジェイムズがとくに大きな関心を払っていた点である、という。ベルクソンはジェイムズのプラグマティズムの出発点、その着想のもととなった考え方はまさにここにあった、と考えるからである。

ベルクソンはまず、ジェイムズが『多元的宇宙』において取りあげたフェヒナーの一見奇妙な理論、われわれの地球を動的な魂の備わった一つの独立な存在と見做す理論の検討からはじめる。ベルクソンによれば、ジェイムズがこうしたフェヒナーの理論に興味を抱くことになったというのは、実は、かれがそこにまさにみずからの考えと同じものが現われているのを見てとったからにほかならない。すなわちその考えとは、「われわれの経験を構成する物事は、われわれにとっては一つの人間的な世界を形作っているということ、なるほどこの世界は他の世界とも結合せられてはいるが、しかしそれらとは大変隔てられているのにたいし、われわれにとっては大変近しいものであるので、実際上は人間にとっては充分な、そしてそれ自身としては自己充足的なものと見做さねばならない」(52)、というものである。ところで、ここには一方で、先刻見たような主知主義的な宇宙観の拒否とともに、他方、人間の個々の営みをその具体性をなんら損なうことなく統合していくような、いわば、われわれより一段高次な主体としてこの地球を捉えていこうとする視点が示されている、と言えるであろう。なぜなら人間の諸活動を含み持った地球が自己充足的であるとは、まさにそれ自身、一つの有機的な全体をなしている、という主張にほかならないからである。事実、ジェイムズもフェヒナーのこの辺りのことを、われわれにおける諸感覚の存在とその統合のアナロジーを用いてまず、つぎのように説明する。すなわち「われわれ自身においては、視覚は目とともに機能し、触覚は皮膚とともに機能する。ところで目や皮膚は相手の感覚のことはなにも知らないにもかかわれず、われわれ各人が自我と呼んでいるより包括的な意識のなかへ一緒に入ってきて、ある種の結合関係のなかに立ち現われるであろう。それゆえフェヒナーが言うには、これとまったく同様に、わたしのわたし自身についての意識と、あなたのあなた自身についての意識とは、その直接性においてはなるほど離れればなれのままで、たがいのことはなにも知りはしないけれども、しかしより高次の意識、すなわちその構成要素としてそれらが入っていく人類の意識においては、よく承知せられていて、一緒に用いられていると想定せねばならないのだ」(53)と。そしてこれに引き続いて、人類の意識はさらに動物界の意識とも連なっており、より一層広大なスケールの意識へと合流し、ついには地球の魂において植物界の意識とも合流することになる、とまで述べるフェヒナーを紹介している。ところで、いまここでさしあたって大事なのは、ジェイムズがフェヒナーとともに、われわれ一人ひとりの意識を超えつつも、しかもそれらを一つ漏らさず自らのなかに統合していくような意識の存在を認めようとしているはじめの部分であろう。

ヨーロッパの世紀末は、フロイトに代表されるように、無意識的な世界の実在性がふたたび認知されるようになった時代である。そしてジェイムズもまた同時代者として、無意識に強い関心を抱いた思想家であった。ベルクソンの一九〇三年のジェイムズ宛の最初の手紙が、『宗教的経験の諸相』の寄贈にたいする深い謝意を表わすものであったということにはなにか意義深いものを感じさせるものがあるが(54)、『解説』においてジェイムズの無意識を取りあげるさいにも、この著作に言及することを忘れていない。「『宗教的経験』に関するかれの著作が出版されたとき、多くの人びとはそこに一連の大変生き生きとした記述と、鋭い洞察にもとづく分析を認めただけであった。すなわちかれらによれば、これは宗教感情の心理学である、ということであった。しかしこれは著者の思想をどれほど誤解するものであっただろうか。本当は、ジェイムズという人は、われわれが春の日にそよ風の愛撫を感じるために外に向かって体を乗り出したりたり、あるいはどちらから風が吹いてくるのかを知るために、海岸で舟の往き来や、帆のふくらみを見守るように、神秘的な魂にたいして耳を傾けていたのである」(55)と。ベルクソンはまた、ある特定の瞬間に人びとの心を大きく揺り動かすことがある強力な感情というものは、ジェイムズにとっては物理学者が対象としている力と同様、現実的な力であって、人間は熱や光りを生み出すことができないのと同様、それを生むことはできない、とも述べる。つまり宗教的な感激に満たされた魂は、物理的な力でものが動かされ、持ち上げられるのと同じであって、実は、ここにこそジェイムズの真理観の出発点となっているものをみとめなければならないというのである。すなわち、真理とはなによりもまず「考えられるよりも以前に感じられ、生きられてきた真理」(56)でなければならない、ということだ。英語の動詞“to experience”は本来、われわれの外部において生起する事柄を冷静に観察する、という意味よりもむしろ「かくかくのあり方を自分自身のうちに体験し感じ取ること、自分自身でそれを生きる」(57)、という意味で使われてきたようであるが、真理はまず、このような意味における〈経験〉に根ざさねばならないのである。しかしながらそれにしても、このようなプラグマティズムの真理観の原点ともいうべき宗教的な感情とは、実際にはどのようなときに経験されるものなのであろうか。『多元的宇宙』においては、ベルクソンの右に見たような比喩からは想像もできないほど深刻な言い方でそれは、「われわれの死に引き続いてやってくる、思いがけない生の経験」[58]と述べられている。もっとも、この場合の死とは、ただちに肉体の死を意味するのではなく、むしろ各人がみずからの人生観にしたがえばまさに死を意味する他はないような行き詰りや絶望のことを言うようである。したがって右の言葉の意味は、自身の力ではもはや乗り切っていくことはとうていできそうにもないような困難をきわめる課題に直面し、無力感にさいなまれているとき、そしてそうした無力感がきわまるときに、思いがけなくも開示されてくるような、新たな人生との出会いだ、ということになる。ところで、ジェイムズはこうした経験の意味を明らかにするために、ギリシャ人やローマ人のあくまで自力で正義を目指す倫理主義の立場から、パウロの信仰の力によってはじめて正義の実現が可能となる、とされるキリスト教主義への転換という歴史的な見方と重ね合わせて見ていこうともしている。ベルクソンはやがて『道徳と宗教の二つの源泉』のなかで、前者の倫理をポリスの住民としての倫理、市民としての倫理にすぎないとして「閉じた道徳」と呼び、後者はそれと対立するコスモポリタンとしての倫理、人間としての倫理であるとして「開かれた道徳」と呼んで明確に区別するようになるのであるが、ジェイムズにおいてもすでに、上記のようにフェヒナーやキリスト教を引き合いに出すことによって、かれの理解する宗教的経験が含み持っている倫理の開放的人類的な性格、さらに言えばその地球的と言ってよいような性格を明らかにしようとしている、と言うことができる。しかしながら、それにしても、このような宗教的経験がジェイムズの真理観の原点をなしている、とベルクソンが言うとき、とくにどのような点に注目しているのであろうか。第一点目としてはいうまでもなく、真理はすべて実際に体験される事柄に根ざすものでなければならない、という点であろうが、第二点目としては、従来考えられてきたような永遠の昔より存在している真理というようなものはなく、もっぱら生成する真理というものだけが存在する、という点ではなかろうか。最後にこれらについてもう少し詳しく見ておくことにしたい。

三　W・ジェイムズのプラグマティズム

第二の点から取りあげてみよう。ジェイムズによれば、真理とは、われわれがもっている観念においてみとめれる一定の性質のことである。そしてその性質とはなによりもまず、その当の観念と実在との一致を意味する。もしも一致しないならば、それは真理でなく虚偽だ、ということになる。しかし問題は、この「一致」や「実在」の意味である。伝統的な主知主義の真理観によれば、真理とは実在をコピーするもの、とされてきた。たしかに感覚的な対象、例えば向こうの壁にかかっている時計などは眼を閉じてもかなり細かなところまで正確に思い浮べてみることができるかもしれない。われわれはそのとき時計を模写していると言っても決しておかしくはないであろう。しかしこの時計の「仕組み」という観念はどうであろうか。その時計を分解してみたことがあり、その仕組みを熟知している時計の専門家でもないかぎり、この観念が果たしてどこまで模写である、といえるのか、はなはだあやしくなってくるのではなかろうか。ましてベルクソンが挙げているような一般的な命題、たとえば「熱は物体を膨張させる」はどうであろうか。個々の物体についての実験の過程で、熱はそのつど各々の物体を膨張させる事実を記述して、それを模写だと言うのはかまわないとしても、上記の命題のように、すべての物体について言われる場合は、もはや模写とは言えないのではないか。なぜなら「実在するものとは、いつもかくかくの時間、空間の中で成就されるかくかくの特定の事実であるということ、すなわちそれは独自なものであり、変化しつつあるものであるのにたいし、たいていの判断は逆に一般的であり、そうした判断が対象とするものの一定の安定性を前提にしている」[59]からである。しかしながらベルクソンによれば、われわれはそれでもなお、一般的な命題はなにかを模写している、と考えようとするものであって、いつの時代にも哲学はつねにこの点に関してわれわれを満足させようと努めてきたのである。例えば古代の哲学、とくにプラトンにおいては、人間の判断は、天上の永遠の真理を忠実に模写していればいるほどそれだけ真理性を増大させる、と考えられていたし、近代人はなるほど真理を地上に引き下ろしはしたが、それでもなお、真理は事実のなかに宿っており、われわれの判断はただそうした真理を明るみに引き出すだけだ、と考えられているのである[60]。また、さらにベルクソンは、科学的真理はすべて人間理性に相対的だ、と見なされているカントにおいても、正しい判断はすべて人間の経験のなかにあらかじめ与えられている、としている点では例外ではない、とも述べる[61]。要するにプラトンにせよ、カントにせよ、その他の近代の主知主義者にせよ、真理はすべて、なんらかの仕方ですでに与えられているもの、とする点において共通だ、ということである。かれらは総じて真理というものを過去的なものと見なしている、と言い換えてもよい。しかしプラグマティズムの真理観は違っている。一言でいえば、それはあくまでも未来志向的である。そもそも、プラグマティズムの主要な関心は、「ひとつの観念や信念が本当であるとした場合、それは誰かの現実の生活のなかで、どのような具体的な違いを生むことになるのか、その真理はどのように実現されるのか、信念が間違っている場合に得られる結果とどれほど結果が違ってくることになるのか、要するに経験のことばで言ってその真理の現金価値はいかほどのものなのか」[62]という点にある。言い換えれば、プラグマティズムの真理観とはそもそも操作的な真理観であって、「本当の観念とは、われわれが同化し、発効させ、事実によって裏付けし、確認できる観念のことであり、誤った観念とは、それができない観念のことだ」[63]、ということである。また、ジェイムズはさらに、「ひとつの観念の真理とは、その観念に内在する澱んだ性質などではない。真理とは観念に起こってくるものなのだ。観念は真理となるのであり、出来事によって真理とされるのである。観念の真理性とは実際は一つの出来事であり、過程である。すなわち観念自身によるみずからの確認作業、すなわち観念の自己確認作業であって、その有効性とはその発効の過程にほかならない」[64]、などとも述べている。実在は完全に首尾一貫したものとして体系化されており、真理としての論理的な骨組みがそれを支えている、と考えるのが主知主義であるが、端的な経験は、決してそのようなことをわれわれに教えはしない。実在は、あくまでも流れゆくものであり、われわれもまた、この流れゆく実在とともに流れていくのだ。そしてジェイムズによれば、こうした実在の流れのなかにあってわれわれを導きながら、実在にたいする取っかかりを与え、それに働きかけるためにわれわれをよりよい条件においてくれるもの、そのようなものこそ真理として受けとるべきものなのである。真理は決して「すでに存在するものとの一致」によって定義すべきものではなく、むしろ、「未だ存在しないもの」との関係によってこそ規定しなければならない。真理はすでにあったもの、すでにあるものを模写するのでなく、存在するはずのもの、あるいはむしろ「存在しようとしているものにたいするわれわれの行為を準備する」ものでなければならない(65)。一言でいえば、真理とはなによりもわれわれが環境的世界で生きていくためのかけがえのない道具として存在している、ということである。「真理というものは本来、自己保存および自己に対立するものはなんでも絶滅しようとする……すさまじい本能を持つ」(66)とか「正しい考えを持つとは、それがどのような場合であれ、行動のためのはかり知れないほど貴重な道具を所有することである」(67)、などともジェイムズは述べている。

しかし真理というものがかりにこのようにジェイムズの言う通りのものであるとしても、そうした真理そのものは果たしてどのようにして獲得されるのであろうか。すでに見たように、真理が主知主義者が解するように、すでに存在しているものをわれわれが改めて「発見」する、というのでないとすれば、それは「発明」するより他はないであろう。むろん、真理はすべて「実在」についてのわれわれの信念であるから、どのような個別の信念においても実在はまず独立なにものかとして、すなわち作られるものとしてではなくまさに見出されるものとして存在している(68)。そしてこの意味で実在はたしかにわれわれの支配を越えている。しかしながら、われわれがそのつど実在のどの側面に注目し、どこに力点を置くかということはあくまでもわれわれ自身の関心にもとづく。しかもその力点の置きどころが異なるにしたがってまったく異なった真理が結果してくる。「実在の客観性とはそれ自身のことであるが、実在のなんであるかは実在のいずれの側面であるかに依存し、実在のいずれの側面であるかはわれわれに依存している」(69)、とジェイムズは述べる。また、ベルクソンのようにこのことを、「われわれは自然の力を利用するために機械的な装置を発明するのと同じように、実在を利用するために真理を発明する」(70)と言い換えることもできる。すなわち例えばエジソンは蓄音機の発明に先立って実在としての音声の性質の研究をおこなわなければならなかったとしても、それをエボナイトの盤面上の凹凸に置きかえるとともに、必要に応じてその上に鋼鉄の針を滑らせることによってこれをふたたび音声に転換する、という着想は、まさに、かれ自身の独創であった。「真理が活力を有するためには実在の中に根を下ろす必要はあるとはいえ、こうした実在は真理が芽吹くための土壌にすぎず、もしも風が他の種子をそこに運んでくれていたなら、他の草花が同じように芽吹いていたかもしれない」(71)、ということなのである。ところで真理というものをとくに科学的なそれに限る理由は少しもない。例えばメルロ゠ポンティは『行動の構造』のなかで、チンパンジーなどの動物は、必ずしも人間におけるような「対象」の観念を持ち合わせていないらしいことを明らかにしているが、ジェイムズによれば、こうした「対象」の観念もまた、ある時期における人類の祖先による「発明」だったのである。「赤ん坊の手からガラガラが落っこちても、赤ん坊はそれを探そうとはしない。それはかれにとってはローソクの火が消えるのと同じように〈消えてしまった〉のである。かれの手にそれをもう一度戻してやるとそれはふたたび出現する。これはローソクにもう一度火をつけてやると焔がふたたび現われるのと同じなのだ。その玩具が一つの〈もの〉である、という考えは、明らかにかれには起こりはしなかったのである。……これは犬についても同じことである。ものの姿が見えなくなると、かれらの心からものは消え去ってしまう。かれらがものの観念を介在させているという一般的な傾向がみとめられない、ということはきわめて明瞭なことである」(72)。ジェイムズによれば、われわれがものに関して現に有している基本的な見方というものは、大部分、はるか遠い昔の祖先の発明に属するものであって、これらはすべて、以後の時代を通じ、みずからを存続させることに成功してきたものばかりなのである(73)。それゆえわれわれの精神の構造は、大部分われわれ自身の作り出したもの、といって悪ければ少なくともわれわれの仲間のうちの誰かが作ったもの、と言ってよいし、また、カントが真理は、人間精神の一般的な構造に依存する、と言ったのにつけ加えて、この人間精神の構造は、一定数の個人の自由な発想の結果だ、と言ってもよいことになる(74)。

ところで、ジェイムズはプラグマティズムの適用可能領域に触れて、それは「どんなものでも取りあげ、論理にもしたがえば、また、感覚にもしたがうし、もっともとるに足らない、もっとも個人的な経験でも考慮しようとする。それは神秘的な経験であっても、実際的な効果を有する場合には考慮するであろう」(75)と述べて、科学的な研究や日常生活のレヴェルにおいて把握される真理と、芸術や宗教の領域に連なっていくような真理とを、同じ効用という見地からひとしなみに扱っているように見える。また、右に見たように、ジェイムズは真理はわれわれの実在にたいする注意の向け方に発するもので、注意の向け方が異なれば他の真理の出現の可能性がつねにあるような言い方もする。しかし個性的なものや宗教的な経験において認められる真理もまた同じくわれわれの注意による選択作用の結果と言えるであろうか。例えばジェイムズは宗教的経験に関連して、これはわれわれ自身が、「存在事物のより広大な生命がなす曲線の切線」であることを傍証するものであって、こうした「宗教的経験がもたらす証拠にもとづいて、われわれは［この］より高い力を有するものが、……われわれ自身の理想と同一の線上で世界を救済すべく働いている、と信じることができるようになる」とするのであるが(76)、この場合、もはや主導権はわれわれにはなく、むしろ、われわれの通常の意識を超えるかの実在の側にこそ認めなければならなくなるのではなかろうか。また個性については、必ずしも的確な例で示されているわけではないが、それをいまかりに、ある人間の性格の問題として取りあげてみるならば、その人間の一つひとつの個性的な表現、例えば一人の画家の作品の一つひとつは、それを表現する画家自身の人物全体を暗示するものとして人びとに受け容れられるのであって、この場合も、画家自身の全体としてのあり方にまず注意が向けれている、というべきではなかろうか。要するに、真理というものはすべて、実在のなかにあってわれわれを必要に応じ、そのつど目的地まで導いてくれる道の役割を果してくれている、と言うことはできるとしても、実はそのなかには微妙な区別があるのではないか、ということである。すなわち一つは、われわれの注意の向け方次第でさまざまな方向をとりうる真理であり、もう一つは、実在そのものによって方向が決められていくような真理だ、ということである。これはジェイムズ自身、かならずしも明確に述べているわけではないが、ベルクソンが指摘しているように、かなり重要な点ではないかと思われる。つまりジェイムズの真理のなかには実は、心情の真理

(les vérités de sentiment) と科学的真理 (les vérités scientifiques) の二種類の異なった真理が含まれている、ということなのである。ベルクソンによれば、これはちょうど帆船と蒸気船の違いに対応する。すなわち「帆船も蒸気船もともに、人間の発明になるものではある。しかし前者は、人為にたいしわずかな部分しかゆだねておらず、風の向きにしたがい、みずからが用いる自然力を人目にも分かるようにしている。後者においては反対に、人為的な機構がもっとも重要な位置を占める。それはみずからが作動させている力を覆い隠し、われわれ自身が選び取った方向を力に取らせているのだ」(77)。真理には実在との接触からおのずから生れてくるものと、実在のなかに導き入れるよりも、むしろ、実在を利用しようとするものとがある、ということである。

さて、ジェイムズのプラグマティズムをこのように見てくると、ベルクソンのようにすぐれて社会的な感覚としてのボン・サンスにすべてを収斂させていく、という視点こそみとめられはしないものの、ジェイムズが生涯を通して経めぐった各領域を全体として見るとき、ベルクソンのいわゆるボン・サンスの哲学へは、あと一歩のところまできていた、と言えるのではなかろうか。すなわち真理は一方で、環境的世界にたいするその時々の、もっとも効果的な適応という意識的な努力を通じて獲得されるものであるが、こうした適応の意義、言い換えればわれわれの生活全体の意義は、かえって意識的な活動を超えたところから与えられてくる、と言いさえすれば、もうベルクソンと根本的にはなんら異なるところがないところまできていたのである。むろん、ボン・サンスの社会的性格という観点から言うと、ジェイムズの場合不充分さは否定できない。とくにベルクソンにおけるようなその臨機応変的な性格や、われわれの行動が仲間たちに及ぼす実際的な影響にたいする配慮といった面での指摘は、まったく見出すことはできない。しかしわれわれの常識の範疇といえども、もとは個人の独創にもとづく真理がやがて社会的に共有されるようになったものだ、とするジェイムズの見解を見ても分かるように、このことは個人の独創もそれが真理であるかぎりは社会的に影響を及ぼさないわけにはいかない、と言われているのと同じであって、ここに真理の社会的性格についての言及をみとめることができるし、また、右では取りあげることはできなかったが、ジェイムズがわれわれの言語学習の意義について論じている個所では、それはまずなによりも、先人が獲得してきた生活に必要な知識の習得にある点を強調しているのである(78)。そして合理主義の真理自体という考えを斥け、真理のあくまでも人間的歴史的な性格を指摘しようとしているところでは、真理を正不正、禁止、刑罰といった法律にかかわる観念や、ことばや、形式、慣用句といった言語面での蓄積などと並列して取りあげ、真理というものの実際的社会的な性格を示唆しているのである(79)。ベルクソンはかなり早い時期からボン・サンスについての考察を始め、それを成立させるものとしていったん、われわれの意識の有する深さと、知性の本来的な性格の探究、といういわば二正面に分けての研究を行なったあと、ふたたび晩年になってボン・サンスへと立ちかえってきた、と言えるのにたいし、ジェイムズの場合はあくまでも研究者として、学問から学問へ、すなわちまず解剖学と生理学からはじめて心理学へ、そして心理学から哲学へと進むなかで、知識や真理と言われているものも結局は、われわれの実践を離れてはありえない、という事実に次第に目覚めていった、ということができる。そしてベルクソンのように、最初からある種の見通しのようなものを持っていたわけではなかったために、意識の事実として認められる宗教的真理と、知性的な真理との区別や両者の結び付きを明確にする、といったことはかならずしも問題にはなりえなかったとはいえ、それぞれを重要な領域としては押さえていたのである。ベルクソンは、ジェイムズのプラグマティズムにおいて問題があるとすれば、それはかれの実在についての見方に関してである、としているのは、まさに、右のような区別の不十分さを指してのことと思われる(80)。しかしそれにもかかわらずベルクソンがジェイムズの思想の深さと独創性にたいして賞讃を惜しまないのは、そこにボン・サンスの哲学への、かれ自身のとはまた違った、独自な歩みを見たからではなかろうか。なぜならすでに見たように、パトス的な実践にたいしてロゴス的な思想性を付与するとともに、逆にジェイムズにおけるように、ロゴス的な思想にたいしてパトス的な実践性を付与するものこそボン・サンスというものであったからである。

【註】

(1) もとになった論文は「ベルクソンのボン・サンスとアメリカ心理学の一系譜」(関西学院大学社会学部紀要、第六一号所収)。
(2) H. Bergson, *Écrits et paroles* (以下 E. P. と略す) Tome I. p. 85.
(3) E. P., p. 85.
(4) Cf. E. P., p. 85.
(5) E. P., p. 86.
(6) E. P., p. 86.
(7) E. P., p. 86.
(8) E. P., p. 86.
(9) E. P., p. 86.
(10) E. P., p. 86.
(11) E. P., p. 86.
(12) E. P., p. 86.
(13) E. P., p. 86.
(14) E. P., p. 86.
(15) E. P., p. 86.
(16) E. P., p. 86.
(17) E. P., p. 86.
(18) E. P., p. 86.

(19) E. P., p. 86.
(20) E. P., p. 86.
(21) E. P., p. 86.
(22) E. P., p .87.
(23) E. P., p. 87.
(24) Bergson, *Matière et mémoire*（以下 M. M. と略す）, p. 170.
(25) M. M., p. 170.
(26) M. M., p. 170.
(27) Cf. E. P., p. 87.
(28) E. P., p. 87.
(29) E. P., p. 87.
(30) E. P., p. 88.
(31) E. P., p. 88.
(32) E. P., p. 88.
(33) E. P., p. 88.
(34) E. P., p. 88.
(35) Cf. E. P., p. 89.
(36) E. P., p. 88.
(37) E. P., p. 94.
(38) E. P., p. 94.

(39) W. James, *Pragmatism* (以下 Pr. と略す) (Harvard), p. 6.
(40) Bergson, *La pensée et le mouvant* (以下 P. M. と略す), p. 239.
(41) Cf. W. James, *A pluralistic universe* (以下 P. U. と略す) (Harvard), Notes. p. 191.
(42) W. James, *Essays in radical empiricism* (Harvard). この書物の出版は、ジェイムズ没後の一九一二年であるが、大部分は一九〇三年に執筆され専門誌に発表されたものである。
(43) これもベルクソンの先に述べた影響に負うものと考えられよう。
(44) P. U., p. 129.
(45) P. M., p. 240.
(46) P. M., pp. 240–241.
(47) P. M., p. 241.
(48) Cf. P. M., p. 241.
(49) P. M., p. 242.
(50) P. U., p. 28.
(51) Cf. P. M., p. 242.
(52) P. M., p. 243. 傍点はベルクソンによるイタリック。
(53) P. U., p. 72.
(54) Cf. E. P., pp. 192–193.
(55) P. M., pp. 243–244.
(56) P. M., p. 244.
(57) P. M., p. 244 脚注。

(58) P. U., p. 137.
(59) P. M., p. 245.
(60) Cf. P. M., p. 245.
(61) Cf. P. M., p. 246.
(62) Pr., p. 97.
(63) Pr., p. 97. 傍点はジェイムズによるイタリック。
(64) Pr., p. 97. 傍点はジェイムズによるイタリック。
(65) Cf. P. M., pp. 246–247.
(66) Pr., p. 43.
(67) Pr., p. 97.
(68) Pr., p. 117.
(69) Pr., p. 118.
(70) P. M., p. 247.
(71) P. M., p. 248.
(72) Pr., pp. 85–86.
(73) Cf. Pr., p. 83.
(74) Cf. P. M., p. 249.
(75) Pr., p. 44.
(76) Cf. Pr., p. 144.
(77) P. M., p. 250.

(78) Cf. Pr., p. 102.
(79) Cf. Pr., p. 116.
(80) Cf. P. M., p. 251.

補遺

ベルクソンとカント

第一章　ベルクソン哲学の方法

一　自由で個性的な自我の発見とその根源の解明

ベルクソンの直観は、はたして認識であるのか、それとも行為であるのか、はたまた認識であると同時に行為でもあるということなのか。かれの最初の著作の正式の表題が『意識の直接与件についての試論』（*Essai sur les données immédiates de la conscience*）であったのを、英訳にさいしてこれを副題にまわし、『時間と自由意志』（Time and free will, authorized translation by F. L. Pogson）（邦訳はたとえば『時間と自由』、服部紀訳、岩波文庫、以下小論ではこれにしたがう）を正式の表題とすることをベルクソン自身がみとめたのであるが、これをこの書の内容に即していえば、空間化された時間にたいする真の時間、すなわち「純粋持続」（la durée pure）としての個性的な意識の流れの直観ないし観照は同時に自由意志の発動をも意味した、ということになる。「われわれが自由であるのは、われわれの行為がわれわれ自身の個性全体から生じ、こうした行為がその個性を表現し、ときに作品と芸術家のあいだにみとめられるあのことばに表現しがたい類似性を行為がその個性にたいしてもつ場合である」(1)、とベルクソンはのべている。しかしながらいまかりに事態がベルクソンのいうとおりだということをみとめるとしても、ここで個性的な行為の個性のほうに重点がおかれているのか、それとも個性的な行為のほうに重点がおかれているのか、ということがあらためて問題にならないであろうか。もしも後者に重点がおかれているとするとわれわれはあらたにあるもう一つの問題に直面することになる。なるほど芸術家が作品を生むことも一つの行為にはちがいないが、しかしすぐれて行為といえるのはまさに現実の人間的世界において実現されるような行為のことでなければならないからである。ところでそうした現実の世界においてもなお個性的に生きるとはいったい、いかなることを意味するのであろうか。個性的な持続が個人的な自由意志となることによって、そこから生まれてくる行為もたんに個人的なものにとどまるおそれはないであろうか。いな、ベルクソンはわれわれの深い自己にもとづく行為は「われわれの幸福や名誉についての個人的な考え方に対応する」[2]、とまであえてのべているのであって、そうした行為が実践上すぐれてエゴイズムに通じる側面をもってくることをあえて明言しさえしているのである。しかしベルクソンの真意がそこにはなく、個性の観照のほうにむしろ重点があるとすれば今度は逆に「魂の画家」(le peintre de l'âme)[3]としてもっぱら美的な立場に立つベルクソンを語らねばならないであろう。すなわちベルクソンはわれわれの内なる世界には日常忘れ去られてはいるが、じつははなはだ豊かな芸術的な世界が展開されていて、それをひたすら明らかにすることに専念したのであると。結論から先にいえば、すくなくとも『創造的進化』にいたるまでのベルクソンは一貫してこうした深層の世界に目を向けることに集中していたと考えたい。そうして自由の問題もこうした自己の内面の観察の過程でたまたま一つの事実として出会ったにすぎず、なにをなすべきかというういわゆる権利問題として行為を検討しようとしたものではないのだと。個性にもとづく行為がはたして利己主義になるのかどうかといった疑問は当面ベルクソンにとって意識されることはなかったということにほかならない。

しかしベルクソンの直観が第一義的にはひとまずヴィジョン(la vision)としての意味をもつことが確認できるとしても、すくなくともそれが人間的な認識として主張されるいじょう、それにたいしてなんらかの一般的な根拠を付与する仕事がいぜんとして残されているであろう。デカルトの場合であれば、直観された自己はやがて普遍妥当性をもった理性的な自己として一般化されることとなった。しかるにベルクソンの直観はどこまでも自己のもつ独自なもの、個性的なものとの一致（la coïncidence）であり、共感（la sympathie）にとどまりつづける。各人によって異なる自己、相互に通約不可能（incommensurable）な自己の直観でありつづけるのである。だとすれば、こうした直観はさしあたりいかなる一般的な根拠も獲得することができないということになるのではないか。事実、『時間と自由』のベルクソンは直観の根拠づけを考えるどころか、これをますます独我論的な方向へと向かわせているように見える。すなわちベルクソンにあっては主知主義的な発想や、これを甘受している一般常識の立場にたいする不信のほうがより深刻で、『時間と自由』という書物はもしもカントが『人間学』で使用する用語、論理的、美的、実践的利己主義[4]にならって、思弁的利己主義なる用語の使用が許されるとすれば、まさにそのような態度をあえて貫こうとしているといえる。「われわれは自分自身にたいしてよりも外界にたいして生きている。われわれは考えるよりもむしろ語る」[5]とベルクソンはのべている。ベルクソンにとって外界とは第一に物質的環境のことであり、われわれが語るのはこうした物質的環境に働きかけるさいに人間の協同（une action commune）[6]が必要となるからであるが、しかしそのためにわれわれは普段の生活においてかえって本来の自己を見失うことになっている、というのである。『時間と自由』のベルクソンは人間の社会性ということに積極的な評価を与えず、どこまでも各人にあってそれぞれ特殊な内面への復帰、自己の個性についての深い反省を要求しつづけるのである。したがって上の引用文中の「考える」（penser）ということも合理主義者のように普遍妥当的な理性にしたがって考えることを意味するものでは毛頭なく、かえってわれわれの自己に固有な意識を内省することを意味するにすぎない。いな、こうした個性的な意識ともう一度合体しなおすことこそかえってここでいわれる「考える」ことの意味なのである。深い自己とそれを観ずる自己とがもはや別々に離れてあるのではない。ベルクソンによればものごとを外部の種々の視点よりみとめることのできる多様な要素としてまず分析的にとりだし、つぎにそれをふたたび全体として再構成し直して理解するというのが理性的な手続きのつうじょうのあり様であるが、ベルクソンのいわゆる自己直観においては観察する自己と観察される自己とは本来不可分なものなのである。意識が対象と自己に分かれる以前の状態、いわゆる主客未分の状態の体験こそまさに直観というものなのである。われわれの意識がなす個性的な流れを外界にある事物をあらわすことばに翻訳される以前の状態においてとらえること、意識を直接与えられるがままに把捉すること、「純粋持続」としての意識をとり戻すこと、ここにベルクソン的直観の出発点がある。しかしながらこのように個性を重視するのはよいとしても、こうした個性があくまでも一つの事実として示されるいじょう、そのような事実が事実としてそこより発現してくる普遍的な源泉をどうしても明らかにしなければならないのではなかろうか。『創造的進化』こそまさにこうした個性的な自己の成立する理由を、生命の一般的な進化の見地より示そうとしたものであった。

二　「事実の線」と「類比」

すなわちベルクソンはこの書にいたると生命の進化自体が「個性化の傾向」(la tendance à s'individuer)[7]をもつ、とのべるようになる。ベルクソンによれば生命の進化は「一つの根源的な衝動」(un élan originel de la vie)[8]をもち、これが物質による抵抗に遭遇することによってさまざまな種に分かれ、これらの一つひとつの種からふたたび無数の新しい種が生みだされていく過程である。あたかも一つの榴霰弾が炸裂することによって、多くの榴霰弾に分かれ、その榴霰弾の一つひとつがまた無数の破片に分かれていくように、一般に進化は絶えずこうした爆発的な飛躍を経ながら今日にまでおよんでいる、とされる[9]。そしてヒトにあってはまずそれは知性をもった個体にまで分化したが、しかし知性はなお社会性を前提とするものであって、これはさらに個体における生命の創造的発展であるわれわれの内なる個性にまで徹底されなければならなかったというのである。

しかし問題はこうした生命の大いなる流れを把握する方法である。ベルクソンはみずからの進化論を展開するさいに、当時までの生物学がもたらした証言を数多く採用している。しかしこうした実証科学としての生物学の証言がじっさいにはどのような形でかれの思索と結合するのであろうか。もしもベルクソン自身が語るように「事実の線」(lignes de faits)[10]を確認し、それらの延長線上の交点に諸原理を推定していくという方法にしたがっているのであるとすれば、ベルクソンの哲学は哲学というよりもむしろ一つの実証科学的な原理を提出していることになるのであろうか。「生命の根源的な衝動」や有名な「生命の飛躍」(l'élan vital)、あるいは「生命一般」(la vie en général)ないし「意識一般」(la conscience en général)はすくなくとも生物学的な原理としてみとめてもよいものなのだろうか。しかし生物学者の証言する事実をこうした「事実の線」に整理していくのはいったい誰であろうか。大多数の生物学者は諸事実をたんに個別的に示すだけで満足して、それをあえてベルクソンのいうような「事実の線」にまで整理しようとしないとすれば、それは「事実の線」というものがもはや実証的には示すことのできないものだからではなかろうか。いったい、ベルクソン自身はなにを基準に事実を整理していくのであろうか。

ところでここで重要になってくるのはベルクソンの「類比」(analogie)[11]という考え方ではないであろうか。カントは『判断力批判』において、有機的自然の理解はわれわれのうちにある主観的根拠との「類比」にもとづくとしたが[12]、ベルクソンの場合、こうした「類比」の基準とされるものがカントの場合といかに異なるにせよ、しかも「類比」ということではなおカントと共通のものをもつといえるであろう。「われわれがそこで連続的な流動においてあるみずからの個性についてもつ意識はわれわれをある実在の内部に導き入れるのであるが、われわれはこれをモデルとして他の実在を表象しなければならない」[13]とベルクソンはのべている。ここで流動的な個性とはいうまでもなくかの「純粋持続」にほかならず、これが他のすべての実在の理解にさいしてモデルとなる、というのである。いいかえればベルクソンの『創造的進化』における主張もさしあたり、こうした「純粋持続」の立場から有機的自然界が主観的に反省されたものにすぎない、ということだ。ベルクソンが従来の機械論(le mécanisme)やそれの裏がえしとして成立しているように見える目的論（le finalisme）を批判するにしても、これはかならずしも実証的なデータの端的な反論にもとづくものとはいえない[14]。アンリ・グイエはかつて科学の知識はベルクソンの想像力にたいして跳躍台の役割をはたした、とのべたことがあるが[15]、自然を想像力の立場から見るというのは、もはや自然の端的な研究とはいえないであろう。したがって先刻来の問題にたちもどっていえば、われわれはせいぜい「一切は……人間が……みずからの実現を目指してきたかのごとく経過している」[16]［傍点は紺田］ということができるだけである。

ところでベルクソンの哲学も『道徳と宗教の二源泉』にいたるとようやく一つの変化を示すようになる。ベルクソンにおける質的な変化といえるような変化が現れてくるのである。すなわちベルクソンの哲学が本来の意味で実践的となる、ということだ。

しかしここであらためて誤解を防ぐために一言しておきたい。それはベルクソンが『時間と自由』以後も直観の行為的性格について強調することをやめないからである[17]。しかしいかなる場面でこの直観の行為的性格が語られるにせよ、それはつねに直観の対象が動的であることに由来する、直観自身の運動性（la mobilité）を意味するにすぎないであろう。したがってうえに見たようにたとえばこうした直観がたまたま決断にともなう意識の直観である場合でも、直観そのものはこうした決断の中身にたいしてなんら関わるところがなかったのである。『時間と自由』を行為の立場から見れば、たちまちその不完全さを露呈しないわけにはいかないことはすでに見たとおりである。個人的な自由を享受することがまさに生命の個性化の原則と合致するなどと主張するものではけっしてなかったのだ。むしろ『時間と自由』の内なる光景が見せた情景をさらに生物学の知識によってこれをさらに普遍的な生命の原理にまでつなげようとしたのが『創造的進化』であって、この書自体は「魂の画家」としての、いいかえれば芸術家的な哲学者としてのベルクソンの営みをあくまでも根拠づけようとするところに本来の狙いがあった、と考えたい。

三　生命の形而上学から道徳の形而上学への転換

とはいえ、ベルクソンは『創造的進化』にいたるまでの段階において採用してきた方法をここでただちに放棄するのではない。『創造的進化』におけると同じく、この『道徳と宗教の二源泉』においても「事実の線」ということはいうのであって、かれの実証的事実を重視する態度はここにおいても一貫しているといえる[18]。たとえば、われわれを「閉ざされた社会」から「開かれた社会」へと導く「偉大な神秘家たち」のあり方をかれら自身による証言や、かれらの行動について残されている記録などによって確認していこうとしているのである。しかしながら問題はそのさいベルクソンにおいてみとめられる顕著な態度の変化のことなのである。たとえ『創造的進化』と同じくなお「類比」ということがいえるとしても、ここでその基準をなしているのはもはやあの「純粋持続」ではない。いな、ベルクソンは人類の解放者としてかれがみとめる神秘家たちにはつねにその呼びかけに応じようとし、かれらを模倣しようとする数多くの民衆がいたことをのべているのであるが[19]、類比の基準というところからいえばむしろ神秘家たちの方こそその基準を提供するのである。

しかしなぜこのような変化が生まれてくるのであろうか。ベルクソンの思索の歩みからいってまず最初に考えられることは、『創造的進化』までは個性的な自己やこうした自己が生まれてくるヒトの社会の成立にいたるまでの過程をたんに事実として反省するだけで済んでいたのにたいし、『道徳と宗教の二源泉』の段階になると、こうした個性的な自己やヒトの社会が今後どのように展開されていくべきかという端的に将来的な問題があらたにでてくるということである。したがってベルクソンがここにおいてもあくまでも事実の立場にとどまりつづけようとしているとはいえ、こうした事実自身はわれわれにとってはもはやたんなる事実としてではなくかえって権利問題として現れざるをえないということである。すなわち「いかにあるか」ではなく「いかにあるべきか」の見地に立って反省すべき事実を求めていかなければならないこととなる。

しかしそれにしても、われわれのモデルとすべき人間像がなぜ「偉大な神秘家たち」でなければならなかったのだろうか。もしもベルクソンが個性的な自己をあくまでも生かし、人間社会の将来の問題をもなお生命進化の立場から連続的に考えようとしていたなら、われわれのモデルとなすべき人物はなるほどわれわれを超えるものとして一つの超越的な性格の持ち主でなければならないことにはなるであろうが、しかしそれは進化のあらたな局面を表すものとしてはいぜんとして自然的な生命を超えるものである必要はなかったはずである。ベルクソンは『創造的進化』においてもじつは、すでにあの生命の個性化の傾向を将来においてさらに徹底させていく存在として「超人」(20)というものをいちおう考えていたのである。しかるに『道徳と宗教の二源泉』の神秘家たちは一方において進化の延長として捉えられながらも、他方でかれらは神と内的に合一するものとしても捉えられており、『創造的進化』とは明らかにおもむきを異にしてくるのである。生命よりもなお高い原理のあることをベルクソンは主張し始めている、ということだ。そしてこれと呼応するかのようにベルクソンのことばにも「生命の飛躍」を超える「愛の飛躍」というまったく新しい用語がつけくわえられるようになるし、また「神秘的直観」(21)という語も使われ始める。神秘家たちはたしかに「超人」ではあるが、それにくわえてかれらにたいしてもう一つの具体的な役割を与える必要があったのである。生命進化の立場からだけではわれわれはなにを目指すべきかは主張することはできない。なぜなら進化とはたんに過去から未来への予見不可能な運動をつづけるばかりであって、予見不可能な未来が現在のわれわれの行為を規定できるはずがないからである。しかるに行為はまさにこうした未来から現在を見るという視点を要求する。ベルクソンがあの個性的な自己をなおすぐれて実践的な自己として生かしつづけようとすれば、こうした自己は『創造的進化』のように普遍的なものをもはや「生命一般」のような過去的なものにではなく、未来に関わりをもつものにこそ求めなければならないのである。ところでベルクソンによれば、われわれがいま取り組むべき最大の課題とはなによりもまずわれわれ各人が所属する社会や国家という集団の閉鎖性であり、この閉鎖性がもたらしている対立である。われわれは自然的な状態のままにとどまる限り、同胞を愛することはできても人類全体を愛することはできない(22)。

つまり自然的な愛はどこまでも差別的であるということだ。しかるに絶対無差別の愛というものがもしもあるとすれば、それこそ人類愛だということになるが、そのような愛ははたして現実に考えることができるであろうか。しかしベルクソンはそれこそイエスを頂点とするキリスト教の神秘家たちが体現していたものだという。われわれはここに実践の見地より要請されている神への信仰をベルクソンにおいてもみとめなければならないのである。もちろん、実践といってもそれがたんなる心情の段階にとどまるかぎり、ただちに人類の現実的な解放につながるものではないであろう。「開かれた社会」は神秘家たちの「開かれた魂」のあり方を模倣しようとする民衆の魂のうちにまずは心情として伝播されるだけである。たしかに民衆の心情のうちに神秘家の心情が浸透することは人類社会実現の第一歩ではあろう。しかし心情において現実的であることと、現実においても現実的であることとのあいだにはなお厳然たる違いが存在している。心情においてはなるほど理想はただちに現実であり、現実がただちに理想であるとしても、時間的ならびに空間的に制約された具体的な人間的行為の見地からいえば、心情はなお理想にとどまっている、といわざるをえない。

しかしそうするとこうした心情がかかげる理想を部分的にせよ、実現に向かわせるものはベルクソンの場合なんであったのだろうか。ひじょうに逆説的ないい方になるがそれはじつは知性であった、と考えたい。じじつ、ベルクソンはイエスを中心としたキリスト教の「偉大な神秘家たち」は知性のすぐれて社会的な適応能力を意味する「ボン・サンス」の持ち主であり(23)、「行動の人」であった(24)という事実を指摘している。

しかし読者にあってここでわたくしがこうした形で議論を進めていることに、多少奇異の念をいだかれるむきもあるかもしれない。反知性を標榜するベルクソンの哲学がふたたび知性に依存するというのは自己矛盾にならないか、と。しかしひるがえってベルクソンの反知性の立場の主張はいかなる見地よりなされたのであろうか。われわれはここでそれはまずなによりも認識の問題としてであったということを想起しておきたいのである。すなわち知性とは物質の加工や、そのための社会的な協働を可能にしている実用的な能力であるが、ものごとをありのままに見るというベルクソン的思弁の立場からいえば知性はかえってみずからの限界を露呈する、といわれたのである。しかしくり返すことになるが、こうした議論はあくまでも認識論上の議論にとどまるものであって、それがただちに知性の倫理的な観点からの評価へと転化されてはならないのである。たとえ直観が純粋であり、知性が実用的であるといわれるにしても知性はこれによってなんら倫理的な意味で断罪されているわけではない。認識の立場から知性が実用的であるといわれるのは、それはものをものとしてありのままに見ることができない、ということか、あるいはせいぜい実在の物質としての側面を捉えるだけだ、というにすぎない。われわれが身体という物質性を背負いこんだ存在であるじょう、われわれを物質的世界に適応させ、またこの適応をより効果的なものとするために社会的協働をあらかじめ準備している知性はむしろ「人間の条件」(25)となっているのである。問題があるとすればむしろこうした知性がいかなる行動原理にもとづいて使用されるのか、ということである。知性は社会的な規制なしに放置すれば、個人を利己主義に向かわせることになるとベルクソンはのべているが(26)、こうした利己主義の問題はたんに個人のレヴェルにとどまらないであろう。いな、いわゆる「道徳的責務」にしてもベルクソンのいわゆる「閉ざされた社会」のたんなる自己保存の要求に応えるものにとどまっているかぎりは、これもまた集団としての利己主義を超えることはできない。原理として採用されなければならないのはあくまでも「開かれた社会」すなわちキリスト教的な人類愛の立場でなければならない。

しかしじっさいにおいて知性はみずからのなす行為がこのような道徳的な原理の選択のうえに立つものであることをかならずしもつねに自覚しているわけではない。むしろ知性といえばたいていは自然的な知性、すなわち集団の自己中心性を無自覚なままに原理として採用している知性であって、こうした知性はみずからのしたがっている原理とは異なる原理に出会うことがなければ、そもそも自己はなにを原理としているかさえ自覚することがないのではなかろうか。しかもたとえこのようなあらたな原理が示されるにしても、それがたんなる観念として示されるにとどまるかぎりは知性はなお自己の自然的な態度に固執しつづけるであろう。ベルクソンは教師が若い人たちに「利他主義」

をいくら説いてもなかなか身につくものではない、という事実を指摘している(27)。しかるに観念よりも力強いものは「情動」であり、「感激」である。こうした点にベルクソンが人類の解放者と考える人たちのパトス的な側面にとりわけ注目した理由があるようにおもわれる。

とはいえベルクソンは『道徳と宗教の二源泉』を結ぶにさいして「特権的な偉大な魂」(28)の出現をあまり期待してはならないといい、また神秘的直観の可能性を確信できるならばそれで満足しなければならない、という立場にまで後退して(29)、われわれ「人類は生きつづけることを欲しているかどうかをまず検討すべき」(30)であり、われわれにとって必要なのはまず「一つの決断」(31)であるとのべるのである。いいかえれば自然的な知性のもたらしている否定的な現実を自覚することからまずはじめなければならないということだ。そうした過程を経ることによってようやくうえのような知性のあらたなあり方が期待できる可能性も開かれてくる、ということであろう。いな、じつをいえばこれこそまさしくベルクソンが『道徳と宗教の二源泉』を書くにさいしてしたがったじっさいの順序ではなかったであろうか。すなわちベルクソンには「閉ざされた魂」が現実に直面する行き詰まりの自覚がまずあったのであって、かれ自身におけるこうした行き詰まりの自覚こそが「開かれた社会」に属すべき「開かれた魂」を実践的な理想として定立させることになったのではないか、ということである。そうしてこうした理想の具現者と見られたのがほかならぬあの「偉大な神秘家たち」であった、と。それゆえ「偉大な神秘家たち」はわれわれの見ならうべきモデルではあろうが、かれらがそうしたモデルたりうるのはじつはわれわれみずからの決断にもとづく、といわなければならないのである。わたしが『道徳と宗教の二源泉』がすぐれて実践的な著作である、と考えるゆえんである。

【註】

（1）D. I., p. 129.

（2）Ibid., p. 128.

（3）M .M., p. 189.

（4）Cf. Kant, *Anthropologie.*, S. 128–130 (Akademie VII).

（5）D. I., p. 174.

（6）E. C., p. 158.

（7）Ibid., p. 13.

（8）Ibid., p. 88, p. 98 ほか。

（9）Ibid., p. 99.

（10）E. S., p. 4.

（11）Ibid., p. 6.

（12）Cf. Kant, *Kritik der Urteilskraft.*, S. 359–360 (Akdemie V).

（13）P. M., p. 21.

（14）Cf. E.C., p. pp. x–xi の脚注。

（15）Henri Gouhier, *Bergson et le Christ des Évangiles*, (Arthàme Fayard, 1961), p. 85.

（16）E. C., pp. 266–267.

（17）たとえば有名な論文 *Introduction à la métaphysiquede* においてもなお〈le caractère essentiellement actif de l' intuition métaphysique〉なる表現をみとめることができる。Cf. P.M., p. 206.

（18）Cf. M.R., p. 263.

(19) Cf. ibid., pp. 29–31.
(20) E.C., p. 267.
(21) M.R., 268
(22) Cf. ibid., p. 28.
(23) Ibid., p. 241.
(24) Ibid., p. 259.
(25) P.M., p. 218.
(26) Cf. M.R., p. 126.
(27) M.R., p. 32.
(28) Ibid., p. 333.
(29) Cf. ibid., pp. 333–338.
(30) Ibid., p. 338.
(31) Ibid., p. 338.

ただしD. I. = *Essai sur les données immédiates de la conscience* (P.U.F.).
M. M. = *Matière et mémoire* (P.U.F.).
E. C. = *L'évolution créatrice* (P.U.F.).
M. R. = *Les deux sources de la morale et de la religion* (P.U.F).
P. M. = *La pensée et le mouvant* (P.U.F.).
E. S. = *L'energie spirituelle* (P.U.F.).

第二章　ベルクソンの生命の形而上学再考

ベルクソンは処女作の『時間と自由』（一八八九年）から第四番目で最晩年の著作となった『道徳と宗教の二源泉』（一九三二年）にいたるまで、しばしばカントの哲学にふれている。そうして第三番目の大著であり、ベルクソンの中心的な著作とされている『創造的進化』まではカントをもっぱら『純粋理性批判』とのかかわりでとりあげ、『道徳と宗教の二源泉』にいたってようやく『実践理性批判』に言及するようになる。ところでベルクソン自身の哲学は生命の哲学であるとともにきわめて芸術的な性格をもつ哲学である。したがって本来ならカントに関しては、さらに『判断力批判』との関係においてもとりあげるべきであったのではないか、という批判がでてきても不思議はないであろう。

もっとも、じっさいにそうならなかったということには相当の理由があった。つまりベルクソンの哲学がカントのようにあくまでも人間理性の限界内にとどまりながら哲学的な探求をおこなおうとするものではなく、むしろ最初からそれを超えでたところより哲学を始めている、ということである。すなわちベルクソンの哲学は出発点からして生命の哲学なのである。そうして『創造的進化』ではベルクソンのいわゆる知性でさえ生命によって産出されたものであることが示されるのだ。それゆえカントのように有機的自然や美をたんに主観的な反省的判断力のなかに閉じこめておくことはできないのであって、かえって生ける自然を真実在として認識することがまず問題となったというべきである。以下この点をもう一度あらためて考えなおしておきたい。

一　生きられる時間

ベルクソンは『思想と動くもの』の「緒論」で自分が青年時代にスペンサーの進化論を熱心に読んだことをしるしている。この進化論は「事物のしるしをとりだし、詳細な事実にもとづいてみずからをかたどろうとしていた」(1)ことがかれの気に入っていたのである。もっともそこには大きな不満もきざしつつあった。すなわちこの進化論は時間というのを充分に追求していないということであった。そうしてこれが『時間と自由』における時間論として、時間の問題を正面から考えようとする動機となったのである。ところで進化論と時間の問題がベルクソンが思索を開始するそもそもの出発点においてこのように相互にかかわり合う形で出てきたということは注目しておかなければならない事柄である。なるほど『時間と自由』で示されているのはもっぱら個人の内面で体験される時間ではある。しかしそれは一方であくまでも進化論的な考えを念頭においてのことであったのだ。もしもこのことを抜きにしてベルクソンを考えるとすでに右でも多少ふれたようなさまざまな難問に逢着することになる。

第一に『時間と自由』の純粋に個人的に体験されるにすぎない時間がいかなる権利をもって実在的と称することができるのかという問題がある。常識やさらには科学が時間を測定するといいながら実際は諸々の同時性を確認するだけであって真に動きとしての時間を捉えていない、という主張までは容易にしたがうことができても、こうした時間が究極的には諸個人の内面で体験される意識の流れ、すなわち個性的な色あいをもった持続であるといわれる段になると事態はそれほど簡単なものではなくなってくる。ベルクソンもいうようにわれわれがあまりにも知性的な思考方法になれすぎているためか、他者と共有できない領域にこそ真実在がある、と主張しているかのようなベルクソンには一方でかぎりない誘惑を感じながらも、やはりある種のためらいを禁じることができないのではなかろうか。われわれはときとしてこうしたベルクソンにたいして苦痛さえ感じることもあるであろう。にもかかわらず、ベルクソンはあくことなく「反省の厳しい努力」(2)を強調してやまないのである。ときにはまたかれはわれわれをエゴイズムの道へと誘いこもうとしているかのようである。ベルクソンによればわれわれの持続に立ち戻ることが同時に自由に生きることなのであるが、そのさい「われわれのもっとも奥深い感情や観念、希望の全体」が、「過去の一切の経験に相当する特殊な人生観」が、またすでにみたように「個人的な幸福感や名誉観」などがあらわになる、といったようないい方がなされるからである(3)。もっともこうした言葉がみられるからといって、『時間と自由』という書物が一つのあらたな道徳を説こうとしているのでないこともすでに指摘したとおりであって、この書の主旨からいえばそれは時間認識の問題に付随してたまたま出てきたものとして理解する程度にとどめておくべきであろう。

しかし問題を時間認識のそれに限定して考察する場合でも、なおそこに疑問がのこる。すなわち純粋に個人的な意識の体験がはたして認識の名に値するのか、という点である。しかもここでベルクソンは言語その他の知性的な表現をいっさい拒否しているかのようなのである。しばしば引かれるこの書の序文の一部を次にあげておこう。「われわれはどうしてもみずからを言葉によって表現しなければならず、またしばしば空間において考える。いいかえれば言葉はわれわれの観念の相互のあいだに物質的な事物相互のあいだにあるのと同様なはっきりとした厳密な区別を、同様な非連続性をうち立てることを要求するのである。こうした同一視は実際生活においては必要であるし、大部分の科学においても必要なことである。しかしいくつかの哲学上の問題がひき起こしたのり越え難い困難が、空間をまったく占めることのない現象を空間内に並置することに固執することからくるのではないかどうか、考えてみる余地があるであろう」(4)。しかもこの文章を読んで気づかされることがじつはもう一つある。すなわちそれは名前こそ現れていないけれども、これはまさにカントの認識論にたいするベルクソンの反対の態度と結びつけて考えなければならない文章だ、ということである。周知のとおり、カントの認識論は、感性の形式である空間および時間の直観形式をとおして受容された対象に自発的な悟性がみずからの概念を適用するという、いわゆる綜合判断として展開される。そうしてこうした綜合判断としてえられた認識のみが正しい認識として客観的かつ普遍妥当的な認識なのであった。しかるに空間や言語というものにたいする否定的な態度は、そのままカントの理論理性にたいする否定的な態度につらなっていくのである。事実、ベルクソンは、カントにおいて物自体が認識できないのはカントの理性が常識や科学というものごとの実際的な認識方法をそのまま哲学に適用することにもとづくことをくり返しのべるのである(5)。すなわちベルクソンによればカントの誤りは時間を空間と同じようなものと考え、本当の時間をみなかったことにある。空間的に捉えられるものであればそれは容易に分割を許すし、それにたいして個別的な概念を適用するのになんらの困難もない。しかるにわれわれの内奥で捉えられる自我は本来空間化を許さない持続をなすものである。空間的な時間しか知らなかったカントがこうした自我、——本来的な自我の認識を断念せざるをえなかったのはむしろ当然のことであった、とベルクソンはいう。とはいえこうしたカントの理論理性を超える自我であって、しかもベルクソンにとって認識が可能とされるような自我がさし当たりどこまでも純粋に個人的な自我であり、しかももっぱら個人的にのみ知られるものであるということにたいしては、逆にカント的な立場から、それはたんなる断言にすぎない、という非難を受けそうである。しかもこうした非難にたいしては『時間と自由』の立場からだけでは反論はきわめて困難なものとなるであろう。

とはいえ、これは冒頭にも指摘したようにベルクソンが時間の問題にまず進化を検討する過程で出会い、ついでこれをわれわれのもっとも身近に把握できる自我の心理学のレヴェルで深めようとしたというかれ自身の証言が事実であるのなら、それほど無理なく説明できるであろう。すなわちベルクソンにとって時間はいわば最初から実在性を有するものであったということである。そうして、もしもそれがわれわれの意識において個性的な様相を帯びているとすれば、むしろ進化自体がこうした個性化の傾向をもつものと考えなければならないということなのである。しかも進化より説明しなければならないのはたんにこうした持続ばかりではない。先にみたベルクソンのいわゆる知性が持続を捉えないなら、その理由もまた進化の見地より説明されなければならないであろう(6)。

二　生きられる空間

ところで進化における時間の本性を知るうえでわれわれの意識の流れがもっとも身近に観察できるその標本を示してくれたのと同様に、知性の発生の理由を知るためにもやはりわれわれの意識が最初のモデルを提供してくれるであろう。すなわち『物質と記憶』は身体的な生活と密着した意識としての知覚を考えるのである(7)。われわれがみずからの持続を捉えるのにあれほどの困難をともなうのは、一方に身体を維持保存するという生活の必要があるからである。生活は連続的であるべき意識にもさまざまな形で非連続をもち込んでくる。生活とはわれわれ人間においてはまず物質的な環境に適応することであるが、その目的を実現する過程で物質は逆にわれわれの精神をも物質にしたがって形どらせようとするからである。もっとも『物質と記憶』では、物質的世界が『時間と自由』でくり返しいわれるいわゆる「外界」のように個々の物体よりなる世界では必ずしもないことが明らかにされる。知性の空間が等質的な空間であるとするなら、われわれの最初の知覚に直接与えられる空間は多少とも質的かつ連続的な空間である。しかるに、こうした質的・連続的な空間に切れ目を入れ個々の物体に分けるのは身体の要求である。しかもベルクソンはこのような原初的な知覚に現れる空間でさえ、全体的な宇宙からみればすでにその一部分が切り取られてきたものと考えなければならないものであるとする。つまりデカルトやマルブランシュがいっていたように知覚は元来われわれの身体的行動に相対的な意識であって、それは世界より身体の行動に必要なもののみをもっぱら選びだしているのである。しかも身体的行動が複雑多様化するにしたがってこうした知覚の世界がさらに個々の物体へと分けられていくであろう。そうしてやがて世界そのものが本来、まるでこうした個々の要素よりなるものであるかのように考えられていくことにもなるであろう。また一方、われわれの持続自体も個々の要素に分けられていくであろう。なぜならベルクソンによれば個々の物体の知覚にたいし過去の経験のなかからそのより適切な利用に役立つ情報を提供し、かくして身体的行動に的確性を付与するものは脳によって選択媒介され個々の記憶心像となった持続だからである。ちなみに脳はベルクソンによれば知覚を産出する器官でも記憶を保存する器官でもないことを想いだしておこう。言語活動などを司る運動図式としてのいわゆる習慣的記憶を別にすれば脳はたんに選択の器官にすぎない。すなわち脳は知覚より身体の行動に必要な知識を選択する一方、持続から記憶心像のかたちでこうした知覚に適当するものを選択のうえ両者を関連づける働きをなすにすぎないということだ(8)。

ともあれ、知覚においてベルクソンが等質空間の成立以前のものと考えられる一種の質的な空間をみとめたことの意義は大きいといわなければならない。『時間と自由』においても実はわれわれの方位の感覚にふれ、こうした性質的な空間がいわば生きられる空間として知性的な等質的な空間にいたる前段階においてすでにみとめられることを指摘しているのであるが(9)、『物質と記憶』ではこうした発達の過程がさらに詳しく追求されるようになる。しかも『時間と自由』で等質的時間にたいする性質をもった時間、すなわち持続が実在であったように、『物質と記憶』では等質的な知性的空間にたいするこうした質的な空間が実在的な空間とされる。それは「経験をその根源において、というか、むしろ経験がわれわれの利益の方向へとみずからを曲げて端的に人間的な経験となる決定的な転回点を超えたところに求めゆく」(10)ときにわれわれが出会う空間なのである。しかも『時間と自由』が、物自体としての本当の時間を捉えることのできなかったカント哲学の無力をカントが常識や科学の延長で哲学を考えたことにあったとしていたベルクソンの指摘は、こうした実在としての空間についても同様である。すなわち「カントが証明したような理論理性の無力は結局のところ身体的生活のいくつかの必要に仕え、われわれの要求を満足させるために「あらかじめ」解体しなければならなかった物質にたいして働きかけるところの知性の無力にしかすぎないであろう。したがってものについての認識はもはやわれわれの精神の根本的な構造にたいして相対的なのではなく、たんにその表面的な後天的な習慣、身体の働きや低次元の要求とかかわる偶然的な形式に相対的であるにすぎない。認識の相対性はそれゆえ決定的なものではないであろう。こうした要求が生みだしたものをぶち壊すならば、直観をその最大限の純粋さにおいて回復し、実在との接触をとりもどすことになるであろう」(11)と。つまりわれわれは有用なものへの関心を捨てることによって知性的な習慣から離脱することができるなら、物自体を精神の方向においても物質の方向においても見いだすことができる、ということなのだ。しかもここでいわれている実在的な延長としての物自体もまた、最終的には持続の立場より見直されるであろう。すなわち知覚といえどもわれわれの意識である以上、それがいかに瞬間的なものであってもいぜんとして過去を、言い換えれば記憶を含み、そしてその限りでは持続するものと考えなければならない。しかしこうした知覚が含みもっていると考えられる持続の要素をどこまでもとり除いていくことができ、ベルクソンのいわゆる純粋知覚にまで到達した場合を想定すれば、われわれの意識はまさに物質そのものとなる、と考えることができはしないであろうか。しかしながらベルクソンはこうした純粋知覚が到達するはずの物質でさえ、それがいかに緩慢なものであってもなお一定の持続を有するとみるのである。いま詳しくのべることはできないが、ただ一点だけとりあげるとすれば、われわれが光として知覚しているものが一定の物理的に実在する振動に還元可能なことを指摘している個所を想いだしておこう。ベルクソンはわれわれはこうした物質の持続のリズムをわれわれの緊張度の高い持続が収縮して捉えている、と考えるのである(12)。言い換えればうえにふれた知覚による物質界の選択ということは持続の立場からもいえることになるということである。しかも物質をこのように純粋知覚として意識の延長上に捉えることができるとすれば、それは意識のことばでいわゆる無意識としていい表すことも可能になるし、また、したがって持続が日常的な意識を超えることによってはじめて把握されること、逆にいえば、持続もまた通常、無意識の状態におかれていることと考えあわせていえば、われわれの現実の意識の領域はこうした二つの無意識に挟まれた両者のまさに中間領域においてである、といういい方もできることになるであろう。

さて以上のことから、ベルクソンがあらかじめ進化の実質をなすものとして見当をつけていた時間の意味がかなり具体的なものとなってきたといえないであろうか。時間はその本来の姿で捉えるなら精神と物質をもつなぐ存在そのものの実質なのだ。つぎの著作『創造的進化』は、こうした人間の意識において確認される精神と物質との関係や知性の本質に関する知識をたづさえてもう一度進化論を見直すことになるであろう。

三　進化

『創造的進化』においてベルクソンが採用する方法は「類比」である。ベルクソンは「類比」はただちに確実な知識をもたらすものではないが、ある種の蓋然性をもった知識をもたらすものであって、こうした蓋然性は高度なものとなっていけば事実上確実性と等しいものと見なすことができる、と考えている。そうしてこうした蓋然的な知識をもたらす系列の一つが「事実の線」と呼ばれていることは、周知のとおりである[13]。いま『創造的進化』で展開された思想をベルクソン自身が要約している論文『意識を生命』[14]によって、そうして必要な場合にはもちろん『創造的進化』にも立ち戻りながら簡単にふりかえっておく。われわれはそこで前節までに見たような意識の諸事実がいかに生命進化の問題とかかわり、かつそこでいかなる位置づけがなされていくかを見ることができるであろう。

ベルクソンが『意識と生命』で挙げる第一の「事実の線」とは意識は原則として生命と「同延的」であるということである。『物質と記憶』では脳は意識の宿る場所ではないことが指摘されていたのであるが、ここではさらにそれが意識に必然的な器官でもないことが強調されている。たとえばアミーバであるが、これは原形質よりなるゼリー状の身体しかもたず、またわれわれのように消化器官として胃をもつわけではないが、それでも消化の機能はもっていよう。つまり、ある機能にたいしてある一定の器官が必然的にともなわなければならないということはないということであって、意識についても同様ではないかというのである。

ベルクソンの挙げる第二の「事実の線」はわれわれが知覚や記憶においてなすような選択作用は下等な動物においてもみとめられる、ということである。たとえばうえのアミーバであるが、かれらの偽足はすでに環境からみずからに必要なものを選択する自由をもつことを示している。むろん、それだからといってすべての生物が明晰な意識をもつかどうかは問題である。『物質と記憶』は知覚を身体の可能的行動であることを明らかにしたが、逆に植物のように一定の場所にみずからの居所を固定するような生物の場合、こうした意識をもつ必要はない、と考えられる。ベルクソンは権利上は植物にも動物にも意識は存在すると考えるのであるが、ただし植物やあるいは動物であっても他の動物に寄生しみずからの身体を動かして栄養物をわざわざ求めていく必要のないものにあっては、意識は眠り込んでしまうのである。ベルクソンは意識が明晰になるのはたとえばわれわれが二つ以上のとるべき行き方の選択に思い悩んで分裂し、「内的な危機」[15]に直面する場合のように、われわれの将来がまさにわれわれにかかってくる場合である、といっている。つまり知覚において確認されたように意識が選択だということは意識一般についてもいえそうだ、ということである。したがってアミーバのようなゼリー状の原形質からさらにつぎの段階へと進化がなされたとき、二つの可能性があったわけである。一つは植物への方向であって、これは比較的安全ではあるが意識は昏睡することとなった。そうしてもう一つは動物の方向であり、これは冒険と危険とにみちたものであって、またそれだけに意識ははっきりと覚醒したものでなければならなかったのである。

ところでアミーバのような単純な生物と物質との違いはどこにあるのだろうか。物質界はそのままの状態では「宿命的な法則」[16]に支配されていよう。物質とは惰性であり、われわれの幾何学と容易に合致するものであり、また必然的なものである。しかるに生命の誕生とともに予見できない自由な運動が出現する。それは空間的見地からいえば、他のいっさいが必然的に規定されているなかにあって「一つの非決定な領域」[17]が設定されることであり、時間的にいえばすでにそこには未来の行動を先取りし、これを準備するために過去をある持続のなかで記憶する働きをもった意識が成立することを意味する。

さらにこうした生物における栄養の摂取とその消費の関係についてもベルクソンはふれている。すなわち、あらゆる動物を通じて一般的にいえることは、まず一方で植物からゆるやかな栄養の摂取をおこなうとともに、他方でその急激な消費をおこなっているということである。そうしてそのさい炭水化物や脂肪がこうした栄養の中心となっている。むろん原始的な生物においては植物的な生活と動物的な生活とが未分化であるため、栄養の生成と消費とが同一の身体内でおこなわれていたと考えなければならない。しかし生命の進化が植物と動物とに分かれていくにしたがって、植物はもっぱら栄養物の生成のほうにまわり、動物はこうした植物を食することによって、あるいは植物を食する動物を食する場合でもよい、ともかくそうした他の生物が生成した栄養をみずからの運動のために使用するようになるのである。そうして意識は、こうして摂取された栄養を爆薬として動物がそれを運動に変えるさいにその方向を定めて点火する役割をはたすのである。

栄養の蓄積とその急激な消費については以上のとおりであるが、意識それ自身についてもじつは同様な自体をみとめることができる。すなわち『物質と記憶』では物質は緩慢な、限りなく緩慢になった持続であり、われわれの知覚はそれを身体の行動に備えるためにごく短い時間のなかに収縮するものであることが指摘されたのであった。ところでベルクソンによれば、それはちょうど「行動の人」(18)が大いなる行動を目ざして遠く過ぎ去った過去をできるかぎり短い時間のなかに抱え込み、それを未来への跳躍台にするのと同じ理屈なのである。矢はうしろへ引かれることが強ければ強いほどそれだけ力強く放たれる、といわれる。要するに「意識によって指示される行為を考えるにせよ、あるいはこうした行為を準備する知覚を考えるにせよ、いずれの場合においても意識は物質をしっかりとつかまえ、それをみずからの利益となる方向へと向けかえさせるためにそのなかへと入り込んでいこうとする一つの力として出現する」(19)ということだ。しかしながらこうした物質への適応がわれわれにとっていかに重要な意味をもっていようとそこに生命の本来の目的があるわけではない。ベルクソンは生物が環境に適応しなければならないということは生命がかくかくの一定の形態に停止した理由を説明するものではあっても、進化の運動自身を示すものではけっしてない、とする。もしもそうでないとすれば、今日においてもなおその最初の形態をとどめている原始的な生物が、われわれと同様に生存の諸条件に適応しえているのに、一方においてなぜ生命があえて危険な複雑化の過程をたどってきたのか、理解できない、とベルクソンはいうのである。そうしてここに示されるのが有名な生命の飛躍《エラン・ヴィタル》の考え方なのである。

生命にはその出発点において大いなる「内的な衝動」[20]があった。しかしそれは唯一の方向に進んだのではなかった。なぜならそれは、みずからが利用しようとする物質のなかでさまざまな抵抗にぶつかったからである。ゆえに生命はその進化の途上で相異なる方向へと分かれていくこととなった。それはあるいは立止まり、あるいは迂回し、あるいは後戻りさえした。しかし二本の進化の線上で申し分のない成功がもたらされた。すなわちそれは節足動物の系列と脊椎動物との系列においてであった。意識の観点からいえば、それは一方では本能の形態をとり、他方では知性の形態をとることとなった。しかも両者はともに社会生活という共通の特徴をもっている。ところで節足動物、とくに蜜蜂などをみれば分かるように、本能社会では成員のそれぞれが一定の役割を生来その有機体内部に書き込まれており、これは終生変わることがないのにたいし、知性社会における役割は後天的であり環境的世界にある無機物にまず働きかけて道具を自分たちの手で作ることが前提となっている。知性は社会的協働を前提としながらも、その使用にさいして個体の自由に委ねられている部分は本能と比べて無限といってよいほど大きいものがあるであろう。そして知性の個体によるこうした自由な使用とその本来の社会的な協働を守り抜こうとする二つの相反する力のバランスのなかにあって人間社会はおのずから現状を超えて発展しようとする性格を身につけることになる。本能社会における協働は完璧なものではあるが、そこでは個体が自由に働く余地はいっさい与えられておらず、したがって知性社会のように進歩、発展する余地はまったくないのである[21]。

とはいえこうした発展性をもつ知性社会も、生命進化の立場よりみればいまだその最尖端に立つものとはいえない。なぜなら知性は本能のように有機体のなかに道具をもたないかわりにみずからの手で物質から道具を加工しなければならず、そのために知性は逆に物質にクギづけにされてしまいがちだからである。いいかえれば本能社会の成員は進化が生んだ道具をそのまま使用できることによってかれらの行動はつねに生命と直結しているといえるのにたいし、知性社会の成員はいったん生命の外に出なければみずからの生活を確立することができないのである。したがって知性がいかにわれわれの生活を便利にし、快適なものにするにしても、それはつねに生命の本来のあり方からそれたところにおいてである、ということになる。われわれの知性はもっぱら物質に形どられて作られており、またこうした物質の利用をより効果的にはたすための社会的な協働にきわめてよく適合するものではあるが（たとえば言語の使用）、しかしそのためにかえって生命の実質からは遠ざかることになってしまっているのである[22]。

しかし、それではわれわれは生命をいかなる仕方でもってしても捉えることができないのかといえばじつはそうではないとベルクソンはいう。なぜなら本能も知性ももとは同じ根から出たものであって、知性にも本能の「ふちどり」[23]のようなものが残されているからである。そしてこうした「ふちどり」を拡大することによってわれわれのうちにやがて自覚されるようになる生命がベルクソンによって「直観」と名付けられることとなるのである。「直観」は知性との関係でいえば、知性において覚醒した意識がもう一度生命進化の本流に向け直されたものである、といってよい。こうすることによってわれわれは知性の本能にたいする弱点、すなわち知性は本能のように生命と同延でないという弱点、を克服するとともに、本能の弱点、すなわち生命と同延的でありながらそれはたいていの場合、無意識的なものであるという弱点、をも克服することができて生命の飛躍《エラン・ヴィタル》をみずからの意識において自覚的に遂行できることとなるのである[24]。

四　生命の形而上学

ところで以上にみたようなベルクソンの哲学が、とくに芸術に近い立場にあることに気づかざるをえないであろう。しかもこれはベルクソンのそもそもの問題意識とも不可分なものであることが分かるであろう。まず芸術との類縁性というところからみれば、生命は本来、予見不可能な作品を生む芸術家であるといわなければならない。ベルクソンがラヴェッソンの哲学を解説している論文『ラヴェッソンの生涯と作品』(25)のなかで、かれの哲学が「芸術は形体化された哲学であり、哲学は芸術についての反省であって、深い哲学者と偉大な芸術家を生むのは、それぞれの仕方で用いられた同一の直観である」(26)という考えから出発していることを指摘しているが、これはまさにベルクソン自身の哲学にもあてはまることなのである(27)。いいかえれば哲学において真なるものとして把握されるものは芸術においては美として把握される、ということである。美はさしあたっては形の美しさである。しかし「形というものはそれをたどりゆく一つの運動に起源を有するものである」(28)し、それは本来「記録された運動」(29)と考えるべきものである。まずなによりも対象の動きに注目するということでは哲学も芸術も共通しているのである。さらに個性の追求ということについても同じである。「真の芸術はどこまでもモデルの個性の回復を目指す」(30)ものであって、そのために芸術家はモデルの「根源的な志向を、根本にもっている憧憬」(31)を見だささなければならないといわれる。これはベルクソン自身の哲学がわれわれの奥深いところにある自我を、個性的な自我をまず追求しようとした態度にも通じるものである。また、第三にあげることのできる共通点は、芸術も哲学もともに究極においては自然の全体とかかわっていくものだ、ということである。むろんそれはたんに機械的なものとして解された自然ではない。それはいわば機械的な自然をも生むような自然、生ける自然のことである。ベルクソンはこの点に関してラヴェッソンの習慣論に言及しつつ、「機械論が自足的なものでなく、ある精神的な活動が化石化した残滓」(32)のようなものとして考えなければならない、としている。またここで『創造的進化』の第三章の進化の尖端に立つと考えられる緊張した意識がその緊張をゆるめるだけで物質性へと向かう、とのべている個所を想起することもできよう。要するに機械的自然とはいわゆる所産的自然のことであって、こうした自然の根拠はかえって生きて働く能産的自然のなかにこそ求めなければならないということなのである。そうしてこの後者のような自然に気づかせてくれるものこそ一方では哲学的直観であり、他方では美である、ということなのだ。

ところで芸術と哲学とがこのようにその把握の目ざすところが共通しているとすれば、そうしたものの把握を可能にする態度にも共通するところがあるであろう。一言でいえば、両者はともに世界にたいして利害を離れた態度をとる、ということである。すでに指摘したようにベルクソン哲学は知性的な認識にいつまでもこだわっていてはならないことをくり返し強調し、しかもその理由は知性がどこまでも実際的なものの認識にとどまるからであった。ところで芸術家においても、こうした実際的なものから離脱していることがその第一の要件となる。もっともこうした利害を離れた態度にかんしては哲学と芸術のあいだには一つのちがいがみとめられるであろう。すなわち哲学者のとる利害を離れた態度というのは意識的になされるものであるのにたいし、芸術家においては生来こうした態度をとることが容易にできるようになっている、ということである[33]。つまり芸術は天才にもとづくということである。別のいい方をすれば、一つのジャンルにおいて優れている芸術家というものは、その方面の感覚の実際生活との結びつきが生来ゆるめられている、といってよい。しかし意識的にせよ無意識的にせよ、われわれとものとのあいだに介在する生活というヴェールをいったんとり払うことによって実在のありのままの姿が捉えられるということでは哲学も芸術も同様であるといえるであろう。つまり先ほどのいい方にもどれば世界との利害にもとづく実際的なかかわりをやめて、これにたいし徹底的に無関心な態度をとる、ということである。ベルクソンはつぎのようにもいっている。「もしも実在が直接にわれわれの感覚や意識の扉を叩いてくれるのであれば、そしてもしもわれわれが事物やわれわれ自身との直接的な交渉にはいることができるなら、きっと芸術は不要になるか、ないしはわれわれはすべて芸術家となるだろうと思う。なぜならそうなればわれわれの魂はたえず自然と一致して振動するだろうからである」[34]と。有用なものへの注意、「生活への注意」を無用なものへと向けかえること、ここに芸術が成立するとともに哲学もまた成立するのである。

しかしそれにしてもベルクソンの哲学がなぜこのような性格のものとなったのかということをあらためて考えてみるとき、やはりもう一度ベルクソンの最初の問題意識にたち戻って考えなおさざるをえないことになるであろう。しかしこの点をいままでとはすこし異なった視点から明確にするために、つぎにとくにカントの『判断力批判』との比較でみておきたい。なぜならカントが美や生命の問題をあつかうのは、なんといってもこの『判断力批判』をおいてはないからである。

ところでカントがこうした問題をとりあげるにいたった動機がベルクソンとまるで違っていたことは明らかである。すなわちカントにおいては現象と物自体との区別がまず明確にされ、認識と実践の領域が峻別されるから逆にこの両者の結びつきを問うことが問題になったのであった。すなわち現象認識として確立された科学の世界を物自体、すなわち認識の対象となすことはできないが、しかもわれわれの道徳的実践の根拠として実践的な実在性をもつにいたった理念とのあいだの間隙をふたたび連続的に考える道を探ろうとするところに『判断力批判』という書物は成立した、ということである。というのも「相異なるこの二つの領域はたしかに各自の立法においてこそたがいに侵害しあうことはないにせよ、しかし感覚界においてそれぞれが生じさせる結果に関してはたえず限定しあっている」(35)からである。各自の立法とはいうまでもなく一方は与えられた直観に概念を適用する理論理性のそれであり、他方は意志に実践上の指定をおこなう実践理性のそれにほかならない。そうしたこれらの相異なる立法から可能となる現象認識や道徳的行為の実現がともに感性的自然に属さないわけにはいかないものであるかぎりにおいては、たがいに他を限定するはずである、とカントはいうのである。定言命法にしたがう意志もそれはつねに感性的自然において実現されなければならず、そのかぎりにおいて理論理性のあつかう現象的世界と無縁のものではありえない。理論理性の領域において自由の問題がひき起こすアンチノミーを、現象界を必然的法則の支配する世界、これとは反対に自由はもっぱら道徳的人格界、すなわち物自体の世界において成立するとしていちおういわゆる批判的解決をなしたのではあったが、しかしこうした自由の実現の問題を考えることはやはり課題としてのこされていた、というべきである。そうしてこうした自由と感性的世界をつなぐものが美(正確には崇高さの感情)と生命という目的論的世界なのであった。

さて一方、ベルクソンに目を転じてみればどうであろうか。まずカントと共通する点が一つだけある。すなわちそれはカントと同じくベルクソンも科学的認識の領域を制限しようとしていることである。しかしカントの場合、こうした限界内で科学の可能性が確立されるとともに、その限界を超えた物自体において実践的な形而上学が成立しうることを示そうとしたのにたいし、ベルクソンの問題は科学があらかじめ確立されていることをみとめたうえで、その科学が機械論的な自然科学であり、物質の科学であって生命に固有なものにたいしては対応できないことを明らかにすることにあったのである。つまりベルクソンにおいてはカントのような認識と実践の対立が問題なのではなく、さしあたっては知性的な認識にたいする生命の認識というもっぱら認識のレヴェルにおける対立が問題となった、ということである。そうしてこのような生命に固有なものの認識がベルクソンでは形而上学となるのである。むろんカントの実践的形而上学も『判断力批判』におけるように美や有機的自然に媒介される形で現象的世界とのかかわりが考えられている、という意味ではカントにおいても生命は決して形而上学と無関係ではありえない。しかしカントも強調するように、たんなる自然的目的論は道徳的目的論によってはじめて十全な意義が与えられるものであるいじょう、こうした有機的な自然を明確にすることだけでは形而上学として完成しないのである。しかるにベルクソンにおいては物質的な自然の認識にたいしてその限界を示す一方で、いわゆる直観によってあらたに認識としての形而上学を考えるのであって、生命もカントのようにただちに実践の立場と関連づけては考えられておらず、かえってわれわれの認識の拡大ということのほうがより重要とされるのである。もっとも、生命は動きであり、発展であり、創造であるし、しかもわれわれはそれをまずみずからのうちに自覚するものであるから、こうした生命の直観が同時に意欲として実践的な性格を有しているとする反論もじゅうぶん予想される。しかしこうした場合でも意欲はどこまでも内的なヴィジョンとしての直観に捉えられるかぎりでのそれであり、したがって意欲の心理的な性格は明瞭になることはあっても、けっしてカントのような道徳的な価値との関係が問われることはないのである。それがはたしてベルクソン哲学の弱点でないのかどうかについてはいまは考えないことにする。ただベルクソンの最後の著作『道徳と宗教の二源泉』が生命をも超える原理として愛の原理が存在することをのべざるをえなかったことは、カントとは異なった形においてではあったにせよ、道徳的実践の問題がベルクソンにおいてもようやく意識されはじめていたことを示すであろう(36)。

【註】

（1）P. M., p. 2.
（2）D. I., p. 175.
（3）Cf. D. I., p. 128.
（4）D. I., vii.
（5）科学的な認識が実際的なものであることはベイコンの「知は力である」以来、人間の世紀としての数世紀を経てきたわれわれにはいちおう納得できることであろう。デカルトが始めようとした新しい学問もまた「よく生きる」ためのものであった。むろん、こうしたベイコンやデカルトの学問がただちに実際的なのではなかった。ベイコンのいうわれわれの力となるべき知識はどこまでも客観的な実在の正しい把握にもとづかなければならなかったし、かれの実験的方法の確立ということもまずなによりもこうした実在の正しい把握のためのものであった。また他方、デカルトの求める知識が「よく生きる」ことを目ざしながらも、いな、そうであればこそかえって、いったん行動の立場を否定して疑うことのできない明晰・判明な「わたし」およびこうした「わたし」の神の誠実さによって保証された客観の観念である延長の観念より出発しなければならなかったのであった。そうしてベイコンに発する経験論の伝統とデカルトに発する合理論の伝統の両者の主張を生かしながら、またそれぞれの限界に言及しつつこれらを綜合することによって近代的な科学的精神の構造とでもいうべきものを明らかにしたカントにおいても、事情は同じであろう。したがってベルクソンがこうした人間理性を実際的というのは、あくまでもそのあり方が全体としてそうだといっているものと解すべきであろう。なぜならベルクソン自身もやがて知性も物質における実在的なものにふれるということをいうようになるからである。

(6) Cf. E. C., pp. 136–152.
(7) Cf. M. M., chap. I.
(8) Cf. M. M., chap. II.
(9) Cf. D. I., pp. 71–72, J. Wahl, *Tableau de la philosophie française*, Gallimard, 1962, p. 119.
(10) M. M., p .205.
(11) M. M., p. 205.
(12) Cf. M. M., pp. 230—233.
(13) Cf. E. S., p.4, pp. 6–7.
(14) E. S. に所収。
(15) E. S., p. 11.
(16) E. S., p. 12.
(17) E. S., p. 13.

（18）E. S., p. 15.
（19）E. S., p. 17.
（20）E. S., p. 19.
（21）Cf. E.C., pp. 137–152, pp. 158–159, M .R., pp. 121–122.
（22）Cf. E. C., p. 151, p. 159.
（23）P. M., p. 45.
（24）Cf. E. C., pp. 177–180.
（25）P. M., に所収。
（26）P. M., p. 266.
（27）矢内原伊作『ベルクソン哲学と芸術』（澤瀉久敬・坂田徳男編『ベルクソン研究』勁草書房、一九六一年、所収）。
（28）P. M., p. 279.
（29）P. M., p. 279.
（30）P. M., p. 265.
（31）P. M., p. 265.
（32）P. M., p. 267.
（33）Cf. Le Rire (以下、L. R. と略す), p. 118.
（34）L. R., p. 115.
（35）Kant, *Kritik der Urteilskraft*, S. 175 (Akademie V)『判断力批判』（上）（篠田英雄訳、岩波文庫、２８頁）。
（36）前章参照。

あとがき

本書は前回、関西学院大学研究叢書第九九編として出版していただいた『フランス哲学と現実感覚―そのボン・サンスの系譜をたどる―』のいわば続編ともいうべきものであるが、今回も出版をご快諾いただいた関西学院大学出版会にたいしてまず厚く御礼申し上げておきたい。前回同様、本学社会学部に専任教員として採用されて間もない頃の論文を始めとしてごく最近のものまで含んでいるが、内容的には「はじめに」に記しておいたような視点の違いがある。念のために以下各章や節に対応する初出論文の一覧表を掲げておく。

第Ⅰ部

第一章

第一節「二人の近代人――デカルトと漱石」

関西学院大学社会学部紀要　第八九号　（二〇〇一、三）

第二節「二人の近代人——デカルトと漱石」
同　第九三号（二〇〇三、三）
同　第九六号（二〇〇四、三）
関西学院大学社会学部紀要　第九六号（二〇〇四、三）
同　第九八号（二〇〇五、三）

第二章

第一節「中江兆民における「人間」の発見」
領家穰編『日本近代化と部落問題』明石書店（一九九六、二）

第二節「人間の問題——西洋思想受容の二つのケースおいて読みとることができる東西の見方のちがい」
関西学院大学　人権研究　第四号（二〇〇〇、三）

第Ⅱ部

第一章「知覚、イメージ、ことば」
関西学院大学社会学部紀要　第四七号（一九八三、一二）

第二章「存在と言語」
関西学院大学社会学部紀要　第五四号（一九八七、三）

第三章「ベルクソンのボン・サンスとアメリカ心理学の一系譜」
関西学院大学社会学部紀要　第六一号（一九九〇、三）

第四章「H・ベルクソンのボン・サンスとW・ジェイムズのプラグマティズム」
関西学院大学社会学部紀要　第六三号（一九九一、三）

補遺

第一章　「ベルクソン哲学の方法」　　関西学院大学社会学部紀要　　第二五号　（一九七二、一二）

第二章　「ベルクソンの形而上学」

澤潟久敬編『フランスの哲学』二　東京大学出版会　（一九七五、一〇）

なお、この書に関してもまた関西学院大学出版会の田中直哉氏、浅香雅代氏はじめ出版会の各ご担当の方々に大変お世話になったことを記して感謝の言葉としたい。

二〇〇五年七月

著者

【ワ行】

フロム，エーリッヒ（Fromm, Erich）
32, 74, 110−111, 202, 222
プルースト，マルセル
(Proust, Marcel) ················ 36
ベイコン（Bacon, Francis） ··315−316
ベイン（Bain, Alexander）········ 204
ベークマン，イサーク
(Beeckman, Isaak) ·············· 60
ベルク，オーギュスタン
(Berque, Augustin)···· 120, 150−159, 169−170
ベルクソン，アンリ（Bergson, Henri）
3, 4, 7, 11, 108, 130, 176−177, 187, 193−195, 197−200, 202−220, 227−232, 234−242, 245−247, 249−251, 255−256, 258−266, 268−272, 274−278, 285−295, 299−315
ホーナイ，カレン（Horney, Karen）
········ 45−52, 56, 80, 86
ホワイト（Whyte, William F.）···· 243
ホワイトヘッド
(Whitehead, Alfred N.) ·········· 245

【マ行】

マスロー，アブラハム
(Maslow, Abraham H.) ········ 4−5, 41−45, 50−53, 56, 205, 220, 222, 227−228, 240−241, 245−249, 252−253, 255, 261
松尾芭蕉 ···················· 101
松永昌三 ············ 136, 141, 146
松本清張 ···················· 145
マルブランシュ
(Malebranche, Nicolas de)········ 303
ミード（Mead, George H.） ·· 201, 222
メルロ=ポンティ，モーリス
(Merleau-Ponty, Maurice)
3−4, 157, 179−181, 194, 273
マクシミリアン一世 ············ 13
水戸西山（光圀）················ 126
ミル（Mill, John Stuart）······ 141, 204
モウリッツ，ナッサウ伯
(Maurice de Nassau) ············ 14
モンテスキュウ
(Montesquieu, Charles L. de) ···· 161
モンテーニュ，ミッシェル・ドゥ
(Montaigne, Michel de) ·········· 17

【ヤ行】

矢内原伊作 ···················· 317
ユンク（Carl G. Jung） ·········· 235

【ラ行】

ライプニッツ
(Gottfried W. Leibniz) ······210−211
ラヴェッソン
(Ravaisson-Mollien, Felix L.)······ 311
ラウンド（Lalande, A） ·········· 195
李白 ···················· 101
竜樹 ···················· 149
領家穰 ················ 146, 320
ルイ一六世（Louis 16） ·········· 133
ルソー，ジャン=ジャック
(Rousseau, Jean-Jacques) ···· 3, 6, 71, 119−120, 150, 160−167, 177, 194
レーヴィット，カール（Löwith, Karl）
····················4−5
ロジャーズ，カール（Rogers, Carl）
4−5, 55, 222, 227−228, 235, 240−244, 252, 255, 261
ロック，ジョン（Locke, John）
············12, 121, 167

206－208, 215－219, 222－224, 245, 248, 255, 261－276, 279－280
釈迦（仏陀）…………………123, 149
ショウペンハウアー
(Schopenhauer, Arthur) ………108
白井正明 ……………136, 146－147
ジルソン，エチエンヌ
(Gilson, Etienne) ………… 17, 24, 59
スピノザ（Spinoza, Baruch de）
…………………124, 232
スペンサー（Spencer, Herbert）‥ 300
ゼノン（Zēnōn ho Eleatēs）…… 198
荘子 ……………120, 131, 168
ソシュール（Saussure, Ferdinand）
…………………192, 195
ソクラテス（Sōkratēs）………… 127

【タ行】

高浜虚子 …………………… 104
チャールズ一世（Charles I）…… 133
チュルゴー（Turgot, A. R. J.）…· 161
チョムスキー（Chomsky, N.）…· 222
デカルト，ルネ（Descartes, René）
3, 6, 11－24, 26－44, 46, 56－60, 76－77, 110－113, 186, 236, 287, 303, 315－316
デフォー（Defoe, Daniel）……… 101
土居健郎 …………………… 47
盗蹠 …………………… 127
徳富蘇峰 ………………134－136

【ナ行】

中江兆民 3, 6, 11, 119－138, 141－143, 160－163, 167－168
夏目鏡子 …………………… 106
夏目漱石 ……………………3, 6, 11, 43, 67－72, 74－76, 80－82, 84－104, 106－110, 112－113
夏目小兵衛直克 ……………74－75
夏目小兵衛直基 ……………… 75
西田幾多郎 ………………… 11
ニュウートン（Newton, Isaac）…· 152

【ハ行】

バイエ，アドリアン
(Baillet, Adrien) ……… 40, 42, 57, 58
ハイデッガー，マルチン
(Heidegger, Martin)
……4, 120, 150－157, 160
パウロ（Paulos）……………… 269
パスカル，ブレーズ（Pascal, Blaise）
33－36, 110－111, 129, 131
ハヤカワ，サミュエル・イチエ
(Hayakawa, Samuel Ichie)
4－5, 175, 193－195, 201, 220, 222, 225, 227－228, 250, 255
ピアジェ，ジャン（Piaget, Jean）
……4, 188－191, 195, 222
ピタゴラス（Pythagoras）……… 59
ヒューム（Hume, David）……… 184
ファーブル（Fabre, Jean H.）
………………176, 194
フイエ（Fouillée, Alfred）……… 204
フィヒテ（Fichte, Immanuel H. von）
…………………… 142
フェヌロン（Fénelon, de la Mothe-）
…………………… 161
フェヒナー（Fechner, Gustav T.）
…………266－267, 269
フォイエルバッハ
(Ludwig A. Feurbach) ………… 122
プラトン（Platōn）
……4, 167, 246, 270－271
フロイト，ジクムント
(Freud, Sigmund) …·45－46, 247, 268

人名索引

【ア行】

アウソニウス（Ausonius）········ 58
アキレウス（Achilleus）······198−199
アルキエ，フェルディナン
(Alquié, Ferdiand)············ 17, 87
アンリ四世（Henri IV）·········· 14
イエス ················ 123, 293
石川五右衛門 ················· 127
ヴァレリー，ポール（Valéry, Paul）
·················· 33
ウォード（Ward, James）········ 207
ヴォルテール（Voltaire）···· 161, 164
エジソン（Edison, Thomas）······ 272
江藤淳 ·············· 80, 82, 85
エリザベット王女
(Princesse Élisabeth)············ 40
エルヴェシウス
(Helvétius, Claude A.)·········· 161
岡田（後林原）耕三·············· 117
大塚楠緒子 ·················· 106
大塚保治 ·················· 106
樋谷秀昭 ·················· 87
澤瀉久敬 ············ 118, 317, 321

【カ行】

カッシーラー（Cassirer, Ernst）175, 194
カント，イマヌエル（Kant, Immanuel）
7, 27, 123, 169, 184, 236−237, 271, 273, 289, 296, 299−300, 302, 304, 313−315
キルケゴール，ゼーレン
(Kierkegaard, Sören A.)
············ 36, 242, 244
グイエ，アンリ（Gouhier, Henri）
············ 87, 290, 296
グラップ（Grappe, A）·········· 221
クローチェ（Croce, Benedetto）·· 247
クワント（Kwant, Remigius C.）·· 194
ケーラー（Köhler, W）······179−180
孔子 ·················· 127
コージブスキー
(Korzybski, Alfred)············ 175
小島達雄 ·················· 146
幸徳秋水 ·················· 120
小坂晋 ·················· 118
小宮豊隆 ·················· 104
ゴールドシュタイン，クルト
(Goldstein, Kurt)················ 42
コント（Comte, Auguste）········ 129
コンドルセー
(Condorcet, M. J. A. N. C. de)···· 161
今野一雄 ·················· 170

【サ行】

坂田徳男 ·················· 317
サルトル，ジャン=ポール
(Sartre, Jean-Paul)····4, 184−186, 195
シェイクスピア
(Shakespeare, William)·········· 101
ジェイムズ，ウイリャム
(James, William)············ 4, 7, 11, 88−89, 91−96, 102−103, 197,

【著者紹介】

紺田 千登史（こんだ ちとし）

1938 年　奈良県に生まれる。
1960 年　大阪大学文学部哲学科卒業
1963 年　大阪大学大学院文学研究科修士課程修了
1967 年　同博士課程中退
現在　関西学院大学社会学部ならびに関西学院大学大学院言語コミュニケーション文化研究科教授
博士（哲学）（関西学院大学）

主な著訳書
著書　『フランス哲学と現実感覚―そのボン・サンスの系譜をたどる―』関西学院大学出版会（2002）
翻訳　J・ヴァール著『フランス哲学小史』ミネルヴァ書房（1974）他

フランスの哲学
――そのボン・サンスの伝統と日本、アメリカ

2005 年 10 月 20 日初版第一刷発行

著　者　紺田 千登史
発行者　山本栄一
発行所　関西学院大学出版会
所在地　〒662-0891　兵庫県西宮市上ケ原一番町 1-155
電　話　0798-53-5233

印　刷　協和印刷株式会社

©2005 Chitoshi Konda
Printed in Japan by Kwansei Gakuin University Press
ISBN 4-907654-78-2
乱丁・落丁本はお取り替えいたします。
http://www.kwansei.ac.jp/press